航空・空港政策の展望

アフターコロナを見据えて

一般財団法人 関西空港調査会 —— 監修

加藤 一誠
西藤 真一 —— 編著
幕　　亮二
朝日 亮太

Perspectives on Aviation and Airport Policies

中央経済社

はじめに

１．航空政策は不要か？

　航空の領域において国（政府）の役割はずいぶん縮小し，新聞報道でも航空自由化という文字を見る機会は減りました。20世紀には典型的な被規制企業だった航空会社はほぼ自由に就航地や運賃を決めるようになり，ふつうの会社になったように見えます。

　しかし，本書で取り上げるように，現在も航空会社の経営にかかわる重要な航空政策や空港政策は少なくありません。たとえば，経済のグローバル化を支える国際航空はコロナ感染問題で大きなダメージを受けましたが，国際航空に関わる政策はまず，国と国との交渉が前提となります。そして，わが国において航空管制はもっぱら国の仕事ですし，本書では一部しか取上げられなかった航空の安全も，民間航空の基礎となる国の政策です。

　また，読者はこの数年，空港民営化（民間委託やコンセッション）の報道を目にされることが多くなったと思います。しかし，わが国のほとんどの空港は国や地方公共団体が設置，管理しているため，空港のための政策もあります。たとえば，国内線利用者の６割は羽田空港を利用しますが，羽田空港を設置，管理するのは国ですから，「発着枠」は国が配分しています。また，国が管理する空港の民営化を決定し，運営権者を選定するのは国の政策であり，民営化後も土地の所有権は引き続き国が持ち続けます。これらは一例であり，本書には一部の海外事例も含めた21世紀の航空・空港政策が解説されています。

　上述したのはいずれも国の航空・空港政策です。他方，地方管理空港の設置管理者である地方公共団体にも，空港を管理（運営）する部署があります。今日，空港運営は空港経営といわれます。なぜなら，航空会社との交渉力に加え，道路や港湾といった他の交通インフラや観光を含めた商工業との関係を俯瞰して判断する能力も必要だからです。地方公共団体には国との協調や連携も重要であり，いずれも，国や地域のために空港をどう生かすのか，という知見やノウハウを蓄積しなければなりません。ところが，知見やノウハウのある地方公

共団体ばかりではないように映るのは，編者だけではないでしょう。

　今後は，地方公共団体もこうした空港経営の担当者を育成することが課題です。コロナ感染が拡大する以前，日本全体がインバウンドブームに沸いており，一部にはオーバーツーリズムや観光公害という言葉まで出てきていました。地方公共団体の担当者は空港の利用促進団体とともに競うように外国を訪問して誘致のために汗を流すと同時に，旅行会社や航空会社に補助金やインセンティブを支払っていました。しかも，その金額は高騰し，いわば補助金競争の様相を呈していました。

　そもそも，インバウンド誘致の主眼は，地域経済の活性化を目的とした交流人口の増大にあります。それを担う航空路線の就航や維持にあたり，民間会社である航空会社は往復の採算性を考えます。外国航空会社は日本の航空会社に比べ，見切りが早いということも特徴です。路線を維持するためには，インバウンドのリピーターとともに一定のアウトバウンド需要も必要です。しかし，高齢化や人口減少に悩む地方公共団体にとって，地元にはパスポートももたない住民も多く，住民の目を外国に向けさせることは容易ではありません。

　それに比べ，お金さえ出せばツアーを組成し，地元にお金を落としてくれる海外の旅行会社へのインセンティブは手っ取り早い地域振興策です。将来を考えれば，インバウンド旅客による地域振興が重要なことは論を俟ちません。しかし，コロナ禍のなかで地元関係者と話すと，そうした短兵急な施策に対する反省の弁も聞こえてきます。加えて，羽田路線は地元にとって「あるのが当然」のものでした。そのため，さらにビジネス流動を上積みしようとか，航空会社の地元への要望を聞くといった地道な作業が継続されていなかったのです。

　インバウンド旅客が消滅し，インバウンド消費という需要が消滅した今，地方公共団体は国内路線の復活に躍起になっています。同時に，地域経済にとって，人やモノといった自らの資源を棚卸し，磨き上げるチャンスともいえましょう。また，地元の若者の目をいかに外に向けるか，ということも航空・空港政策ではないでしょうか。縦割り行政を理由にそれができないというのは，地域活性化の芽を摘む考えです。

2．本書の意図と構成

　本書が企画されたのは，インバウンドブームに沸く2018年でした。執筆中に
コロナ感染が拡大し，その影響に言及した箇所が見られますが，依然としてこ
の問題は収束していません。コロナ感染に関する事実は日々書き換えられてお
り，本書の記述はできるだけそれに合わせていますが，刊行時には大きく変化
しているかもしれません。この点をご容赦いただきたいと思います。

　本書の読者として想定しているのは，国や地方の政策担当者に加え，航空や
空港の多様なユーザーです。たとえば，旅好き，ビジネスパーソン，学生と
いった方々にお読みいただけるように，研究者たちが現実の政策の背景や考え
方を平易な表現で書こうと努めています。それでも，難しい用語があるかもし
れませんので，コラムを入れています。企画の理由は，かつて贅沢な乗り物で
あった航空は普通の乗り物になり，利用者が多いにもかかわらず，背景の政策
が十分に理解されているとは思えないからです。年金や医療といった生活に密
接にかかわるものではないし，道路や鉄道と比べて利用頻度が少ないからかも
しれません。

　本書は紙幅の都合で少ない文字数で多くの政策を取上げていますから，各章
の筆者は内容を精選するのに苦労しました。その分，本書を手に取っていただ
いたとき，もっと詳しく知りたいという方もおられるでしょう。そのような方
には，筆者たちの別の著書や論文をお読みください。

3．本書の構成

　本書の構成を説明することにしましょう。本書序章に示した航空・空港政策
の枠組みにもとづいて順を追って構成されており，全部で5部28章が収録され
ています。

　第Ⅰ部は，2010年の羽田・成田空港に向けたオープンスカイ政策から説明が
始まります。次に，羽田空港と成田空港の歩みを振り返り，機能強化が説明さ
れます。そして，オープンスカイ政策の成果ともいえるインバウンド誘客政策
の評価がまとめられ，入国者のゲートウェイであり，近年入国者数が増加した
地方空港の施設計画が説明されます。さらに，2000年代にはいり，低調だった
国内需要を増やした立役者ともいえる本邦LCCを取り上げています。そして，

外国人のシェアを増加させた関西空港に焦点を当て，アジアの航空会社にはどのように映っているのかを描いています。そして，運営の時代にあるわが国の空港でも，2020年には那覇空港の第二滑走路が整備され，2024年には福岡の第二滑走路が整備される予定です。そのため，ここでは，滑走路の増加による増便効果を説明しています。

　第Ⅱ部には，航空のインフラである空港をどのように使うのか，をテーマに5つの章が並んでいます。まず，関西空港と神戸空港が整備された背景にある伊丹空港の騒音問題に始まり，関西における広域的な空港の使い方や3空港の活かし方に関する提案が並びます。そして，上述の地方公共団体の航空・空港政策のノウハウの一部が開示されています。こうした内容が文章化される例は少ないため，地方公共団体の関係者には必読の章といえるでしょう。もっとも，ノウハウは秘匿されてこそ，という考え方もあり，ここに書かれていることは氷山の一角にすぎないことは想像に難くありません。

　第Ⅲ部は，空港民営化（コンセッション）とインバウンド誘客というホットな話題を取上げています。国管理空港はコンセッションという形で民営化されてきました。その事例は，仙台，関空・伊丹，高松，福岡，熊本，北海道4空港，広島と11に及びます。これに加えて，ここでは，地方管理空港の民営化の考え方や実践を整理し，さらに，民営化で先行するヨーロッパの現状も紹介しています。そして，インバウンド誘客戦略を取上げ，アフターコロナの観光戦略とはどうあるべきか，まで論じています。

　第Ⅳ部では，第Ⅲ部までとは趣旨の異なる政策を取り扱います。第Ⅲ部までの航空の利用者を増やし，地域の交流人口を増やすという政策は，いわば経済的な厚生（人びとの満足感や企業の利益）をどのように増やすか，を目的にしたものでした。それに対して，第Ⅳ部ではまず，典型的な政府の役割である航空管制，環境対策および災害対策を論じています。そして，急速に人口が減少する離島を中心とした地域航空の特徴や維持策を取上げます。

　第Ⅴ部では，これまでの章で取上げた航空・空港の問題を鉄道や港湾の視点で取り上げています。地方空港のアクセス・イグレスの不自由さは従来から指摘されています。地方都市の住民には自家用車がアクセス手段となっており，旅客数が少ない空港の公共交通を維持するのは容易ではありません。運行頻度

が落ちればさらに利用者が減少するという悪循環です。

　他方，首都圏や関西でも空港への大胆なアクセス改善が政策となって現れています。これは，インバウンド旅客が無視できないほど大きな数に膨らみ，空港の存在が相対的に大きくなった証左といえましょう。アクセス・イグレスの改善は空港の利便性を高めますが，同時に，空港は立地ビジネスともいわれます。鉄道も立地ビジネスであり，アクセス・イグレスに利用される鉄道の業績は，空港の旅客数によっても左右されます。このように，アクセス・イグレスにおいても便利な空港はさらに便利に，不便な空港はさらに不便に，という空港の二極化ともいえる現象が進んでいます。空港を支えるのは地方公共団体をはじめとする地元の役割であり，ここにも政策担当者の仕事があります。

4．研究機関としての一般財団法人関西空港調査会

　関西空港調査会ではこれまで2冊の書籍を刊行してきました。ひとつは2006年にミネルヴァ書房から刊行された『航空の経済学』（村上英樹・高橋望・加藤一誠・榊原胖夫編著），いまひとつは2014年に成山堂書店から刊行された『空港経営と地域』（加藤一誠・引頭雄一・山内芳樹編著）です。いずれも，調査会の研究会に集う研究者や実務家の研究成果でした。本書はそれにつづく第三弾となり，調査会の全面的な協力を得て刊行されることになりました。

　本書が書籍になるまでには3年の歳月を要しています。まず，『空港経営と地域』で書けなかったテーマを扱う研究会を数回にわたって開催しました。その後，あらためてわが国の航空・空港政策を整理・検討のうえ，重点テーマを設定し，そのテーマを熟知する実務家や研究者の講演をお願いすることとしました。同時に，調査会に航空空港研究会を設置してもらい，メンバーの研究者を実務家とペアにし，研究会では研究者にもコメントをもらうことにしました。講演は，ご高説を拝聴し，講演録を発行して終わりがちです。しかし，この研究会では，研究者たちが自分の専門領域を少し拡げ，周辺領域の事実や政策を勉強することを目標としました。研究とは勝手が違うので，多くの時間を要したのではないか，と推察しています。

　それでもなお書けない専門領域があり，この領域については，国土交通省の政策担当者にご執筆をお願いした次第です。本務でご多忙ななか，執筆をご快

諾いただきました担当者の方々には心より御礼申し上げます。こうして，実務家，政策担当者，研究者＝産官学の間を縮めながら材料を積み上げ，完成したのが本書です。

　最後に研究会の設置から本書の刊行に至るまで，関西空港調査会理事長（企画当時）黒田勝彦神戸大学名誉教授は趣旨を理解し，たびたび建設的なご助言をいただきました。また，同調査会の笠松昌弘常務理事はすべての実務を取りしきるだけではなく，本書の原稿にも目を通してくださり，元政策担当者として有益なコメントをくださいました。そして，株式会社中央経済社学術書編集部副編集長酒井隆氏には，企画段階からさまざまなご助言を頂戴し，多数の執筆者の調整をすべてお引き受けいただきました。心より謝意を表する次第です。

　令和3年5月

編者を代表して

加藤一誠

目　　次

はじめに・i

序　章　わが国の航空・空港政策の枠組み ——— 1

  1　航空産業と政府の関係・1

  2　規制緩和に伴う政府関与の変化・2

  3　現在の航空・空港政策・4

  4　課題・7

第 I 部　航空需要の増大と対応

第 1 章　空の国際化とオープンスカイのさらなる進展 — 11

  1　シカゴ体制・11

  2　オープンスカイ・13

  3　わが国の「自由化」・14

  4　わが国の「オープンスカイ」・14

  5　わが国の「オープンスカイ」の留意事項・15

  6　今後の展望・16

  7　新型コロナ問題・17

第 2 章　羽田空港のこれまでと今後 ——— 18

  1　羽田空港の最近の運用変化とこれまでの整備の歩み・18

I

　　2　空港容量と騒音影響・19

　　3　再拡張後の羽田空港の機能強化方策・19

　　4　新たな飛行経路設定と騒音負担・騒音共有・23

　　5　羽田空港の今後・24

　　コラム1　滑走路の容量を決める要因・25

第3章　成田空港のこれまでの歩みと将来―――27

　　1　開港までの経緯・27

　　2　開港後の動き・28
　　　　―話し合いの進展と利便性の向上

　　3　成田空港の現況と首都圏空港整備の必要性・29

　　4　成田空港の機能強化・31

　　5　新型コロナウイルスの空港経営への影響・33

　　6　今後の課題・33

第4章　訪日旅客者数に影響を与える要因と
　　　　訪日誘客政策の評価―――35

　　1　訪日旅客者数に影響を与える要因とは・35

　　2　訪日誘客支援空港制度の概要と政策効果・37

　　3　今後の訪日誘客政策の方向性・41

第5章　空港施設計画の変遷―――43
　　　　―地方空港を中心に

　　1　わが国の空港政策の変遷・43

　　2　空港基本施設・44

　　3　旅客ターミナルビル・46

　　4　今後の空港計画・50

　　コラム2　日本の空港の種類・51

第6章　LCCのビジネスモデルとわが国における展開―――53

　　1　LCCのビジネスモデル・53

　　2　わが国におけるLCCの展開・56

　　3　新型コロナウイルスとLCC・59

第7章　アジアの外国航空会社からみた関西空港 ― 61

　　1　新型コロナの直撃を受ける関西空港・61

　　2　関西空港のアジア路線・61

　　3　関西空港の強み弱み分析・63

　　4　関西空港の立地条件・66

第8章　新滑走路建設の増便効果―――69

　　1　日本の主要空港における滑走路の現状・69

　　2　滑走路の増設効果・70

　　3　新滑走路増設による純粋な増便効果・72

　　4　新滑走路増設による各空港の増便効果・73

　　5　新型コロナウイルス感染症が航空需要に及ぼす影響・75

　　コラム3　差の差（Difference-in-Differences, DID）分析・76

第Ⅱ部　受け皿としての空港活用

第9章　関西における航空・空港問題の基本認識 — 81

1　関西の航空・空港をみる目・81

2　騒音問題と関西空港・81

3　関西, 神戸, 伊丹空港の飛行経路・83

4　伊丹空港存続の経緯・84

5　今後の空港と地元・86

第10章　今後, 関西の空港をどう使うか —— 88

1　将来を拓く関西圏の空港・88

2　関西における「3空港問題」・89

3　南紀白浜・但馬・八尾の有効活用・90

4　観光周遊ルート「美の伝説」・92

5　コロナショック後の関西・94

第11章　複数空港の活かし方 —— 96

1　複数空港のとらえ方・96

2　複数空港地域（MAR）からみた世界の航空輸送市場・97

3　わが国における同一都市圏の複数空港・99

4　補完空港の分類・100

5　地域としての空港競争力・103

第12章　空港営業のプロが集う空港 ————— 104
　　　　　—北九州空港

　　1　空港の整備・活用において市が果たしてきた役割・104

　　2　港湾事業との連携・104

　　3　航空会社の設立・105

　　4　人的資本への投資・106

　　5　自治体における政策ストックの蓄積と承継・107

　　6　これからの官民連携と空港間連携・109

第13章　県庁職員100人の営業力 ————— 112
　　　　　—佐賀空港

　　1　開港から現在まで・112

　　2　佐賀空港の後背圏・113

　　3　100人チーム・114

　　4　マイエアポート運動・117

　　5　ターゲットの拡大・118

　　6　「佐賀空港がめざす将来像」の実現に向けて・119

第Ⅲ部　空港・地域の持続可能な経営

第14章　国管理空港の民営化と地方自治体 ——— 123

　　1　国管理空港の民営化・123

　　2　地方自治体からみた民営化への期待と懸念・124

　　3　先行事例から見えるコンセッションの効果・125

　　4　コンセッションの課題と対応・125

　　5　オーストラリアにおける事例・127

　　6　コンセッション空港における地方自治体の役割・129

第15章　**地方空港の経営改革**　——————— 131

　　1　地方空港の維持管理における現状・131

　　2　地方空港における指定管理者制度・132

　　3　地方空港とコンセッション・133

　　4　混合型コンセッションの導入事例・135

　　5　地方空港の民営化におけるコロナ禍の影響・137

第16章　**空港民営化で先行する欧州からの示唆**—— 139

　　1　1980年代後半からの民営化・139

　　2　多様化した事業運営と柔軟な運営コスト構造・141

　　3　新型コロナウイルスによる空港運営への影響・143

　　4　日本の民営化された空港運営に対する示唆・145

第17章　**インバウンド旅行者を増やせば**
　　　　地域は栄えるのか————————— 147

　　1　訪日外国人の増加・147

　　2　FIT（個人旅行）化の進展と地方の期待・149

　　3　インバウンドを地域に浸透させるために・151

第Ⅳ部　効率の基盤となる問題

第18章　空を支える航空管制 —————————— 157

1　日本の航空交通量の現状と将来・157

2　日本の航空管制官が担当する空域—FIR・157

3　航空交通管制業務・159

4　航空路管制業務の現状・161

5　管制処理能力の新たな拡大策・162

6　日本の次世代航法について・163

　コラム4　日本の次世代航法（RNAV，SBAS，GBASの導入）・164

第19章　航空機の環境対策 —————————— 168
　　　　　—ヨーロッパの持続可能な航空運送に向けて

1　航空産業に対する環境規制・168

2　ヨーロッパの航空市場と航空機からの排出ガス・170

3　期待される代替燃料の役割と課題・171

第20章　自然災害と空港の備え —————————— 174

1　空港における災害とその対応の経緯・174

2　災害時の空港機能・178

3　災害への備え・179

4　実効性を高めるために・180

第21章　人口減少地域における航空の将来────182
　　　　　―地域航空

　　1　人口減少と地域航空・182

　　2　地域航空の現状・183
　　　　―オリエンタルエアブリッジを例に

　　3　地域航空に対する政策・187

　　4　会社形態の重要性・189

第Ⅴ部　今後の航空・空港の論点

**第22章　鉄道も気づき始めたインバウンドの
　　　　　大きさ**────────────193

　　1　インバウンドの現状・193

　　2　インバウンドが鉄道事業者に与える影響・194

　　3　鉄道各社の取組み・196

　　4　観光の負の側面―鉄道やバスの混雑問題・197

　　5　アフターコロナに向けて―インバウンド依存からの脱却・198

第23章　飛び恥────────────────200
　　　　　―航空から鉄道への転換

　　1　「飛び恥」・200

　　2　ATRS 2019での議論・201

　　3　欧州における航空から鉄道への転換に向けた動きとその背景・202

　　4　転換に向けた動きの背景・203

　　5　わが国への示唆・205

第24章　空港コンセッションはアクセス交通にも
**　　　　波及する**――――――――――――208

　　1　運営権者の事業と空港アクセス・208

　　2　空港の持つ経済学的特性・210

　　3　空港事業を取り巻く状況の変化・212

　　4　地域プレイヤーの一員としての運営権者―2020年の先を見据えて・214

第25章　自家用車とバスに依存する地方空港――216

　　1　地方空港におけるアクセス交通の役割・216

　　2　国内旅客の空港アクセスの実態・216

　　3　地方空港の二次交通をめぐる課題・219

　　4　二次交通にどう取り組むか・220

第26章　空港財源と今後の負担問題――――――221

　　1　航空会社と空港の関係・221

　　2　空港整備勘定・223

　　3　旅客の直接的な負担・226

　　4　将来の空港インフラのコスト負担・228

終　章　"そら" と "うみ" の将来（対談）――――229

　　1　ふたつの「みなと」（港湾と空港）・229

　　2　首都圏の「みなと」・232

　　3　そらとうみの将来・233

索　引・237

序 章

わが国の航空・空港政策の枠組み

1　航空産業と政府の関係

　コロナ禍の現在，国際的な人の流れが止まり，航空会社は前代未聞の苦境にあります。各国は航空産業や空港の救済に動いていますが，もともと，航空は政府ときわめて近い関係にありました。その理由を4つ挙げましょう。

　第1は航空が交通機関としては後発のものであり，経営の足腰が弱いので政府の支援が必要な幼稚産業という観点です。欧米では20世紀に多くの航空会社が誕生しました。航空機やパイロットに対する初期費用がかかる割に，技術に対する信頼も高くなく，政府は航空会社の成長を促すために新規参入を規制しました。

　第2は航空が国防と密接な関係があることです。一旦緩急があるとパイロット，機材，空港も軍事に転用できる点が政府の関与する根拠となりました。アメリカでは第二次大戦中に大量の軍用機が製造され，また，連邦補助も拡充され，各地に大型機が使える舗装滑走路をもつ空港が整備されました。軍用機は戦後に民間に払い下げられ，その後の民間航空発展の礎となりました。

　第3は経済的要因です。航空企業の輸送規模が大きくなると単位当たりコストが下がり，新しく参入する企業が不利になります。しかし，小規模な企業が多数乱立し，過剰な競争に陥れば，かえって費用がかかり無駄が生じるため，少数社でサービスを供給する方が合理的でした。そのため，政府は航空需要が少ない時代には新規参入を認めず，運賃や運航路線も認可していました。たと

1

えば，わが国では，閣議決定や示達にもとづく45－47体制と呼ばれる政策が実施され，航空会社ごとに役割分担を決めていました。政府は路線ごとに運航社を決めて過度な競争に陥らないようにし，同一路線は同一運賃としました。乗客にとって目的地に行くというサービスは基本的に同質だからです。運賃で競争できない航空会社は，新機材の導入，便数および機内サービスの質といった非価格競争を繰り広げました。

しかし，1970年代になると規制環境が大きく変わり，航空市場は一定の条件が整えば，「コンテスタブル」（競争可能）な市場であるという考え方が登場しました。つまり，既存企業は競争があるか，他企業に参入機会があれば利潤最大化行動をとれません。そのため，競争促進策が航空利用者の利益を大きくし，社会的にみて望ましいという理論が台頭してきたのです。

アメリカの政治家も，規制撤廃による運賃の低廉化は有権者に支持されると考え，連邦議会において1978年航空規制撤廃法（Airline Deregulation Act of 1978）が成立しました。その後，アメリカ政府は航空の二国間交渉でも制約をなくし，航空会社が自由に飛べる「オープンスカイ」を原則としています。

もっとも，政府の介入の程度は国によって異なりますし，航空産業の指向性は国土面積や地理的要因にも左右されます。EU成立以前のヨーロッパには小さい国が多く，航空会社の体力も弱かったのです。それゆえ，政府が航空会社を保護する例が多数ありました。

第4は国際線の存在です。上記3つの理由は，今日では政府が関与する根拠としては弱くなりましたが，第4の理由は今日でも健在です。なぜなら，本書第1章に詳述されていますが，自国の航空会社が相手国に乗り入れるためには，国際交渉が必須だからです。まず，第一次大戦後に締結されたパリ条約で領空の概念が導入され，外国を自由に飛べなくなりました。そして，第二次大戦後，二国間交渉によって乗り入れ地点や運航会社などが決められました。航空と政府との関係が深いのも当然です。

2　規制緩和に伴う政府関与の変化

1980年代後半になると，わが国においても規制緩和が論じられるようになり，

この観点からするとわが国の航空政策にはいくつかの転換点がありました。

　第1はアメリカの規制撤廃の流れを受け，45-47体制を廃止し，航空自由化を方向づけた航空政策審議会の答申があった1986年です。この答申にもとづき，国際定期便にANA，TDAの参入が，国内ローカル線にJALの参入がそれぞれ認められました。しかし，わが国の自由化の歩みはアメリカに比べて緩やかであり，本格的な規制緩和は2000年の航空法の大改正まで待たねばなりません。deregulationは規制を否定する造語でしたが，それが，わが国では規制を緩める規制緩和と言い換えられ，定着してしまいました。

　第2は，1998年から新規航空会社が定期路線に参入し，大手3社体制に運賃競争を持ち込んだことです。98年のスカイマーク（当時，スカイマークエアラインズ）と，エアドゥ（北海道国際航空），2002年のソラシドエア（スカイネットアジア航空），06年のスターフライヤーがそれです。また，国も羽田空港の発着枠を「新規航空会社発着枠」として特別に配分し，収益路線を意図的に持たせることによって支援しました。しかし，知名度の不足は明らかで，大手3社もこれらの会社の便に低運賃競争をしかけ，新規航空会社の経営は破綻しました。その後，いずれの会社にもANAの資本がはいり，また，スカイマークを除けばチケット販売においてANAと何らかの形で関係をもつようになり，大手航空会社との共存により，現在も運航を継続しています。

　第3は1990年代末から2000年代初頭の首都圏の空港整備による容量拡大を前提としたオープンスカイ政策への転換でしょう。成田空港や羽田空港の容量は一杯で，路線や便数を増やせず，両空港の拡張が計画されました。まず，2002年には成田空港の平行滑走路が暫定供用され，羽田空港に残っていた中華航空とエバー航空は成田空港に移動しました。その後，その枠を使い，韓国と香港への定期チャーター便という形で羽田空港に国際線が再開されました。

　第一次安倍内閣は2007年に「アジアゲートウェイ戦略会議」を創設し，同会議は「アジアゲートウェイ構想」を公表しました。そこには，関西空港と中部空港が国際拠点空港として相応しい路線の開設や増便ができる航空自由化と地方空港の自由化を進め，安全確認などを除いて手続を届出とすることが謳われました。そして，2008年には，2010年の羽田空港のD滑走路（第4滑走路）と国際線ターミナルの供用時において昼間3万回，深夜早朝3万回，計6万回の

国際定期便の利用が閣議で決定されました。さらに，2010年に開催された成長戦略会議では，3万回程度の発着を国際線に追加し，国際線発着枠を9万回程度に増やすことが決定されました（前田（2019），本書第2章を参照）。

3　現在の航空・空港政策

(1)　オープンスカイ政策

　図表0-1は日本の航空・空港政策の枠組みを示しています。政策の目的は，他の経済政策と同様，国民の厚生（メリット）の最大化にあります。図では，実行済みと思われるものは実線で，継続中のものは破線で囲っています。

　まず，航空政策から説明します。上述の首都圏空港の発着容量の増加を見越した政府のオープンスカイ政策への転換があります。現在，わが国は35の国と地域との間にオープンスカイ協定を結んでおり，これらの国・地域との間では二国間協定に運航航空会社，便数，乗り入れ地点等を定める必要がなくなりました。ただし，羽田空港だけは発着枠が一杯のため対象外となっています。

　他方，成田空港では協定締結国の一部の国を除いてわが国と外国の航空会社が自由に旅客を積み込むことができます。そして，首都圏以外の空港では一部の国を除き，第三国へ輸送する権利（以遠権）も認められています。オープン

●図表0-1　日本の航空・空港政策の枠組み

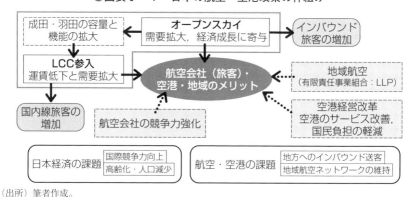

（出所）筆者作成。

4

スカイ政策の目的は，外国人の旅行需要を日本に呼び込むことにあります。イ
ンバウンド旅客は各地でモノやサービスを購入するため，わが国にとっては輸
出と同じなのです。すでに，この影響の大きさは衆目の一致するところであり，
その基礎にオープンスカイ政策があるため，本書の第1章に置いています。

(2) 本邦LCCの育成と参入

　国内線旅客数は2006年の9,633万人をピークに減少に転じ，2010年のJALの
経営破綻や2011年の東日本大震災はその傾向に拍車をかけ，2011年には7,759
万人に減少しました。そこに欧米で定着したLCCがわが国でも創設されます。
2011年にピーチアビエーション（ピーチ），エアアジア・ジャパン（エアアジ
ア）およびジェットスター・ジャパン（ジェットスター）が設立されました。
ピーチにはANA，香港の投資会社および日本の官民ファンドが出資し，エア
アジアはマレーシアのエアアジア本体とANAの共同出資，そしてジェットス
ターにはオーストラリアのジェットスター，JALおよび三菱商事が3分の1ず
つ出資しました。さらに，2012年には春秋航空日本が設立されました。

　本邦LCCは拠点空港として関西空港と成田空港を使用し，首都圏や関西圏の
需要を開拓しています。当初，フルサービス航空会社（FSC）とLCCの間で市
場の奪い合いが懸念されましたが，高速バスからの転換者や航空を利用してい
ない人が顧客となりました。LCC参入後から国内線旅客数は徐々に増加し，
2017年には国内線旅客数は1億人を超え，LCCのシェアも2019年には10％にな
り，航空需要を増やすという当初の目的は達成されています。

(3) 地域航空の維持策

　離島路線を中心とした少需要路線を維持するための政策は，規制緩和のコイ
ンの裏といってもよいものです。規制緩和によって競争が激化すると，航空会
社は低収益あるいは赤字の路線を休止します。高収益路線から得た利益による
内部補助によって少需要路線を支える構造だったものが，競争によって収益が
低下し，補助する余裕がなくなります。これを放置すれば，移動が困難になる
地域もでてきますから，政府は生活に必要なサービスとして支援しています。

(4)　航空会社の競争力強化

　2000年以降の本格的な規制緩和の進展に伴って，航空会社間の競争は激しくなり，2008年のリーマンショックは航空界にも大きな影響を残し，経営破たんを招いたJAL は2010年に会社更生法を申請し，金融機関の債権放棄とともに，公的資金が注入されました。政府は翌年，航空会社の競争力を強化するために１klあたり２万6,000円の航空機燃料税（航燃税）を１万8,000円に軽減しました。軽減の理由は当初の競争力強化から航空ネットワークの維持へと変化しましたが，軽減措置は継続されています。航燃税は国の一般会計に組み入れられますが，このうち９分の７は航燃税相当額として，一般会計から自動車安全特別会計空港整備勘定へと繰り入れられています。

　また，国管理空港においては航空ネットワーク維持の観点から，羽田空港におけるローカル線の着陸料を路線に応じて３分の２～６分の１に軽減しています。同時に，関西空港，成田空港および中部空港発の便についても，羽田空港以外の国管理空港における着陸料を３分の１に軽減しています。これらの施策により，航空会社の体力を増強し，航空ネットワークの維持が図られています。

(5)　空港経営改革

　次は空港政策です。わが国の空港は歴史的経緯から空港内の施設により管理主体が異なっています。大部分の国管理空港では国が滑走路などの基本施設を，民間が空港ターミナルビルを，財団法人が駐車場を管理しています。このため，空港が一体となった効果的な路線誘致策を打ち出せず，空港自体の経営にもムダが生じていると考えられていました。わが国の空港が配置上からおおむね整備されたことを受け，2000年代後半頃から「独立採算型PFI（Private Finance Initiative）」を適用し，民間事業者に空港を一体運営してもらうという改革案が議論されていました。国は2011年にPFI法を改正し，空港の所有権は国に残したまま運営権を設定し，運営権を民間事業者に売却するコンセッション方式による民営化を導入しました。空港を独立採算で自立させ，航空ネットワークを充実して地域の交流人口を増やし活性化を促すのが目的です。

　運営権は30～50年を目安とし，運営権者は国との契約にもとづき自らの経営

6

判断で航空管制を除く空港全体を運営します。国は方針を示したうえで運営権者を公募し，運営権の購入を希望する事業者はコンソーシアムを組成して応募します。選考の観点は空港の安全確保やリスク管理などのインフラとしての機能維持，旅客数や貨物量の増加をめざす空港の活性化，地域共生や地域活性化への貢献および運営権対価（財政面への寄与）等の観点から選考され，優先交渉権者が決定されます。わが国の空港は国または地方が整備，運営してきたため，ノウハウは行政組織に蓄積されています。コンセッションの導入に際し，国はその運営ノウハウを引き継ぐために，期間を定めて運営会社に職員を派遣します。職員は，国が担当する航空管制と空港をつなぎ，日常の空港運営を担当する航空管制運航情報官や，航空灯火・電気技術官という人たちです。

　地方管理空港や特定地方管理空港にもコンセッションは導入されています。旅客数が多い空港では国管理空港と同様に「独立採算型PFI」を適用しますが，利用料で運営費を賄えないほど旅客数が少ない空港では設置管理者である地方自治体が一定の負担を伴う「混合型コンセッション」を適用します。PFIには「サービス購入型PFI」という種別もあり，これは，設置管理者が民間からサービスを購入し，対価を支払うものです。いわば維持管理費を公的に負担するため，運営権対価は0円です。「混合」の意味は，「独立型PFI事業」と運営権対価0円の「サービス購入型PFI事業」の2つのしくみをミックスしたということです。詳細は第15章をご覧ください。

4　課　　題

　わが国の航空政策は1980年代中頃以降，徐々に規制緩和の方向に舵を切り，2000年の航空法大改正によって本格的な規制緩和の時代に突入しました。しかし，大きな規制として残っているわが国独特の制度があります。それが，羽田空港の国内線の発着枠配分です。羽田空港は航空法で「混雑空港」に指定されているため，「発着枠（スロット）」が設定されています。国内線発着枠は，政府の委員会で配分基準を決め，それにもとづいて政府が航空会社に割り当てます。配分の期限は5年です。政府に設置された委員会ではその前の5年間の運航実績をさまざまな観点から評価し，配分基準を決めています。1998年以降，

競争促進のため新規航空会社に優先的に配分される基準がありましたが，2019年の配分基準からそれがなくなりました。

　他方，羽田のネットワークを維持するため，少需要路線に対する転用規制（1便ルール・3便ルール）があります。前者は減便されれば，当該路線の便数が1便未満になる場合に当該枠を回収し，運航を希望する航空会社を募集するというものです。3便ルールとは，1日3便以下の路線をグループ化し，減便時には他の少便数路線にのみ転用可能というものです。転用規制があるのは，羽田空港に国内線の6割が集中するなかで，羽田路線が航空会社の収益の源泉となっているからです。規制がなければ，航空会社はあえて低需要路線や新規路線への就航を避け，幹線などの高需要路線に機材を集中させるでしょう。しかし，低需要地域ほど人口減少などによって路線の維持は難しく，転用されなければ首都圏との時間距離が延び，ビジネスも観光もいっそう不便になるでしょう。そのため，こうした人為的配分を続けているわけです。

　海外ではオークションによって発着枠を配分する例もありますが，これは理論的に正しいのです。しかし，制度を導入しても，資金量に勝る大手会社が有利であり，かえって航空会社間の競争が妨げられるでしょう。また，発着枠の価値は，時間帯によって異なります。現在，発着枠の配分に留まり，時間帯の配分は航空会社に委ねられており，オークションは機能しないでしょう。

　羽田空港におけるこれ以上の発着枠拡大は短期的には困難と思われ，羽田一極集中の下で全国ネットワークを維持することが，今後とも大きな課題として残っているといえるでしょう。

　最後に，新型コロナウイルス問題は先が見えません。アフターコロナを見据え，航空機や空港の感染対策が進められています。IATAの予測では，航空需要が元に戻るのは国内線で2023年，国際線で2025年です。また，人々の行動が本当に変わってしまうのかはわかりません。しかし，新しい時代の航空政策にリスク管理が一層重要であることをコロナウイルス問題は物語っています。

〔参考文献〕
前田隆平（2019）「羽田国際化について」航政研シリーズNo.643。

（加藤一誠・引頭雄一）

第 I 部

航空需要の増大と対応

第 1 章

空の国際化とオープンスカイの
さらなる進展

　かつては多くの日本国民にとって「一生に一度」であった海外への空の旅も，今や日常茶飯の出来事となり，またひっきりなしに外国からお客様をお迎えする時代になりました。航空機による国を越えた移動が，ごくごく限られた人々のものから，およそ普遍性をもつものに変わってきた，学術的にいえば，供給が爆発的に増え，当然ながら価格も劇的に下がった，ということになります。

　こうなるまでに何があって，これからどうなっていくのでしょう。皆さんが一度は目にし，耳にされた「オープンスカイ」とはそもそも何でしょう。

1　シカゴ体制

　世界中の航空会社は，勝手気ままに運航しているわけではありません。国際航空の世界では，操縦士はきちんと資格を持っていないといけない，とか，管制官の指示に従わないといけない，というような車の運転同様の交通規範に従う，という意味ではなくて，どこの国にどのように各国の航空会社が定期便を運航できることとするか，お互いに国同士で決めておくという仕組みが存在します。第二次大戦後の世界の国際航空の枠組みをどうするか，1944年に米英その他の国（交戦中の枢軸国は入っていません）がシカゴに集まって戦後の国際航空の枠組みを決めました。これを「シカゴ体制」といいます[1]。これは以下のように，言い換えられます。安全・技術の基準はグローバルスタンダードをつくるべく，多国間条約とその附属書で規律することにしましょう（シカゴ条約）。一方で，各航空会社のビジネスとしての運航そのものをどうするかにつ

いては，運輸権（空の自由）（**図表 1 - 1**）の行使のあり方を二国間で個別に
決めていくことで解決しましょう，ということになったわけです。

　これを受けて，1946年，米英両国は大西洋上の英領バミューダで航空協定を
締結し，各国はこれに倣って次々と協定を結びはじめました。この協定のスタ
イルをバミューダⅠ型と呼びます。運航企業数，乗入れ地点，運行形態（路
線），運賃を予め定め，輸送力（運航便数・機材の大きさ）については不均衡
が生じた場合に調整する，いわゆる事後審査型の協定です。

　それから20年後，輸送力の不均衡が目に余る，としてイギリスはアメリカに
対し，協定破棄を申し入れました。これを受けて，1977年に両国間で結び直さ
れた協定が，いわゆるバミューダⅡと呼ばれるもので，輸送力も予め決めてお

●図表 1 - 1　　運輸権（空の自由）

第1の自由（上空通過の自由）
他の国の領域を無着陸で通過する自由(国際航空業務通過協定締約国間で認められている)。
相手国

第2の自由（技術着陸の自由）
旅客の積み込み等を行わない給油等の技術着陸の自由(国際航空業務通過協定加盟国間で認められている)。
相手国

第3の自由（自国からの輸送の自由）
自国で積み込んだ旅客,郵便物,貨物を相手国で積み卸す自由。
自国　相手国

第4の自由（自国への輸送の自由）
相手国で積み込んだ旅客,郵便物,貨物を自国で積み卸す自由。
相手国　自国

第5の自由（第3国輸送の自由）
自国・相手国間の運送に接続し,相手国で積み込んだ旅客,郵便物,貨物を第三国(以遠又は中間)で積み卸す自由又はその逆。
自国　相手国　第三国

第6の自由（自国と連接した輸送の自由）
相手国で積み込んだ旅客,郵便物,貨物を,自国を経由して第三国で積み卸す自由又はその逆。
相手国　自国　第三国

第7の自由（自国と連接しない輸送の自由）
自国を経由せずに,相手国で積み込んだ旅客,郵便物,貨物を第三国で積み卸す自由又はその逆(第3・第4の自由による運航を伴わない)。
相手国　第三国

第8の自由（自国と連接した国内輸送の自由）
自国発着の経路上で,相手国内において旅客,郵便物,貨物を積み込み／積み卸す自由(カボタージュ)(シカゴ条約で他国に許可を与えない権利が認められており,ほぼ全ての国で現在認められていない)。
東　京　相手国地点　相手国地点

第9の自由（自国と連接しない国内輸送の自由）
自国発着の経路と連接しないで,相手国内において旅客,郵便物,貨物を積み込み／積み卸す自由(カボタージュ)(シカゴ条約で他国に許可を与えない権利が認められており,ほぼ全ての国で現在認められていない)。
相手国地点　相手国地点

（出所）国土交通省航空局。

---

1)　シカゴ体制確立のプロセスにあっては，当時の国力を背景に，運輸権の扱いについて，
　　自由な枠組みを志向するアメリカと管理主義を求めるイギリスとの間で深刻な対立があり，
　　これが国際航空における二国間主義に帰結したとされています。当時の米英の位置づけ，
　　両国の関係を全体的に俯瞰・理解する上で，時の英首相の回顧録であるW．チャーチル
　　『第二次世界大戦』（佐藤亮一訳　河出文庫）を一度手にとられることを推薦します。

くこととなりました。後述する「オープンスカイ型」の協定でない場合，ほとんどの協定のスタイルは国を問わず，これになります。「自国」航空企業という概念が前提になりますから，外資規制が置かれる上に，事業領域を事細かに政府が規制する枠組みですので，他の通商分野に比較して，この分野は政府の管理色が極めて強いことを理解する必要があります。

2　オープンスカイ

　国際航空の分野に政府の管理が強く及ぶことを前提とした上で，もともと他国に比べて巨大な市場と航空企業を擁するアメリカは，新たな枠組みを志向します。折しも1978年に国内市場において路線免許制を廃し，規制緩和に踏み切った結果，その後の経営環境の悪化もあり，1991年に「世界のパンナム」が倒産に至るなど，業界再編的な動きが激化していました。そのようななか，バミューダII型で管理の対象とする，企業数，輸送力，運送のあり方（特に第3・4・5の自由，加えて貨物運送においては第7の自由），運賃を無制限とする「オープンスカイ」を今後の目指すべき姿として提唱するようになります。

　この「オープンスカイ」はあくまで自国企業の優位性を念頭において提唱されているものですので，その背後には相手国企業との結合的連携（外資規制ゆえに合併ができないことの代替措置）が常に控える形で進んでいきます。1992年のオランダ（ノースウエストとKLM），1993年のドイツ（ユナイテッドとルフトハンザ）等々です。これらの協定，連携，さらには自国の独禁法の適用除外，これらが3点セットで展開されていきます。

　一方で，当時，ヨーロッパは欧州市場の統一を通じ，国際的な競争力・地位の確保を図る観点から，自由化を進めていく必要に迫られていました。このため，1980年代後半以降，段階的な「自由化パッケージ」なるものを打ち出し，EU域内の国同士であれば，国内輸送（カボタージュ）まで解禁するという，見方によってはアメリカを超えるところまで進んでいくことになりました。この結果，1990年代，2000年代最初の10年は国際航空における「自由化」が大きな流れとなり，2007年の米－EU航空協定に行き着くこととなります。

3　わが国の「自由化」

　アメリカにおける「オープンスカイ」の提唱，ヨーロッパにおける「自由化」の推進，これらの背景には自国企業の戦略，自国市場政策の展開といったものがあったのですが，わが国はそもそもどういう事情のもとでこれを志向することになったのでしょう。

　1990年代に日本はアメリカのいう「オープンスカイ」には明確に反対の立場を表明していました。最大の問題は，それまでの「事後審査制」に基づくアメリカ企業の際限なき増便（途中から凍結）ゆえ，すでに当時の成田空港の発着枠の3分の1がアメリカ企業に占拠されている実態を解決せずにアメリカ提案に応じてしまうと，競争環境が不均衡なまま日本企業（当時はJAL）が壊滅的な打撃を受けることになりかねないとの懸念でした。一方で，日本側には，後発企業であるANAの運航条件が大幅に制限されている環境を何とか改善する必要に迫られていましたので，単に「オープンスカイ」というコンセプトに反対，現状維持というのではなく，「オープンスカイ」とは違う自由化を志向するというのがわが国の立場でした。結局，2年余の交渉期間を経て，1998年に両国はアメリカのいう「オープンスカイ」と違う枠組みで，成田＝アメリカ路線の運航を相互に大幅に自由化する仕組みに合意しました。この結果，日米間の便数や運賃が劇的に変化し，路線も多様化しました。

4　わが国の「オープンスカイ」

　その後，わが国は「オープンスカイ」とは距離を置いた立場をとり続けますが，2010年のアメリカとの枠組みの見直しをきっかけに，わが国としての「オープンスカイ」（ここに注意が必要なことは後述します）を進めていくことに方針転換し，今日に至っています。

　転換の一番大きな理由は，首都圏の空港環境の変化です。羽田の「国際化」，成田の「容量拡大」により，運輸権，競争環境をもっとも気にすべき対象が，成田から羽田にシフトすることとなりました。この2つの要素により，少なく

とも両国間の運送に関し，成田の競争環境の不均衡（日本企業が運航したいのに相手国企業が占有しているがために必要な発着枠が確保できない）という長年の問題に解決の目処が立ちました。また，管理型の枠組みは，とかく縮小均衡に行き着きがちのところ，競争による供給の拡大，価格を含めたサービスの多様化を図る上では制限はできるだけ解除することが望ましいことでもあります。その他諸々の要因が考慮された帰結として，この方針転換となったといえます。

　もちろん，インバウンドの拡大，LCCの参入促進という日本企業のみでは到底体現できない重要な政策課題の遂行という観点でみても，これは必須であったといえます。

5　わが国の「オープンスカイ」の留意事項

　わが国の「オープンスカイ」には，留意しなければならないことが3点あります。

　1つは羽田空港です。羽田空港については，「オープンスカイ」の枠組みを採用している国との間であっても，乗入れ便数について，利用可能な発着枠数という形で管理しています。2019年夏に，羽田新経路設定を受け，新たに設定した発着枠の各国配分を決定しましたが，これを行うに当たっても各国航空当局との協定の枠組みに内容を盛り込むべく，協議・調整を実施しました。まず，競争条件の均衡化を確保するためにこのような仕組が今後とも必須なのか，それとも羽田空港の国内線基幹空港としての属性，つまり国際線としての容量制約に鑑みると，（成田空港と違って日本の企業が使う前にアメリカ企業が占拠してしまっていたという図式は起こりえないとすれば）必須ではないのか考える必要があります。その上で，後述する留意点にも関係しますが，仮にそのような仕組みをなくすとした場合にどの国との間でなくすのか，相互主義を前提としつつ，今後のあり方を検討していく必要があります。

　2つ目は成田空港です。「オープンスカイ」への転換のなかで，成田の属性が変化しましたが，成田空港で第5の自由を認めるかどうか，また，認めるとしてどの程度とするかは個別の国ごとに判断しており，無条件に無制限という

15

枠組みは採用されていません。

　一般に，第5の自由の解禁は，供給の拡大への効果より，他社からの収奪を目指す過当競争への懸念を想起させるものとしてとらえられています。就航社（路線）数を増やすという空港政策的側面と自国企業の競争条件に配慮する事業政策的側面のバランスをどう確保していくのかということになります。今後は特に前者の観点から，一定の条件の下で，本邦航空企業が就航していない国の航空企業による中間第5（相手国との間の途中地点での旅客の積みおろし）の自由の行使を認めることをはじめ，柔軟に対応していく必要があります。

　3つ目は「相互主義」です。これはわが国に限ったことではありませんが，通常，二国間での取決め内容は，少なくとも見立ての上ではバランスしていることが求められますし，いずれの国の航空交渉に携わる者もそこを意識して仕事をします。そうなると問題となるのは，自由化やオープンスカイを志向しない国との間の取り方です。

　上述のような流れがあるため，隣国を含めた世界の大宗が皆これを志向していると誤解されている向きもありますが，自国の戦略として積極的に自由化を選択することに価値を見出す国がそのように主張しているだけですので，依然そうでない国も多々あります。

　ロシアは自国の上空を通過する便数（第1の自由）についても，世界各国との間で管理するスキームを採用しています。中国も容量制約のある空港をいくつも抱えている事情も含め，米欧とは全く違います。南アジアのとある国が，完全自由化を志向したのは誤りだったので，新たな立場で各国と協定を結び直したいといって協議を申し入れてきたこともあります。

　このような国々に日本は今後どう向き合うべきでしょうか？「オープンスカイ」は追求すべき理念ではなくて，それを通じてその場面で何が実現できるのか，という道具として考えるべき，となると，答えは自ずと行き着くところにたどり着きます。

6　今後の展望

　本章では，⑴国際航空には枠組みがあること，⑵その枠組みの中での選択の

結果として，「オープンスカイ」「自由化」の展開があること，(3)日本も日本型「オープンスカイ」を選択したが，そこには留意すべき事項があることを述べました。本章のタイトルが示唆するとおり，上述の南アジアのとある国のような，今までの方針は誤りだった，逆の方針に戻るべき，というようなことは今のわが国において想定されません。また，航空会社にせよ，空港にせよ，これだけ利害関係者が多様化しており，しようとしても無理な相談と思われます。

　一方で，二国間で予め取決めをしておくという航空独特のシカゴ体制自体が，オープンスカイの進展によって消滅していく，つまり枠組みとしても海運同様に政府が関与しないという方向になることは，今のところ世界中の誰も想定していません。したがって，日本に限った話ではありませんが，「オープン」という言葉の印象とは別の問題として，国際航空の分野において，政策選択・実施主体としての政府・航空当局には依然として多くの課題が山積しているのです。

7　新型コロナ問題

　2020年5月時点で，わが国発着の国際旅客便は新型コロナの感染拡大が問題となる前に比較して9割以上減少し，その後も回復する状況に至っておらず，国際航空は甚大な影響を受けています。

　各国とも感染防止の観点から，入国制限・検疫措置の強化を図っており，その一環として，本章で扱っている運輸権の行使そのものを制限する事例も発生しています。

　とはいえ，減便，運休の背景には，感染拡大そのものに由来する需要の減少が根本にあり，各国とも，感染の再拡大を回避しつつ，現在導入している各種の制限をどのように緩和させていくべきか，そのときに留意すべきこと，特に各国で調和を図るべきことは何か，といったことを今まさに検討・議論している状況です。本章の文脈で積極的にコメントすべき事象，論点があるかどうか今しばらく見極めが必要です。

　＊　本章は，筆者が個人の資格で記しているものであり，意見・評価に係る記述は筆者個人のものです。

（大沼　俊之）

第 **2** 章

羽田空港のこれまでと今後

1　羽田空港の最近の運用変化とこれまでの整備の歩み

　東京都心や川崎臨海部の上空を通る新しい飛行経路を使用した羽田空港の出発・到着方式が，2020年3月末から正式に運用され，国際線の容量が年間約6万回から約9万9,000回に増加しました。従来は，騒音影響を考慮して，一部の出発機や視界不良時の到着機，または着陸復行機（着陸のやり直し）を除き，極力使用されなかった都心上空等の低高度空域の活用によるものです。滑走路を新たに整備したわけではなく，飛行経路と運用方式の変更による機能強化策で，滑走路自体は以前と変わらず，井桁の形で配置された4本のままです。

　さて，この羽田空港（正式名称は東京国際空港）は，1931年に300m滑走路1本で開港し，戦後の米国進駐軍による接収を経て，1958年に全面返還，航空機のジェット化が急速に進展する中で，1971年には3本の滑走路を有する空港の原型ができあがりました。さらに，航空機騒音に配慮して，空港施設を大規模に沖合へ展開する「東京国際空港沖合展開事業（沖展）」が1984年から2007年にかけて行われ，この時点で年間約30万回の発着容量となりました。その後，「東京国際空港再拡張事業（再拡張）」が行われ，2010年10月に4本目の滑走路となるD滑走路と，再国際化に合わせて整備された国際線地区が供用開始となり，ほぼ現在の形となっています。再拡張後の最終形での容量は年間40万7,000回（昼間時間帯）で，うち3万回は国際線枠です。これとは別に深夜早朝枠として国内線1万回，国際線3万回がカウントされており，合計すると国際線枠

は約6万回となります。この間，滑走路や駐機場，旅客ターミナルビルの新設・増設，さらに鉄道や高速道路などのアクセス交通の整備といったハード面のインフラ整備が行われるとともに，航空管制システムの整備や空域・滑走路の運用方式の改善といったソフト面の施策も順次実行され，首都圏の航空需要に応えるための機能強化をしてきました。本章では，空港容量の考え方について簡単に触れたあと，再拡張以降の羽田空港における機能強化の主な取組み，騒音負担のあり方，そして今後の展望について紹介します。

2　空港容量と騒音影響

　羽田空港は，航空法上で「混雑空港」という指定を受け，1日または一定時間当たりの離着陸回数（発着枠数）が制限されています。最近では2016年に福岡空港が新たに指定されました。空港はさまざまな施設が一体で運用されますが，通常は滑走路における航空機の処理容量が空港全体の容量を規定することが多いです（滑走路の容量の詳細は，**コラム1**（25頁）を参照）。羽田空港は都心に近いがゆえ，都心等への騒音影響を考慮して4本の滑走路が井桁の形で交差する珍しい配置をしており，離着陸経路も基本的に東京湾上空に設定されています。このような滑走路の交差配置や離着陸経路の限定が，滑走路の運用上での制約を増やし，滑走路が持つ本来の処理容量のポテンシャルが発揮できない面があります。もちろん，それにより都心などの騒音環境が改善されているので，容量と環境のトレードオフの中でバランスを考える必要があります。一方で，都心の騒音影響を避けるために，比較的羽田から離れた千葉方面等での騒音影響が増加するという問題もあり，以前から「首都圏全体での騒音分担・騒音共有」について自治体から国に要望が出されている状況があります。

3　再拡張後の羽田空港の機能強化方策

(1)　首都圏空港の機能強化方策の検討経緯

　2010年10月の再拡張以降も羽田空港への増便ニーズは高かった一方で，その

後具体の政策展開はありませんでしたが，2014年6月に国土交通省・交通政策審議会航空分科会基本政策部会において『新時代の航空システムのあり方～世界のダイナミズムへの扉を開き，日本の明日を育む航空システム～』がとりまとめられ，その中で首都圏空港のさらなる機能強化の必要性が記載されるとともに，2013年10月に同部会の下に設置された「首都圏空港機能強化技術検討小委員会」において，羽田・成田両空港の空港処理能力拡大方策を中心に首都圏空港の更なる機能強化について技術的な検討を行いました。2014年7月に小委員会において中間とりまとめが行われ，2020年東京オリンピック・パラリンピック開催までに実現し得る方策とそれ以降の方策（滑走路増設など）に分けて，技術的な検討結果が示されました。

　その後，この技術的な選択肢をもとに，首都圏空港の機能強化の具体化について，関係自治体や航空会社等の関係者間で協議を行うための「首都圏空港機能強化の具体化に向けた協議会」が2014年8月から開催され，住民への説明や双方向の意見交換も積極的に実施しつつ，得られた意見等をもとに機能強化策の具体化の検討と修正が続けられ，最終的には2019年8月に第5回協議会での協議結果を受け，国土交通大臣から正式に2020年3月29日の夏ダイヤから，新飛行経路の運用等による羽田空港の機能強化の実施決定が発表されました。以下，羽田空港の機能強化策についての概要を紹介します。

⑵　新飛行経路の導入などの容量拡大方策

　前述の小委員会および協議会で検討された容量拡大方策は，大きく分けると，①滑走路占有時間（ROT）と機材構成比率の再検証，②滑走路運用・飛行経路の変更，③特定時間帯枠とスライディングスケールの活用，の3つです。①は前述のとおり，滑走路容量に影響する代表的な要因で，機材の小型化など，最新の運用実態を分析することで，従前は北風時・南風時ともに80回／時の容量でしたが，最新のROT値に更新した結果，たとえば，北風時の容量は88回／時，南風時は83回／時と計算されました。航空機は，安全上，向かい風で離着陸するため，風向きによって離着陸の滑走路が異なることが通常で，空港の発着枠を決める際には，いつでも安定的な運用を継続するために，容量の低い方に合わせることが通常です。さらに，離陸と着陸の容量を同一にすることも

加味すると，空港全体としての容量は82回／時となります。このことを踏まえると，南風時の容量がボトルネックになっていることが分かります。

　そこで，②の方策として，南風時の滑走路運用と飛行経路について，小委員会でさまざまなケースについて技術検討を行った結果，これまでは使用してこなかった都心上空からの着陸経路と川崎方面への離陸経路を新たに活用することで，南風時でも90回／時まで，さらに北風時も荒川上空経路の活用より2つの離陸経路の間隔を広げることで，南風時と同じ最大90回／時まで容量が上げられる可能性が示されました。一方で，都心や川崎方面で新たな騒音影響が発生するため，この新飛行経路の活用はピーク時間帯に限定することで，その環境影響を極力抑制しながら，その影響との比較衡量の中で，容量拡大の実施について検討が進みました。たとえば，都心上空からの着陸経路の使用は，年間平均で4割程度の南風の日のみで，しかも実質3時間を考えており，前後の運用切替えのための時間を含め，国際線需要が集中する15:00〜19:00に限定して運用されています。

　さて，③の方策は，特定時間帯という6:00〜8:30の到着と20:30〜23:00の出発

●図表2－1　羽田空港の南風運用時の新飛行経路のイメージ

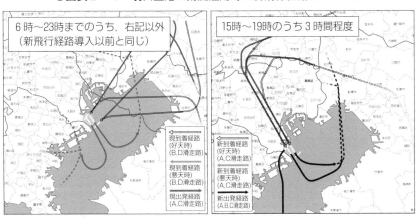

（出所）国土交通省[1]。

---

1)　国土交通省：「羽田空港のこれから」ニュースレター，第13号，2020年初夏，https://www.mlit.go.jp/koku/haneda/news/i/newsletter_13.pdf

に対して設定された時間帯の発着枠で，これまでは需要面から容量が余っていた時間帯の枠のことです。また，スライディングスケールとは時間当たりに可能な出発・到着機数の組み合わせのことで，離陸を増やせば着陸が減り，逆もしかり，という関係のことです。つまり，国際線の増加がターゲットになった今回の方策は，特定時間帯と特定時間帯に隣接する朝と夜の時間帯における国内線の出発到着需要を加味し，スライディングスケールの考え方で出発や到着を増やすことで，従来活用されづらかった時間帯の発着枠の有効活用をするというものです。

　以上のような方策により，国際線を1日約50便増便することが可能となりました。一方で，騒音問題に加え，航空機からの落下物対策など安全面の懸念も後述する説明会などで地域住民等から多く寄せられたため，追加的な対策が検討，実施されることになりました。たとえば，低騒音機材の利用促進のための着陸料体系の見直し，GPS等を活用した柔軟な曲線経路の設定（RNAV方式）や高精度レーダーによる航空機間の安全間隔の監視（WAM）といった新技術の導入による好天時の到着経路の高度引上げおよび降下角の引上げ，教育施設等の騒音防止工事助成，騒音測定局の増設，落下物対策総合パッケージの策定（落下物防止対策基準の策定，未然防止策と機体チェックの徹底・強化，補償等の充実など），継続的な情報提供体制の充実などです。

　また，小委員会では東京オリ・パラ後の機能強化策として，5本目の滑走路の整備方策についても技術検討を行い，たとえばC滑走路に平行のセミオープンパラレル滑走路（760m以上の間隔）の整備により，最大で112回／時まで容量拡大の可能性があることが示されています。しかしながら，新規滑走路については検討の時間は十分に取れておらず，飛行経路の制約や騒音影響，離着陸の詳細な運用方法など，分析の精査が今後も必要と考えられ，将来的な容量拡大ニーズを踏まえつつ，長期ビジョンとして将来の羽田空港の整備計画として検討を継続する必要があります。

⑶　機能強化に関わる計画プロセスと地域住民等との双方向の対話

　羽田の新飛行経路導入にあたっては，2015年に「羽田空港機能強化に関するコミュニケーションのあり方アドバイザリー会議」にて，機能強化に対する理

解促進のための具体的手法およびプロセスを検討し，それにしたがって，丁寧な住民等への説明が継続的に実施されてきました。機能強化の必要性から，対策案，環境配慮の方策，追加対策など，全体を5つのフェーズに分け，2019年8月の協議会での発表時点では，延べ97会場（延べ163日間）のオープンハウス型の説明会，さらに地域説明会等も別途26回開催され，丁寧な情報提供とともに，多くの意見収集と対話を各フェーズで繰り返し，途中，新技術を活用した飛行経路の修正なども実施されています。機能強化策が決定されて以降も，引き続き説明会等は継続されていますが，羽田空港においてここまで丁寧な情報提供と双方向の対話型説明会が実施されたことは特筆すべきことです。成田空港でも同様に丁寧な計画検討が進められ，福岡空港や那覇空港の拡張計画でもパブリック・インボルブメント方式（PI方式）で市民参画型の丁寧な計画検討がなされましたが，今後の空港計画における市民参画型協調的意思決定のあり方として，今後も継続・改善されることが重要と考えられます。

4　新たな飛行経路設定と騒音負担・騒音共有

　さて，今回の羽田の新飛行経路の導入決定にあたって，協議会の場で千葉県から「千葉県が求めてきた首都圏での騒音共有のその第一歩として評価するものであり，関係者の皆様の尽力に敬意を表したい」[2]との発言があり，千葉市からも同様の発言がありました。国の検討資料においても，新飛行経路の運用時間帯には，到着機による千葉県上空の低高度飛行はなくなる，といった事実から「千葉県内での航空機騒音の影響は，トータルで軽減されます」と説明しています。このような新たな飛行経路設定と騒音負担・騒音共有の事例は，国内外の他の空港でも存在します。たとえば，ニューヨークの玄関口の1つであるニューアーク空港では，激しい航空機遅延の解消を目的に，2007年に市街地上空の離陸経路を新たに複数設定し，騒音影響の観点からピーク時間帯のみにその経路を使用しています。ロンドンのヒースロー空港では，より公平な騒音

---

2)　第5回首都圏空港機能強化の具体化に向けた協議会（2019年8月5日）議事要旨，
　　https://www.mlit.go.jp/koku/koku_tk7_000005.html

負担を地域間で実現することを目的に，50年以上続いていたCranford
Agreement（Cranford地区上空の離陸禁止）を2009年に解消しました。さら
にシドニー空港では，より直接的に騒音を地域全体で共有するためのnoise
sharingというコンセプトを1997年に空港運用の基本方針として打ち出し，飛
行経路を新たに多数設定しつつ，地域間での騒音負担が極力公平になるように
しています。

　これに対して「noise sharingという環境正義（environmental justice）のコ
ンセプトは広く受け入れられるようになってきた。騒音に関して「受容できる
か？」から「公平か？」という問いに変化してきた。騒音の絶対量より相対的
な量に，共通した関心が置かれている」[3]といった評価も見受けられます。ロ
ンドンやシドニーなどでは，noise sharingのコンセプトの中で，騒音が全くな
い時間（respite period）を各地域にどのように創出し，公平に確保するか，
という視点も重視されています。同じ首都圏の成田空港でも，従来は禁止され
ていた陸域の飛行経路の利用について周辺地域が合意し，周辺空域の混雑緩和
と遅延軽減に地域が協力する方策が2011年３月から実行に移されています。特
定の地域に騒音を閉じ込めて集中的に防音や移転補償などの騒音対策を実施す
る従来型の対策がマジョリティではあると思いますが，便数増加を続ける首都
圏などの混雑空港では，従来型の対策では容量上も騒音負担上も限界がきてい
る視点も重要で，機材の低騒音化の進展やCO_2排出削減の視点なども念頭に，
地域全体での騒音負担のあり方や，運用効率と環境影響のバランスのあり方に
ついて，幅広いステークホルダーと地域の中で議論を続ける必要があると思い
ます。

5　羽田空港の今後

　わが国の基幹空港たる羽田空港ですが，これまで慢性的な容量不足に悩まさ
れ，ある意味，需要を後追いする形で少しずつ機能強化を成し遂げてきました。

---

3)　Dave Southgate：The Evolution of Aircraft Noise Descriptors in Australia over the
Past Decade，Proceedings of ACOUSTICS，2011.

滑走路整備のみならず，今回のような飛行経路の新たな設定や航空管制上の工夫と新技術の導入なども機能強化に貢献してきています。近年で実行された成田空港の機能強化や今後の第3滑走路の整備計画もあり，数字上は首都圏空港として世界的にも見劣りのない程度の容量が確保されつつあります。一方で，平時・非常時，両者の視点を念頭におき，羽田空港全体の今後30年，50年を見据えた中長期の整備計画づくりとハード・ソフトの対策実施が重要だと思います。ハード面では，つぎはぎで拡張してきた羽田空港の各種基本施設の維持管理，大規模更新や耐震化等の防災機能強化です。航空管制分野を含めたソフト面では，CARATS（航空交通システムの長期ビジョン）で検討しているような次世代の管制技術の導入による効率と安全の向上，横田空域を含めた首都圏空域再編の将来のあり方の検討，また，昨今の感染症の影響も加味した大規模自然災害に対するBCP（事業継続計画）の不断の見直しや多数の異なる組織間の連携強化などです。

（平田　輝満）

コラム1

滑走路の容量を決める要因

　滑走路の処理容量は，基本的には，管制ルール上の制約条件である，①飛行中の航空機間の最低間隔を維持する，②滑走路を同時に使用する航空機は1機のみとする，という原理原則を満たすように計算しています（詳細は別稿[注]を参照）。条件①の間隔は航空機の大きさ（正確には最大離陸重量で決まる後方乱気流区分：Heavy, Medium, Smallなど）の組み合わせにより変化するため，その空港を使用する機材構成によって容量が変化します。実際に，羽田空港では小型化が進み，以前はHeavy機が7割程度でしたが，近年では5割前後だと思います。

　日本では条件②が重視されてきた経緯があり，1機の航空機が滑走路を使用する時間の平均やバラつき具合を考慮した「滑走路占有時間（通称ROT：Runway Occupancy Time）」を計測し，それをもとに滑走路処

理容量を計算することが多いです。一方で，滑走路からの高速離脱誘導路の整備なども影響して，条件①が制約になることも多くなっていると思われ，その実態を容量計算にもとづき，さらに精緻に考慮する必要があります。機材構成，ROTの他にも，滑走路を離陸または着陸専用か，離着陸共用で使用するかによっても容量は変化します。さらに，離着陸経路設定の自由度も影響し，たとえば，同じ離陸専用でも，離陸直後の飛行経路を一定の角度以上で分岐して複数設定し，それらを交互に使用すると離陸間隔が短縮でき，容量も増加します。

　複数滑走路の場合，交差滑走路より平行かつ滑走路間隔が大きい配置の方が滑走路間の従属性が緩和され，全体の容量も向上します。気象の影響も大きく，北風／南風といった風況で滑走路の運用方法が変更されるため，もし風向きで容量に差がある場合は，通常は容量の小さい方が空港の容量になります。また，視程が悪いと滑走路からの電波信号を使って直線的に進入・着陸しなければなりません。他方，視程の良い好天時はパイロットが滑走路を目視することで着陸直前まで曲線状に進入できることもあります。2本の着陸経路を同時に運用する場合は制約が増え，好天時でも直線的に進入しなければならない場合も多いのです。

　近年はGPS等を活用した新たな航法技術の実用化されており，悪天時でも正確に曲線経路を飛行することが可能になってきているため，将来的には気象による影響は緩和されるかもしれません。このように気象条件によって設定可能な着陸経路および騒音影響も変化するため，各空港で発生する気象条件の統計値を考慮し，容量および騒音影響を比較考量しながら滑走路，そして空港の容量が決められます。

注）たとえば，土木学会土木計画学ハンドブック編集委員会（編）（2017）『土木計画学ハンドブック』など。

（平田　輝満）

第 **3** 章

成田空港のこれまでの歩みと将来

1　開港までの経緯

　成田国際空港（以下「成田空港」）は1978年5月に開港し，2020年で42年になります。当初は1本の滑走路と1つの旅客ターミナルビルで難産の末開港した空港でしたが，その後，第2滑走路，第2，第3旅客ターミナルビルが整備され，航空需要の増大を背景に，輸送量，発着回数も飛躍的に増加しました。また2020年1月，新たな3本目の滑走路の整備に向け，3年間にわたる地元との話し合いや環境アセスメントを経て，国からの着工の許可が得られ，いよいよ整備が開始されます。これまでの成田空港の整備を振り返りつつ，今後の展望を概観します。

　成田空港が計画されたのは開港より15年以上前のことです。当時の技術では羽田空港の拡張が困難とされており，早急に新空港の建設が必要とされました。1963年の航空審議会の答申に書かれた成田空港の完成予想図（**図表3－1**）は，滑走路5本，敷地面積2,300haという壮大なものです。設置場所も当初浦安沖，木更津沖，霞ケ浦などが候補に上がるなか，管制や気象条件などを考慮して千葉県富里村周辺がもっとも適当とされました。ところが地元で強い反対が起こり，建設を急ぐ政府は計画を半分に縮小し，場所も御料牧場や県有地があった成田市三里塚に変更しました。三里塚でも強い反対運動が起こり，新左翼などの介入もあって大規模な反対闘争に発展し，土地収用法に基づく強制収用の発動や東峰十字路事件なども経て，1978年，4,000m滑走路1本とターミナルビ

●図表3－1　新東京国際空港計画案
（運輸省による当初のマスタープラン）

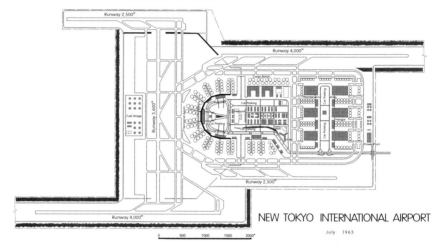

ルが完成します。3月の開港のまさに直前，過激派の襲撃で管制塔が一部破壊され，2ヵ月開港が延期された後，1978年5月ようやく開港しました。開港式典で福永運輸大臣（当時）は「難産の子は育つ」と述べましたが，困難はその後も続きました。

2　開港後の動き
—話し合いの進展と利便性の向上—

　1978年の開港時は航空機燃料を運ぶパイプラインが一部未完成で，鉄道貨車輸送に頼っていましたが，1983年には千葉港と空港を結ぶ本格パイプラインが完成しました。
　当初計画の2本目のB滑走路（2,500m）の建設に向けた整備方法を模索していた時，反対派の中にも熱田派を中心に話合いの機運が盛り上がってきました。1991年11月から隅谷調査団の下，「成田空港問題シンポジウム」や「円卓会議」が開催され，国はこれまでの強権的な建設手法を反省するとともに収用裁決申請を取り下げ，B滑走路はあくまで話合いで解決することなどが合意さ

れました。こうしたなか，敷地内地権者との用地交渉が進展しました。残され
た8軒の敷地内未買収農家のうち6軒は用地交渉がまとまり，移転しましたが，
2軒についてはまとまらず，2002年4月，この2軒の敷地を避け，当初計画の
2,500mを2,180mに短縮する形でB滑走路は完成，供用されました。

　これにより成田空港の年間発着回数は13万回から20万回に増加し，多くの航
空会社が新規に成田空港に就航することになりました。平行滑走路の完成に先
立つ1992年，旅客需要が増加し，ターミナルが手狭になってきたことから第2
ターミナルビルの建設が進められ，完成しました。さらにB滑走路はその後
2009年，北側に320m延伸され，当初計画の2,500mになるとともに，発着回数
も22万回に増加しました。

　また開港当初は京成の成田空港駅からバスに乗り換えないと旅客ターミナル
ビルに入れないという問題がありましたが，1991年，空港内の鉄道アクセスが
整備され，JR，京成の特急が旅客ターミナルに直接乗り入れるようになりま
した。さらに2010年には当初成田新幹線のルートとされていた用地の上に新た
に成田新高速鉄道（スカイアクセス線）が建設され，都心と空港が30分台で結
ばれるようになりました。

　また，最近では低価格のLCCバスが1,000円以下の運賃で都心と空港を10分
間隔で結ぶほか，首都圏中央連絡自動車道（圏央道），外環道，北千葉道路な
ど空港周辺の道路整備も進み，北関東からのアクセスも格段に便利になりまし
た。

3　成田空港の現況と首都圏空港整備の必要性

　現在成田空港は，A（4,000m）B（2,500m）の2本の滑走路と2015年に完成
した主にLCCを対象とした第3ターミナルを加えた3つの旅客ターミナルビル，
南北2ヵ所の貨物地区で運用されています（**図表3－2**）。

　成田空港の2019年の発着回数は約26万4,000回，利用客数は約4,400万人，国
際航空貨物量は204万トンです。1978年の開港以来，イラク戦争や東日本大震
災などによる一時的な需要の落ち込みはあっても概ね順調に増加しています。
羽田空港の再国際化により国際線の一部が移転したものの，2010年以降のLCC

●図表 3 - 2　成田空港の施設概要

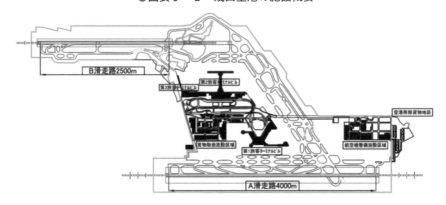

の定着やインバウンドの増加もあって韓国，台湾，中国等からの旅行者が急増するとともに，LCCが運航する国内線の増加により国内22都市と結ばれ，年間利用者も増加しています。国際線では海外41ヵ国，3地域，118都市とネットワークで結ばれており，約100の航空会社が成田空港を利用しています（2019年冬ダイヤ期初時点）。

　世界の航空需要は近年，国際線，国内線ともに大きく増加しています。国際航空運送協会（IATA：航空会社の国際団体）などの予測によれば，今後20年間に世界全体で年平均4.5％の伸びに対し，アジア太平洋地区では年平均5.3％の高い伸びが期待されます。また近隣の仁川，北京，上海，香港，シンガポールなどの主要空港は滑走路やターミナルビルの増設を積極的に進めており，これらの整備が進めばより多くの航空旅客がアジア域内を旅行するものと考えられます。特にベトナム，中国，タイ，インドネシアなどアジア諸国ではGDPの増加に伴い中間所得層が増加し，こうした人々が旅行に目覚めることにより，日本へのインバウンドの増加につながっていると思われます。

　政府は2016年に策定した計画の中で2020年に4,000万人，2030年に6,000万人のインバウンドの目標を掲げています。この目標達成のため必要な空港インフラを早急に整備することが必要になってきました。特に首都圏空港の発着容量を諸外国と比べた場合，ニューヨークやロンドンが年100万回を超えているのに対し，日本では成田，羽田をあわせても75万回程度であり，大きく見劣りし

ます。このため政府においては，2020年の東京オリ・パラ，さらにはその先を
見据えて首都圏空港の機能強化の検討が開始されました。

4　成田空港の機能強化

　成田，羽田両空港はそれぞれ2012年以降，発着容量の拡大に努めてきました。
羽田空港ではD滑走路の供用等により30万回（2012年時点）から段階的に拡張
され，2015年には45万回（うち国際線は 9 万回）に増加しています。成田空港
においても，22万回（2012年）が段階的に拡大され，2015年には30万回に拡大
し，両空港合わせて50万回から75万回に大きく増加しています。

　こうしたなか，国土交通省交通政策審議会に設けられた「首都圏空港機能強
化技術検討小委員会」は，2014年 7 月，2020年までに羽田空港においては首都
上空通過などの飛行経路の見直しにより約 4 万回，成田空港においても高速離
脱誘導路の整備等により 4 万回，併せて 8 万回増加させ，83万回に増加させる
とともに，2020年以降は成田空港に新しい滑走路の整備，既存B滑走路の延長，
夜間飛行制限の緩和を行い16万回増加させ，両空港合わせて100万回の発着枠
を実現する計画を打ち出しました。

　技術検討小委員会の報告を受けて，成田国際空港株式会社（NAA）を中心
に機能強化に向けた検討が開始されました。新滑走路の整備には広大な土地を
必要とするほか，騒音など地域に与える影響も大きいため慎重な検討が必要で
したが，一方，地元経済団体から早期の機能強化を求める16万人署名が国土交
通大臣に提出されたほか，地元地権者の一部を中心に「第三滑走路実現をめざ
す有志の会」も結成されました。こうして，2015年 9 月，国（航空局），千葉
県知事，地元空港周辺 9 市町，NAAの 4 者で構成する 4 者協議会が開催され，
検討が開始されました。

　検討の結果，現行のB滑走路は北側に1,000m延伸，新C滑走路はB滑走路南
側に3,500mで建設，空港敷地は約1,000ha拡大することとなり，発着回数は50
万回に拡大されます（**図表 3 - 3**）。

　最大の問題は，当初NAAが提案した運用時間を午前 5 時から午前 1 時まで
（現行は午前 6 時から午後11時）に延長する案で，地域住民との100回以上，延

●図表 3 - 3　機能強化（基本計画）

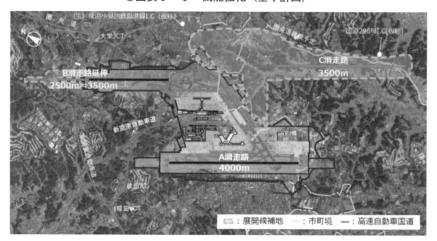

べ 1 万人に対する説明の結果，運用時間を午前 1 時までではなく， 0 時半まで
に縮小するとともに， B，C滑走路の運用時間を変更して空港としての運用時
間を確保するスライド運用を導入すること，当面A滑走路を活用して午前 0 時
まで延長すること（2019年冬ダイヤから実施済み）で合意が得られました。ま
た騒音対策として周辺対策交付金の充実，谷間地区への内窓の設置など防音対
策の充実を図ることなども合わせて合意されました。

　この機能強化が実現するとすべての滑走路が3,500ｍ以上になり，ほぼすべ
ての航空機が 3 本の滑走路を同時に離発着できるようになります。しかも 3 本
の滑走路は基本的に独立運用され，時間あたりの発着回数は98回に増大します。
またB，C滑走路の運用は，航空機が空港中心部から南北端に離陸（着陸はそ
の逆）になることから，現在は風向きによってターミナルから実際に離陸まで
30分以上かかっている地上走行の時間が大幅に短縮されます。空港敷地につい
ても最低限の滑走路用地だけでなく，現在建設中の圏央道西側まで広く取り込
むことにより，将来の旅客，貨物ターミナルの整備に柔軟に対応できるほか，
空港の敷地規模もヒースロー空港，チャンギ空港，仁川空港に匹敵する規模に
なります。

　NAAでは 4 者協議の合意後，予定敷地内居住者との同意書の取得に全力を

挙げ，すでに95％以上の方の同意を得ています。国は2019年11月５日に成田国際空港株式会社法による基本計画を改定し，11月７日にNAAは航空法に基づく空港等の変更許可を申請し，公聴会を経て2020年１月31日許可されました。また国はNAAの財務基盤強化のため，300億円の出資や4,000億円の財政融資を行うことが2020年度当初予算案に盛り込まれました。

5　新型コロナウイルスの空港経営への影響

　2019年12月に中国武漢で発生した新型コロナは瞬く間に世界に拡大し，航空運送業や空港に大きな影響を与えています。成田空港には武漢への直行便があり，まずこの路線が休止されました。さらに休止は中国路線だけでなく，アジア，ヨーロッパ，北米にも拡大され，多くの路線が休止に追い込まれ，利用者も激減しました。成田空港は2020年４月からの羽田空港の発着枠拡大に伴い，多くの北米路線が羽田に移ることを見越して，中国各地への直行便の誘致に力を入れてきましたが，３月以降，そのほとんどが休止に追い込まれました。４月には国際線の発着回数が１割台に落ち込んだことから，２本の滑走路のうちB滑走路の運用を停止するとともに，空港内のレストラン，売店，免税店なども休業に追い込まれ，NAAの経営にも大きな影響を与えることになりました。2020年の東京オリ・パラも１年延期が決定し，新型コロナの影響が長期化することから世界的に航空需要の回復の遅れも懸念されていますが，国内便は徐々に回復に向かっています。

6　今後の課題

　このように新型コロナの影響は大きなものがありますが，NAAは機能強化のため，2028年度末の新滑走路の完成を目指して用地買収や滑走路などの工事着手する方針は変えていません。地権者は全国に1,000人以上いらっしゃるため，これを円満に取得することがまずは大きな仕事です。過去の悲惨な過ちを繰り返さないよう，丁寧で地道な取組みが必要です。

　機能強化により発着回数が50万回に達した時の旅客数は，現在の4,000万人

から7,500万人に，貨物量も200万トンから300万トンに増加します。空港で働く従業員の数も4万人から7万人に増え，観光客の増加や雇用の創出，固定資産税や交付金の増加，企業の進出や地元農産品の輸出拡大など空港だけではなく周辺地域にとっても大きな効果をもたらします。

　羽田の再国際化に伴う路線の移転や海外の国際空港とのし烈な競争など，成田空港をめぐる情勢は楽観できませんが，LCCの成長やアジア諸国の成長に伴う観光客の増加など機能強化を成し遂げれば必ずその先に明るい未来が待っています。

　空港というと滑走路の数や発着回数の議論に終始しがちですが，空港の魅力はいかにその空港が便利で使いやすく，他の空港にない魅力や楽しさを持っているかにかかっています。ITの進歩を活用して旅客がストレスなく空港を利用できるようファーストトラベルの推進や魅力ある商業空間の整備も不可欠です。

　機能強化の取組みはスタートしたばかりです。ぜひ1日も早い完成を期待しています。

（長田　太）

第 **4** 章

訪日旅客者数に影響を与える要因と
訪日誘客政策の評価

1　訪日旅客者数に影響を与える要因とは

　わが国における本格的な訪日誘客政策として，2003年に小泉内閣が開始した
ビジット・ジャパン・キャンペーンがあり，その目標は2010年に訪日旅客数を
1,000万人とすることでした。その後，2007年には観光立国推進基本法の施行，
2008年には観光庁の設立など，訪日誘客政策を支える体制が段階的に整えられ
てきました。2019年時点で政府が示す訪日旅客数の目標は，2020年に4,000万人，
2030年に6,000万人にすることで，目標達成に向けた施策が数多く打ち出され
ています。しかし，訪日旅客数増加はアジア諸国の経済成長を含めた複合的な
要因によってもたらされており，その要因の分析は，いくつかの先行研究で試
みられています。

　そこで本章では，これまでの研究結果を踏まえ，まず訪日旅客数に影響を与
える要因を整理し，次に訪日誘客政策の1つである訪日誘客支援空港制度をと
りあげて，その政策効果をみていきましょう。

　訪日旅客数に影響を与える要因に関するこれまでの研究結果をみると，わが
国と訪日旅客者の出発国間の距離およびGDPなどのマクロ経済変数は統計的
な裏付けがある一方，その他の要因については判断が分かれています[1]。

---

1)　詳しくは，中澤（2009），宇佐美（2016），浦沢・笠原（2017）および亀山（2017）など
　をご参照ください。

　そこで，後藤（2019a）と阪口ほか（2020）では，訪日旅客数への影響について，とりわけ先行研究で判断が分かれている地方公共団体の政策実施の影響とLCC就航の効果を定量的に分析しました。主な分析結果として以下の4点が明らかになりました。

　第1に，訪日旅客者が利用した出発・到着の空港間距離は訪日旅客数にマイナスの影響があり，出発国の1人当たり実質GDPはプラスの影響がありました。この結果は，訪日旅客数を増加させるためには，中華圏や韓国からの訪日旅客数を維持しつつ，今後も経済成長が見込まれる東南アジアなど近中距離からの訪日旅客数を獲得することが重要であることを示唆しています。

　第2に，現在短期入国ビザが免除されていない国（中国，フィリピン，インド，ベトナム，ロシアの5ヵ国）を表す変数は訪日旅客数にマイナスの影響があることがわかりました。**図表4－1**にもある通り，戦略的なビザ要件の緩和および免除は国の政策課題ですが，今後も経済成長が見込まれる国々への対象拡大を検討する必要があると思われます。

　第3に，各都道府県が観光事業に支出する予算を表す年間観光費は訪日旅客数にプラスの影響があることがわかりました。亀山（2017）によると，国とと

●図表4－1　最近のビザ免除・緩和の状況

実施年	対　象　国	内　　容
2013	マレーシア，タイ	IC旅券ビザ免除
	フィリピン，ベトナム	数次ビザ導入
	インドネシア	数次ビザの滞在期間延長
2014	インドネシア	IC旅券事前登録制によるビザ免除
	インド	数次ビザ導入
	インドネシア，フィリピン，ベトナム	数次ビザ発給要件の大幅緩和
2015	ブラジル	数次ビザ導入
	中国	数次ビザ発給要件の緩和
2016	インド	数次ビザ発給要件の大幅緩和
	中国，ベトナム	数次ビザ発給要件の緩和
2017	ロシア	数次ビザ導入
	インド	ビザ発給要件の緩和

（出所）阪口ほか（2020）より抜粋。

もに地方公共団体も下記のような国際観光振興に取り組んでいます。

(1)　輸送ネットワークの整備・拡充（国際航空路線の拡充や外航クルーズ船の誘致）

(2)　観光資源や交通機関の魅力や費用の情報発信

(3)　訪日旅客の受入れ体制の確保（通訳サービス，案内・看板・標識・アナウンスの多言語化）

(4)　国際的なイベントや交流事業の開催

　年間観光費は各都道府県の観光政策の位置づけを代理的に表していると思われます。そのなかで，これまでのような情報発信のみならず，課題となっている訪日旅客の受入れ環境の確保，そして観光需要の掘り起こしも各都道府県としてより積極的に取り組む必要があることがわかります。

　第4に，LCCの就航数は訪日旅客数にプラスの影響を与えることがわかりました。多くの訪日旅客の玄関口となる空港に関わる政策として，首都圏空港の容量拡大とともに，地方空港のゲートウェイ機能強化と国際線LCCの就航促進が掲げられています。LCC就航の効果を空港や地域が享受するためには，施設の充実のみではなく，空港周辺の観光需要の広域的な掘り起こしなどによって地域の魅力を高め，リピーターを増やすことがより重要でしょう。

　国や地方公共団体は訪日旅客数に影響を与える出発・到着の空港間距離や出発国のGDPなどをコントロールできません。一方でビザ要件の緩和および免除，観光事業への支出，LCCの誘致といった項目はコントロールできます。国や地方公共団体はコントロールできる政策指標を自らが継続的に，そして定量的に分析，評価し，効果的な訪日旅客数の増加策を実施することが今後求められると思います。そこで，次節では，国の訪日誘客政策の1つである訪日誘客支援空港制度の政策効果についてみていきましょう。

2　訪日誘客支援空港制度の概要と政策効果

　訪日誘客支援空港制度は，2017年7月に国土交通省によって新たに設定された訪日誘客政策の1つです。地方空港ごとに誘客実績が異なる実情を考慮し，**図表4－2**の通り，「拡大支援型」，「継続支援型」および「育成支援型」の3

●図表 4 − 2　年間乗降客数（国際線と国内線合計）と支援内容

		支援のカテゴリー			
		拡大支援型	継続支援型	育成支援型	認定なし
年間乗降客数	1,000万人以上		那覇		羽田，成田，関西，福岡，新千歳，中部
	100〜1,000万人	鹿児島，仙台，熊本，松山，広島，高松，函館，小松，北九州，岡山，青森，旭川，徳島，新潟，山口宇部	宮崎，長崎，大分		石垣，高知，秋田
	50〜100万人	女満別，釧路，佐賀，静岡，帯広，米子，茨城			出雲，県営名古屋，富山
	50万人以下	（南紀白浜，稚内）	花巻，福島	松本，(下地島)	岩国，鳥取，庄内，山形，三沢，能登

(注)（　）の空港には国際線定期便がなく国際線利用客数が極めて少ないため，分析から除外。
(出所) 国土交通省「空港管理状況調書」，国土交通省 (2017a) (2017b) をもとに筆者らが作成。

つのカテゴリーに分けて支援する制度です。

　訪日誘客支援空港制度は，「新規就航・増便の支援」という航空会社への支援内容と，「空港受け入れ環境の整備等」という空港への支援内容に大別されます。たとえば，拡大支援型の空港には，「新規就航・増便の支援」として次のようなメニューがあります。

(1)　国管理空港の国際線着陸料割引
(2)　コンセッション/地方管理空港の国際線着陸料補助
(3)　新規就航等経費支援（チケットカウンター設置，地上支援業務および融雪など）

　また，「空港受け入れ環境の整備等」として，次のようなメニューがあります。

(1)　旅客の受入環境高度化（空港ビルの容量拡大など）
(2)　CIQ（customs（税関），immigration（出入国管理），quarantine（検疫））施設の整備

　それに対して，継続支援型または育成支援型の空港には，「空港受け入れ環境の整備等」として，旅客の受入環境高度化のみの支援となります[2]。以上の

ように，拡大支援型と継続支援型または育成支援型の間には，支援内容や支援額に大きな隔たりがあります。そこで，空港に対する支援内容を考慮して，本章では拡大支援型に認定された空港に焦点を当てて，さらに議論していきましょう。

　阪口ほか（2020）では，訪日誘客支援空港のうち，拡大支援型に指定された空港とそれ以外の空港における訪日旅客数の差を把握し，政策の効果を測定するために，政策の前後の旅客数の変化を分析しました。まず，訪日旅客数は景気変動や為替レートによる影響を受けやすいことがわかりました。くわえて，政治的混乱やコロナウイルスのような疫病あるいはテロといった定量的に把握できないような外生的ショックも訪日外客数には影響することが考えられますが，それらの質的なショックをすべてコントロールすることは事実上困難です。

　本来，このような時には差の差分析（Difference in Difference分析，以下DID分析と表記）を利用します（**コラム3**（76頁）参照）。けれども，DID分析はいくつかの条件を満たす必要があります。まず，分析対象とする空港のグループと比較する空港のグループがほぼ同じ条件にあることが求められます。旅客数やその他の条件が全く同じ空港を探すことは容易ではありません。また，航空には発着地と目的地があり，ひとつの空港に対する政策が比較する空港のグループにも影響を与えていないとは言い切れません。

　そこで，阪口ほか（2020）では，まず，分析対象期間を2013年1月から2019年10月までとし，訪日誘客支援空港が認定された2017年の年間乗降客数をもとに図表4-2のように空港規模別に整理しました。分析対象の空港は，主要7空港（成田，羽田，関西，中部，福岡，新千歳，那覇）を除いた40の地方空港としました。また，分析対象の40空港すべてを含む分析とともに，並行して，年間乗降客数が50万人を下回る9空港を除いた分析もしました。このようにしてできるだけデータの歪みを削除する工夫をしました。

　分析の結果，拡大支援型の認定空港は，それ以外の空港と比較して統計的に有意に訪日旅客数が多く，その差は平均で1,711人（1ヵ月に1,711人多く入国）という結果が得られました。**図表4-3**は空港規模別の1ヵ月の平均入国旅客

---

2)　詳細は，国土交通省（2017b）も参照してください。

●図表 4 - 3　空港規模と 1 ヵ月間の平均入国旅客数の比較

年間乗降客数 （2017年）	月平均入国旅客数 （2019年10月）
100万人以上の空港	4,470人
50～100万人の空港	1,980人
50万人以下の空港	672人

（出所）国土交通省「空港管理状況調査」，法務省「出入国管理統計」をもとに筆者作成。

数を示していますが，年間利用者数が50～100万人に該当する空港での 1 ヵ月の平均入国旅客数は1,980人です。つまり，拡大支援型空港はそれ以外の空港に比べ，50～100万人規模の空港の入国者数とほぼ同じだけ上乗せして受け入れていることを意味します。

　31空港を対象とした分析でも，拡大支援型の認定空港は，認定を受けない空港と比較して統計的に有意に訪日旅客数が多く，その差は平均で1,356人（ 1 ヵ月に1,356人多く入国する）という結果が得られました。以上の結果から，拡大支援型の訪日誘客支援空港の指定には，訪日旅客数増加という目的からみて一定の政策効果があるといえるでしょう[3]。

　他方，訪日誘客支援空港の指定に際しては，国土交通省航空局が「訪日誘客支援空港の認定等に関する懇談会」を設立し，同懇談会での議論をもとに訪日誘客支援空港が選定されているという経緯を忘れてはいけません。

　訪日誘客支援空港は，地方公共団体や空港関係者の訪日誘客対策の現状やその経緯，可能な範囲で現在進行中の計画やプロセスを書面とヒアリングで審査されたものです。こうして，「拡大支援型」，「継続支援型」および「育成支援型」という 3 つのタイプの支援空港が決定していますから，選定された地元には誘客に対する相応の熟度や確実さがあった可能性があります。

　つまり，拡大支援型の認定の有無による差は，いわば予見事項ともいえなくもありません。しかし，同懇談会は毎年フォローアップのための会議を開き，

3）　31空港を対象にした分析は，40空港を対象にした分析と比較して，拡大支援型の認定の有無による差が小さいこともわかりました。これは，年間乗降客数50万人を下回る場合には国際チャーター便が中心になっていることが背景にあると考えられます。

毎年の成果を評価しています。そこで予定と大きく異なる動きがあった場合には，選定空港の管理者はその経緯を説明のうえで，問題点を洗い直し，対策を修正する必要に迫られます。つまり，同懇談会による厳しいモニターがあり，それを航空局が検証するため，いわゆる「補助金の食い逃げ」は事実上不可能であると考えられます。その意味で，本章の分析は政策の実施状況を確認するという意味が大きく，政策が一定レベルで機能していることが証明されたといってもよいでしょう。

3　今後の訪日誘客政策の方向性

　本章では，訪日旅客数に影響を与える要因について整理し，訪日誘客政策の1つである訪日誘客支援空港制度をとりあげて，その政策効果をみてきました。近年では，欧米を中心に「エビデンスに基づく政策形成（evidence-based policy making, EBPM）」の重要性が指摘され始めており，日本においても政策立案の際には科学的に裏付けのある分析結果に基づいた議論を行う必要があります[4]。そのため，定量的な要因分析の結果に基づいて議論することで，たとえば国や地方公共団体が行う訪日旅客数増加を目的とした政策の相対的な評価につなげることができます。

　本章で取り上げた訪日誘客支援空港制度は，地方空港の弱点を補うものです。地方空港はもともと国内線利用者とわずかな日本の国際線旅客の出発地として設計されているので，外国人を迎える機能が不十分な空港が多いのです。さらに最近では，ハンドリングスタッフの不足が顕著になっています。また，空港ビルには常設のCIQ設備がなく，待合室をはじめ国内旅客と国際旅客の動線を分離できないことから到着後に機内待機が求められたり，入国に数時間を要したといった例も報告されています。

　こうしたケースに対応するのは，設置管理者である国あるいは地方公共団体ですが，いずれの場合も空港ビルは民間企業あるいは第三セクターが運営していますので，とりわけ地方管理空港の空港ビルには資金とノウハウが不足して

4）　後藤（2019b）も参照してください。

いるところが少なくないのです。

　また，地方公共団体が株主の場合，工事費用を出すにも，議会で予算を成立させる必要があり，機動性に乏しいのです。訪日誘客支援空港制度の支援は，こうした地方の実情にあわせ，地元が立案し，国が補助するというマッチング補助金となっています。今後は，地方への外国人旅行者の受け入れと地方振興の程度を検証しつつ，訪日誘客政策の効果についてさらに定量的な政策評価をする必要があるでしょう。

〔参考文献〕

宇佐美宗勝（2016）「わが国へのインバウンド需要拡大に伴う航空旅客数の増加要因に関する実証分析」『航政研シリーズ』603。

浦沢聡士・笠原滝平（2017）「経常収支にみられる構造的な変化：インバウンドの実証分析」『経済研究』68(3)。

亀山嘉大（2017）「東アジア地域からのインバウンドと地方公共団体の海外展開」『交通学研究』(60)。

国土交通省（2017a）「（別添1）訪日誘客支援空港の認定」。(https://www.mlit.go.jp/common/001191389.pdf)（参照2020-01-29）。

国土交通省（2017b）「（参考資料）『訪日誘客支援空港』に対する支援」。(https://www.mlit.go.jp/common/001191388.pdf)（参照 2020-01-29）。

後藤孝夫（2019a）「グラビティモデルによる空港別国籍別入国者数の決定要因分析」『インフラ所有運営の変更と「失敗」の研究』日交研シリーズA-753。

後藤孝夫（2019b）「訪日外国人旅行者数の増加ならびに広域周遊観光を支える政府と交通事業者の役割：定量分析に裏付けられた政策評価・事業評価の必要性」『Nextcom』39。

阪口雄哉・加藤一誠・後藤孝夫（2020）「インバウンド需要の要因分析と「訪日誘客支援空港」」『インフラと自治体間競争に対する民間部門の役割』日交研シリーズA-768。

中澤栄一（2009）「訪日観光客数の決定要因―グラビティ・モデルを用いた誘致政策の評価」『現代経営経済研究』 2(3)。

（後藤　孝夫・阪口　雄哉・加藤　一誠）

第 **5** 章

空港施設計画の変遷
─地方空港を中心に─

1　わが国の空港政策の変遷

　地方空港の整備は，国で定められた空港整備五箇年計画に則って，公共事業として計画的に進められてきました。この五箇年計画は1967年度の第1次から2002年度を終了年度とする第7次までの35年間にわたって実施され，主に増加する需要に対応するための新空港の整備，飛行機の大型化に伴う滑走路延長，および航空保安施設の充実等が進められました。

　2000年代になると，地方空港は配置的に概成したという考えのもと，新空港の整備が抑制される一方，空港アクセスの利便性向上，運航頻度の増加，就航率の改善，航空保安施設の高度化などの質的な整備に重点が置かれるようになりました。また，首都圏空港の機能強化が図られ発着枠が増加したことによって，機材の小型化やLCCの新規就航が進むともに，オープンスカイの進展，訪日外国人の増加を背景に，地方空港においても国際航空旅客が増加したため，国際線の誘致に向けた施策に重点が置かれるようになりました。

　旅客や貨物を取り扱うターミナルビルは，需要の増加に応じて随時拡張されており，近年，地方空港への国際線の就航拡大に伴い，多くの空港で国際線施設の整備が手掛けられています。わが国では，ターミナルビルは，従来より民間企業が事業主体となって整備，運営されてきましたが，最近は公共事業として整備されてきた滑走路等の基本施設と事業主体を一体化する空港経営改革が進められています。

　以降では，空港基本施設とターミナルビルに分けて，それぞれの整備計画の変遷や近況について述べることとします。

2　空港基本施設

⑴　滑　走　路

　滑走路の長さは，就航が予定される飛行機の大きさと飛行距離に応じて計画されます。B737やA320などの小型ジェット機の就航には2,000m級，B777などの大型ジェット機には2,500m級の滑走路が必要とされています。また，小型ジェット機でも飛行距離に応じて長い滑走路が必要となり，日本と東南アジアの間では2,500m級の滑走路が必要と言われています。

　わが国の国内航空旅客は1960年から2000年までの40年間で年平均約20％の高い増加率を記録し，急増する航空需要に対応するためにはネットワークの中心となる羽田空港の拡張整備が必須でした。しかし，騒音問題を懸念する東京都との調整に時間を要した結果，1984年まで沖合展開整備事業に着手できなかったため，航空会社はより大型の飛行機を導入して輸送量の増大を図りました。この結果，地方空港の滑走路が順次延長され，大都市圏，離島を除いた地方空港53空港[1]のうち2,000m以上の滑走路を有している空港は49空港あります。このうち開港後に滑走路が延長された空港は33空港あり，これらの空港の多くは航空需要が急増していた1990年代以前に開港した空港です。このことから，滑走路の延長の背景には航空需要の増加に対応した飛行機の大型化が深く関係していたことが分かります。

　一方，2010年代になるとインバウンド需要の増加に伴い，地方空港にも国際線の就航が相次ぎました。空港が立地する自治体ではインバウンド需要を取り込むため，エアポートセールスを活発化させています。一方，エアポートセールスを円滑に進めるために2,000mの滑走路を500m延長することを検討している空港もあります（山形空港，庄内空港，佐賀空港等）。国際線の開設にあた

---

1)　羽田・成田・伊丹・関西・中部・離島空港以外の定期便が就航する空港。

り，2,000mの滑走路では，海外の航空会社の一部では社内の安全基準を満たさないため就航を断られるケースがあることや，より航続距離が長い東南アジア方面との路線開設を目指すことが延長を検討する背景となっているようです。

　1990年代までの滑走路延長事業は，主に国内需要の急増に対応するために整備されてきた「国内需要追随型」といえますが，昨今の国際線誘致のための滑走路延長は，延長後に新規誘致を目指す「国際需要誘致型」であるため，需要顕在化の確からしさという点で従来の国内需要追随型に比べ課題があります。実現のためには，定期便およびチャーター便の誘致にあたり滑走路長を起因とする機会逸失の具体的な事例を積み重ねることや，他空港を経由する需要の拡大を促進し，潜在需要を着実に増加させていくことが肝要になると思われます。

(2)　駐機スポット

　飛行機が駐機するスポットも，飛行機の大きさに左右されます。地方空港では前述のとおり1990年代までの国内線機材の大型化に伴い，大型ジェット機対応のスポットが整備されている空港も多いのですが，近年は機材小型化，多頻度化が進んでいることから，大型機用スポットに小型ジェット機が駐機している実情があります。あるいは，福岡空港のように大型機用のスポットを小型ジェット機2機が駐機できるマルチスポットに改修する空港も出てきています。

　地方空港の国際線でも，定期便はB737やA320等の小型ジェット機が主流ですが，チャーター便については大型ジェット機の就航も想定されるため，花巻空港のように大型機対応のスポットが計画される場合もあります。

　一方，近年，事業を拡大しているLCCをみると，欧米や豪州ではコスト削減のために飛行機の乗降時に搭乗橋を用いず，自走式の駐機方式としている例もあります。2012年に本邦LCCが就航を開始した際に，欧米の事例に倣って，地方空港でもLCC対応への改修等の検討がなされましたが，結果として既存の施設を利用して，従来の航空会社と同様に搭乗橋を利用したプッシュバック方式による運用となりました。その後，成田空港，関西空港，中部空港等のLCCが拠点とする空港では新規にLCC用ターミナルが整備され，これらでは簡素な構造を採用することで建設費を抑え，本館に比べて空港施設利用料が抑えられています。また，茨城空港では開港当初からLCCの就航促進に向け，搭乗橋のな

い簡素なターミナルビルと自走式の駐機方式が採用されています。

　今後の需要の成長ドライバーはLCCであることや，新規路線の就航促進に向けた空港間競争が増している環境を踏まえれば，空港コストの削減による競争力の強化は地方空港が目指していくべき方向と考えられます。空港経営改革に応じて民間企業による運営が開始された仙台空港や福岡空港では，LCCの就航促進を目指した施設計画が提案されています。

3　旅客ターミナルビル

(1)　国際線ビル

　地方空港の国際化は，1980年代の急速な円高，バブル景気，大都市圏空港の混雑等を背景として，旺盛な日本人海外旅行需要に対応するために始まりました。このため，1980年代に鹿児島空港，長崎空港，小松空港をはじめとして，多くの地方空港で国際線ビルの供用が開始され，当時の邦人のニーズに合わせて，ソウルへの定期便，グアム，ハワイ等へのチャーター便が運航されました。

　2010年代になると，訪日外国人の増加を背景にした国際線の拡大に応じて，国際線ビルを新設・拡張する地方空港が相次ぎました（新千歳空港，旭川空港，帯広空港，青森空港，徳島空港，佐賀空港，那覇空港など）。

　国際定期便が就航する昨今の地方空港は，インバウンド客の利用が中心であり，海外の航空会社による就航が主体となるため，同時間帯にフライトが重なる傾向があります。空港施設の規模は1時間あたりの旅客数や便数に応じて決まるため，より多くの便を受け入れるためにはボトルネックとなる施設の拡張が必要となります。この結果，拡張整備の対象となるチェックインカウンター，保安検査場，搭乗待合室，搭乗橋，受託手荷物受取所，CIQ等の施設のうち，実際に拡張された施設は空港によって異なります。特に利用頻度の少ない国際チャーター便対応の施設を整備した空港では，国内線用にも施設を共用できるように旅客動線等が工夫されています。

(2)　チェックインカウンター

　従来，飛行機に搭乗する前はチェックインカウンターに立ち寄り，搭乗券を受け取り，保安検査場に進んでいました。しかし，2000年代以降，インターネットの普及に伴いWebチェックインが普及し，手荷物を預ける必要がなければチェックインカウンターに立ち寄ることなく，直接，保安検査場，搭乗待合室へ進み，飛行機に搭乗できるようになりました。

　また，国際線の就航促進に向け，地方空港でも共通チェックインシステムの導入が進んでいます。従来，新規就航の航空会社は，自社のチェックインシステムを就航先の空港に導入するために多額の初期投資が必要でしたが，空港側で共通システムを導入することにより，乗入れの障壁が軽減されました。

　また，チェックインカウンターではX線による受託手荷物の検査が行われています。これは2001年の米国同時多発テロを契機とした保安強化が背景となって開始されたものであり，チェックインロビーにX線検査機が設置されるようになったことから，ロビーが手狭になる空港が多く見受けられました。これに対して，近年，X線検査を，手荷物を預けた後に行うインラインスクリーニングシステムの導入が見られるようになりました。X線検査機がカウンターのバックスペースに移設されるため，ロビーに十分な滞留スペースを確保することができるようになりました。このシステムは成田空港，羽田空港，関西空港等の拠点空港において整備されてきましたが，近年では新千歳空港，青森空港

●図表5－1　受託手荷物検査を待つ行列　　●図表5－2　受託手荷物のセルフ化
　　　　　　（改修前の伊丹空港）　　　　　　　　　　　　　（羽田空港）

（出所）筆者撮影。　　　　　　　　　　　　　（出所）筆者撮影。

などの地方空港でも導入されるようになりました。

　また，拠点空港では受託手荷物のセルフ化も進んでいます。これは，インラインスクリーニングシステムの導入に伴い，手荷物の受託手続を自動化することで，旅客ハンドリング業務の省力化を図り，人手不足対応にも貢献しています。

(3)　保安検査場

　保安検査場は，ターミナルビル内で混雑する場所の1つです。保安検査場の混雑は，テロへの脅威の高まりに伴う検査体制の強化に加え，ノートパソコンやタブレットの普及に伴う検査時間の増加も一因となっています。このため，従来の保安検査場では一段と混雑が顕在化することとなり，検査場の増設や待ち行列の改善が必要となっています。待ち行列の改善例の1つは，手荷物からノートパソコン等を取り出すための「検査レーン」を長尺化し，保安検査直前の渋滞を解消することにより混雑の緩和を図るものです。しかし，日本の地方空港はターミナルビルの奥行きが比較的短いため，検査レーンの長尺化による混雑緩和には限界があるのも事実です。

　世界の主要空港では保安検査場の混雑を解消するため，スマートセキュリティと称される検査システムが普及しています。これは主に，①「検査レーン」を長尺化し複数の利用者が同時に準備できること，②「再検査レーン」の導入により再検査が必要な手荷物を自動的に仕分けること，③「トレイリター

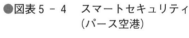

●図表5-3　保安検査場の待ち行列　　　●図表5-4　スマートセキュリティ
　　　　　　（松山空港）　　　　　　　　　　　　　　　（パース空港）

（出所）筆者撮影。　　　　　　　　　　　（出所）筆者撮影。

ンシステム」によるトレイ戻しの自動化を図り，時間あたりの検査人数を増や
し，運用効率の向上を目指すものです。ただし，従来に比べ検査スペースが大
幅に拡大するためターミナルビルの大規模な改修が必要となることが課題です。
わが国では関西，伊丹，成田，羽田，中部等の大規模空港に導入されています。

(4)　ターミナルビルの地域拠点化

　これまでわが国の空港ターミナルビルは，専ら交通結節機能施設として空港
での滞留を避けることを基本として整備されてきました。しかし，2000年代に
はいり空港政策の重点が「整備」から「運営」へとシフトする中で，2008年の
空港法の改正に伴い策定された「空港の設置及び管理に関する基本方針」では，
空港と周辺地域の連携が重視され，空港において空港周辺の地域住民との交流
促進等が勧められるようになりました。この結果，地方空港では空の日イベン
ト（9〜10月），クリスマス，夏祭りなどの定期的なイベントや産直市等が活
発に開催されるようになり，飛行機を利用しない地域住民の空港の利用も増加
しました。こうした変化に応じて，旭川空港などではターミナルビルを改装す
る際にイベントスペースが新設・拡張されました。また，空港経営改革による
提案審査では，応募する民間企業に対して航空需要の将来目標に加え，近隣住
民なども含めた空港利用者の利用増加に係わる提案も求められています。
　この結果，飛行機を利用しない一般来港者が飛行機を見ながら食事ができる
ような工夫が求められるようになりました。しかし，地方空港の多くは**図表5
−5**のように2階に保安検査場，搭乗待合室，店舗が配置されている空港が多
いのです。この結果，館内から飛行機が見えるスペースは主に2階の保安検査
通過後の搭乗待合室となるため，多くの空港で飛行機を見ながら食事等をする
ことが困難となっています。
　仙台空港が2020年3月に着手したリニューアル工事では，保安検査通過後の
搭乗待合室に店舗を集約し，保安検査場を拡張したうえで，飛行機を利用しな
い空港利用者も保安検査を受けてこれらの施設を利用可能にすることを目指し
ています（**図表5−6**）。これが実現すれば飛行機を利用しない地域住民等の
集客も期待でき，先進的な試みと言えます。

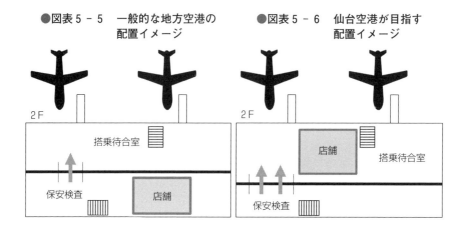

●図表5 - 5　一般的な地方空港の配置イメージ

●図表5 - 6　仙台空港が目指す配置イメージ

4　今後の空港計画

　地方空港を新規に整備していた時代は公共事業としての効率性や公平性が重視されていましたが，近年は利用者の利便性の向上や地域住民の交流促進など運用面に重点が置かれるように変化しており，利用者が楽しめる空港計画が求められる時代となってきました。近年の民間の知恵を生かすことを念頭に置いた空港経営改革は，その実現に向けた絶好の機会と位置付けられます。運営権獲得に向けて入札に参加する民間企業は，将来の需要目標を定め，利用者利便の向上や最新の設備動向等を踏まえて，従来の延長線上のものとは異なる新たな試みを踏まえた施設整備を提案しています。

　今後の需要の成長ドライバーは国際旅客であり，昨今，地方空港で検討された整備計画は，主に国際旅客の取り込みを目指したものとなっています。2019年に発生した新型コロナの影響により，今後の国際旅客の成長に不透明感がでてきており，整備計画を延期する空港もでてくると思われます。しかし，グローバル化が進展した現代社会では航空輸送は必須なものです。また，空港整備は計画から供用までに長い時間を要することから，需要が回復した際には確実に取り込めるよう準備をしておく必要があります。現在の空港整備は，地域の実情に応じた戦略が求められており，空港ごとに目指すべき将来像の設定や，需要拡大に向けた体制構築が空港発展にとって必須となります。

　これまでも，空港施設は利用する航空機や旅客特性の変化，技術革新等に応じて整備されてきており，今後も随時変化していくことが予想されます。各空港においては，利用者のニーズに的確に向き合いつつ，地域の関係者が目的意識を共有し，地域の活性化のためのインフラとして空港を機能させるために必要な施設整備や活用策を検討していくことが求められています。

〔参考文献〕

加藤一誠，引頭雄一，山内芳樹（2014）『空港経営と地域』成山堂書店。

国土交通省（2008）「空港の設置及び管理に関する基本方針」国土交通省航空局。

仙台国際空港（2020）「仙台空港旅客ターミナルビルリニューアル着工！　2021年度下期のグランドオープンを予定」仙台国際空港株式会社Press Release, 2020年3月26日。

成田国際空港（2018）「国際線保安検査場のリニューアル」成田国際空港株式会社NEWS RELEASE, 2018年2月22日。

（引頭　雄一・錦織　剛）

コラム2

日本の空港の種類

　わが国の空港は，1956年制定の「空港整備法」により，以下の3つに分類されていました。

(1)　第1種空港（国が設置管理する羽田，伊丹と個別法により各空港会社が設立され各空港を設置管理する成田，関西，中部の計5空港）

(2)　第2種空港（国が設置管理する空港）

　(a)　第2種空港(A)：国が設置，管理する空港

　(b)　第2種空港(B)：所在地の県または市が管理する旭川，帯広，秋田，山形，山口宇部の5空港

(3)　第3種空港（地方公共団体が設置管理する空港）

空港整備法制定後50年余を経て，空港政策の重点が整備から運営に移ったことを背景に，2008年6月に「空港法」が制定されました。現在，わが国の空港は，同法により以下の4つに分類されています。

(1)　拠点空港：国際航空輸送網または国内航空輸送網の拠点となる空港

　(a)　会社管理空港：空港会社が管理する成田，中部，関西，伊丹の4つの空港

　(b)　国管理空港：国が設置，管理する羽田，新千歳，福岡，那覇など19の国内拠点空港

　(c)　特定地方管理空港：法の附則により当分の間，国が設置し，地方公共団体が管理する旭川，帯広，秋田，山形，山口宇部の5つの空港

(2)　地方管理空港：国際航空輸送網または国内航空輸送網を形成するうえで重要な役割を果たすものとして政令で定める54の空港

(3)　その他の空港：名古屋，但馬，天草などの限定的な地域航空または輸送以外の飛行機が利用する空港

(4)　共用空港：札幌（丘珠），三沢，小松，百里（茨城），美保（米子）等，自衛隊・米軍管理の飛行場で民間定期便の利用が可能な飛行場

空港の種別ごとに空港整備事業の費用負担割合が定められており，羽田空港は全額国費負担，その他の国管理空港と共用空港は国が3分の2，地方公共団体が3分の1です。特定地方管理空港は国が55%地方公共団体が45%，地方管理空港は国と地方公共団体が2分の1ずつの負担とされています。

（幕　亮二）

第 **6** 章

LCCのビジネスモデルと
わが国における展開

1　LCCのビジネスモデル

　2012年 3 月にPeach Aviationが本邦初のLCC（Low Cost Carrier）として，
7 月にはジェットスタージャパンがサービスを開始して以来，わが国でもLCC
は一般的な移動手段となりました[1]。LCCは，JALやANAのような伝統的な航
空会社（機内食や預け手荷物など多くの付帯サービスを追加料金なしで提供し
てくれるためFSC［Full Service Carrier］と呼ばれます）よりも低費用で航空
機を運航させ，その結果，安い運賃が提供可能となります。**図表 6 - 1** で2018
年における本邦 4 社の平均的な費用単価（ユニットコスト）を見るとLCCの方
がFSCより 2 割ほど低く，平均的な運賃単価（イールド）は，国内線ではLCC
がFSCの半分以下，国際線ではLCCとFSCがほぼ同水準です。長距離路線ほど
飛行距離に対して発着回数が少ないので，ユニットコストとイールドは下がり
ます。国際線のイールドがLCCとFSCでほとんど変わらないのは，FSCの路線
長がLCCよりも大幅に長いからです。LCC 2 社も営業黒字を達成していますが，
どのようにユニットコストを削減し，低いイールドでも利潤を出しているので
しょうか。LCCの基本的なビジネスモデルは，米サウスウェスト航空によって

---

1)　LCCについて絶対的な定義はありませんが，本章では本邦エアラインであれば，Peach
　　Aviation，ジェットスタージャパン，バニラエア，春秋航空日本，エアアジアジャパンの
　　5 社をLCCとして議論を進めます。

●図表 6 - 1　本邦 4 社の営業状況（2018年度）

		FSC		LCC	
		JALグループ	ANAグループ	Peach Aviation	ジェットスタージャパン
有償旅客人キロ（百万人キロ）	国内線	26,196	40,705	3,098	5,171
	国際線	44,659	50,777	3,371	1,323
座席利用率	全体	77.8%	73.5%	87.8%	87.3%
	国内線	72.5%	69.6%	87.9%	87.3%
	国際線	81.3%	77.0%	87.7%	87.6%
イールド（円/人キロ）[1]	全体	14.9	14.7	9.3	9.3
	国内線	20.2	17.1	7.8	8.3
	国際線	11.9	12.8	10.8	13.4
平均路線長（km）	全体	1,611	1,681	1,169	1,174
	国際線	4,892	5,031	1,494	2,672
	国内線	751	918	944	1,027
ユニットコスト（円/座席キロ）[2]	全体	9.9	9.6	7.6	8.0
1 機 1 日当たり平均飛行時間	全体	8.1	7.2	9.4	6.4
営業利益率	全体	15.2%	11.7%	6.8%	1.8%
天候以外の理由による欠航率	国内線	0.5%	1.1%	0.9%	2.5%
天候以外の理由による遅延率[3]	国内線	9.9%	9.1%	15.7%	18.4%
国際線比率（フライト数ベース）		18.1%	17.0%	40.4%	10.5%

（注 1 ）イールド ＝ 航空事業収入 / 輸送人キロ で算出した。

（注 2 ）ユニットコスト ＝（営業費用 − 貨物収入 − その他収入）/（国際線座席キロ ＋ 国内線座席キ
ロ）で算出した。費用に関しては国内線と国際線別のデータがないために，ユニットコストを
国内線と国際線別に計算することはできない。

（注 3 ）出発時刻後15分以内に機体が動き始めれば遅延とはみなされない（機体が動き始めればよく，
離陸する必要はない）。

（出所）国土交通省「特定本邦航空事業者に係る情報」，各社「有価証券報告書」「決算公告」「安全報
告書」より作成。

50年ほど前に構築されました。その特徴はDoganis（2019）によると**図表 6 -
2** のように要約されますが，ポイントはいかに航空機と従業員の生産性を高め
るかで，そのための選択と集中がドラスティックに実践されます。

　まずLCCのネットワークは，ある空港とある空港を単純に結ぶだけで（ポイ
ント・トゥ・ポイント型），FSCのようなハブ・アンド・スポーク型の広範な
ネットワークは持ちません。そのためLCCでは，FSCにあるような乗継ぎ便は
設定されず，国内便から国際便へ乗継ぐ場合も旅客自身が別々にチケットを購
入することになります。乗継ぐ空港で再びチェックインが必要ですし，国内便
が遅延して，国際便に乗継げなかった場合，両便の運航が同じLCCで，かつ遅
延理由がLCC側にあったとしても，LCCは乗継げなかった国際便のチケットを，
以降の自社便に振り替えてくれるだけです。一方でFSCは，自社便だけでなく
他社便への振り替えや，振替え便を待つ間の食事，さらに振替え便が翌日にな

●図表6－2　LCCのビジネスモデルの特徴

オペレーション		サービス	
ネットワーク	・ポイント・トゥ・ポイント型とし、拠点空港（ハブ空港）での乗継便も設定しない（旅客自身での乗継は可能） ・短距離路線への特化（所要時間4～5時間以下） ・拠点空港以外での夜間駐機はしない	運賃	・低価格で片道運賃のみ ・追加サービスは有料 ・FFP（Frequent Flyer Program：常顧客優待制度）は無し
機材	・機材は1種類、最大でも2種類 ・機材の稼働率を高める（1機1日当り平均飛行時間の目標は11時間）	機内サービス	・単一クラスの客室 ・座席の高密度配置 ・座席指定は有料とし、無料の食事・飲み物も提供しない
空港	・混雑していない空港（セカンダリー空港）の利用 ・短時間での折り返し	チケット販売	・オンラインによる直販（旅行代理店による販売はゼロか最小限） ・チケットレス（紙のチケットは使わない）
従業員	・1人の従業員が複数業務を担当するマルチタスク化	貨物	・取り扱わない

（出所）Doganis（2019）を参考に作成。

る場合は宿泊も手配してくれます。図表6－1で天候以外の理由による欠航率と遅延率を見ると，欠航率は一概にLCCがFSCよりも高いとは言えませんが，遅延率はLCCの方がFSCよりも高いです。このようにLCCは，遅延時の補償が少なく，かつ遅延率がFSCよりも高いため，特に乗継ぎで利用する場合は，フライトの接続時間に注意が必要です。

　次に就航路線は，所要時間が4～5時間までの短距離中心で，複数の空港を持つ大都市では，セカンダリー空港（第2空港）に乗入れることが多いです。わが国の首都圏では成田空港，京阪神圏では関西空港がそれに該当し，ジェットスターが前者，Peachが後者を主要拠点としています。なお，本章ではプライマリー空港（第1空港）は首都圏では羽田空港，京阪神圏では伊丹空港とします。セカンダリー空港は，プライマリー空港と比較して立地では劣りますが，それゆえに空港混雑が少なく，空港利用料も安いという利点があります。保有機材の稼働率向上は，低費用運航のために特に重要なポイントで，LCCは空港到着から離陸までの折り返し時間を短縮することによって稼働率向上を目指し，そのために客室乗務員が機内清掃も行います。LCCの客室乗務員は，それ以外にもチェックインカウンターでの受付など，複数の業務を担当します。代表的な稼働率である1機1日あたりの平均飛行時間を図表6－1でみると，最長のPeachは9.4時間で，平均路線長がFSCよりもかなり短いにもかかわらず，20～30％長い飛行時間を達成しています。他方，プライマリー空港である羽田空港では，航空機が搭乗ゲートを出発してから離陸するまでに20～30分かかること

もしばしばで，空港混雑は稼働率向上の足かせとなります。またセカンダリー空港は，フライト誘致のために，航空会社に対して着陸料などの空港利用料を割引きしており，たとえば関西空港では着陸料単価が引下げられたり，一定の基準を満たせば初年度は着陸料全額が免除されたりします。

　さらに短距離に特化することによって，オペレーション上のメリットが生じます。長距離路線では勤務時間が長くなるため，乗務員は外地で宿泊する必要がありますが，片道4〜5時間であれば往路と同じ乗務員が復路に乗務できます。実際，Peachの最長路線は那覇−バンコクの4時間40分，ジェットスターは成田−マニラの5時間5分で，これらのフライトは，夜に日本を出発して真夜中に目的地に着き，すぐに折り返して，早朝に日本に戻ります。国内線の運航が終わって空港に夜間駐機させる機材を国際線で1往復させているのです。さらにこれらの路線長は3,000km強のため，国内線用機材で十分に到達可能で，新たな長距離用機材を導入する必要もありません。使用機材の種類を絞ることは，運航乗務員の訓練費用の節約や効率的な勤務シフトの作成，機体のメンテナンスコストの節約など，低費用運航に大きく貢献します。機内サービスに関しては，飲食を有料とし，座席も若干狭くなりますが，4時間程度であれば，旅客は飲食なしでも，そして座席が狭くても概ね我慢できます。飲食物を販売すれば追加収入が生まれますし，無料提供よりも利用が減るので，その分機内のギャレーを小さくして，代わりに座席を設置することもできます。一方で，拠点空港からのフライトをいかに効率良く運航させるかに注力するあまり，運航スケジュールは不便な場合があります。たとえばPeachの拠点でない福岡空港には前夜から駐機している機材がないため，福岡空港から関西空港に向かうフライトは1日3便あるにもかかわらず，午前中のフライトはありません。

2　わが国におけるLCCの展開

　わが国におけるLCCは，国際線では2007年3月の豪ジェットスター，国内線では2012年3月のPeachの関西空港就航を皮切りに，フライト数を増やし，2018年の国内線では6万6,966便で国内線全体85万4,629便の8％，国際線では15万1,287便で国際線全体53万5,981便の28％を占めています（**図表6-3**）。政

府も2010年5月17日に公表された国土交通省成長戦略において，国内観光需要の拡大やアジアインバウンドの取込みを狙った「LCC参入促進による利用者メリット拡大」を航空分野の主要戦略に加えました。そして具体的には，成田空港や関西空港におけるLCC専用ターミナルの整備等が進められました。

　LCCの参入アプローチとしては，すでにFSCが就航している路線に低価格運賃を武器に参入するか，FSCの（比較的高い）費用と運賃では十分な需要と利益が見込めないためにFSCが参入していない路線に参入するかのどちらかとなりますが，本邦LCCについて見ると，後者はほとんどありません。Peachとジェットスタージャパンが拠点とする関西空港・成田空港からの目的地のほとんどは，JALかANAによって伊丹空港・羽田空港と結ばれています。そのため2018年において，後者に該当する路線は，Peachの関西−釧路線と那覇−バンコク線しかありません[2]。LCCの輸送量と路線数は，国内線では2015年以降，頭打ちとなっており，LCCにとって旨味のある新たな路線が国内にはもう見当たらないのかもしれません。しかしながら，LCCによる自発的なネットワーク

●図表6−3　空港別・相手国別フライト数（2018年）

			日本全国	羽田空港	成田空港	関西空港	中部空港	その他の空港
FSC	国内線	合計	787,663 (100%)	367,165 (100%)	15,082 (100%)	22,530 (100%)	54,678 (100%)	1,115,871 (100%)
	国際線	合計	384,694 (30%)	76,918 (52%)	141,162 (43%)	77,542 (14%)	29,007 (17%)	60,065 (0%)
		中国	100,221 (28%)	16,942 (47%)	23,618 (52%)	31,952 (18%)	10,840 (19%)	16,869 (0%)
		香港	27,610 (20%)	4,219 (51%)	7,480 (29%)	6,707 (9%)	2,192 (30%)	7,012 (0%)
		台湾	44,440 (18%)	5,840 (50%)	10,492 (28%)	10,438 (14%)	2,798 (30%)	14,872 (0%)
		韓国	46,366 (13%)	10,180 (43%)	8,005 (20%)	10,063 (0%)	3,646 (0%)	14,472 (0%)
		その他	166,057 (41%)	39,737 (56%)	91,567 (45%)	18,382 (15%)	9,531 (15%)	6,840 (0%)
LCC	国内線	合計	66,966 (100%)	0 (0%)	37,045 (100%)	23,648 (100%)	6,780 (100%)	66,459 (100%)
	国際線	合計	151,287 (18%)	5,583 (39%)	34,920 (26%)	51,327 (19%)	5,923 (7%)	53,534 (10%)
		中国	10,562 (32%)	1,148 (64%)	1,952 (100%)	3,821 (19%)	1,052 (0%)	2,589 (0%)
		香港	15,671 (23%)	1,460 (0%)	4,144 (38%)	5,361 (38%)	828 (0%)	3,878 (0%)
		台湾	25,745 (47%)	1,459 (50%)	7,124 (60%)	6,348 (48%)	716 (13%)	10,098 (41%)
		韓国	78,056 (7%)	786 (93%)	12,952 (0%)	27,620 (13%)	2,151 (0%)	34,547 (2%)
		その他	21,253 (12%)	730 (0%)	8,748 (14%)	8,177 (2%)	1,176 (30%)	2,422 (30%)

（注）　フライト数は発着便の合計で，括弧内は，各フライト数における本邦エアラインのシェアである。各空港の国内線のフライト数を合計すると日本全国の2倍となる（たとえば羽田発−関西行きのフライトは羽田空港と関西空港で1便ずつカウントされるため）。
（出所）　OAGデータより作成。

---

2)　下地島と宮古島は伊良部大橋でつながっているため，ジェットスターの成田−下地島線は，羽田−宮古線の代替路線と考えられますが，この路線にはANAとJALグループの日本トランスオーシャン航空が就航しています。

拡大が難しかったとしても，地方自治体が補助金を出すことで，LCCのネット
ワークが拡大する可能性があります。というのは，LCCの方が低費用で運航で
きるためにFSCよりも少ない補助金で誘致できる可能性が高いからです。たと
えば2019年10月にPeachと経営統合したLCCのバニラエアは，2014年から鹿児
島県の補助を受けて，成田空港・関西空港と奄美大島を結んでおり，これら2
路線はPeachに引き継がれました。

　図表6－3で2018年における国際線フライト数を空港別・相手国別に見ると，
昨今の訪日外国人旅行者の傾向と同じく，中国・韓国・台湾・香港からのフラ
イトが多いことがわかります。FSCでは中国線（10万221便）が，LCCでは韓
国線（7万8,056便）が最多です。その中で本邦航空会社のシェアは，羽田空
港発着便を除いて高くなく，概ね20〜30％で，最も低い韓国線のLCCではわず
か7％です。このことから，近年，急増した東アジアからの訪日旅行者の多く
は，自国の航空会社を利用していることがうかがえます。空港別で見ると，
LCCが最も多く就航している空港は関西空港で同空港の国際線全体の40％を占
め，その内81％が外国LCCです。関西空港は国内線でもLCCが51％と非常に高
いシェアを占めています。一方，羽田空港は発着枠がすでに一杯で，LCCが新
規に就航できるのは深夜と早朝に限られます。

　ところでFSCは，LCCの参入に対してどのような行動をとったのでしょうか。
たとえば2012年にPeachとジェットスターが関西－新千歳線に参入した後，
JALとANA は同路線のフライトを徐々に伊丹空港発着に変更しました。しか
し関西空港と伊丹空港を合わせた大阪2空港から新千歳に向かうFSC 2社の提
供座席数を合計すると，2011年が114万座席（関西発76万＋伊丹発37万），2018
年が114万座席（関西発38万＋伊丹発76万）で同じです。都心に近く利便性の
高い伊丹空港への変更は，LCCに対するサービス差別化となります[3]。日本全
国で見てもFSCのフライト数は，LCC参入後に減少しておらず，総じてLCCは
新たな航空需要を生み出したといえましょう。また筆者らの研究によると，

3）　もう1つの理由として，旅客数が伸び悩んでいた関西空港救済のために政府が2005年か
　ら伊丹空港発着の長距離路線（1,000km超）を各社5便以下に抑えるよう制限をかけており，
　それが2012年7月の伊丹空港・関西空港の経営統合を機に緩和されたことが挙げられます。

LCCと競合するほとんどの路線でFSCの運賃は低下していません。LCCの輸送力はそれほど大きくないので，FSCはLCCとの価格競争に転じるよりも，ある程度の数の旅客がLCCに奪われたとしても，残った需要に対して高めの運賃を提示する方が合理的と考えているのではないでしょうか。

　国際線において本邦FSCの動きが顕著なのは韓国線で，図表6−3の本邦エアラインシェア０％からわかるように，関西空港と中部空港発着の韓国線から完全に撤退しました。2018年において本邦FSCの韓国線は，羽田−金浦（JAL・ANA）と成田−釜山（JAL）しかありません。金浦空港は，仁川空港よりもソウル都心部に近く，羽田空港も成田空港より東京都心部に近いため，羽田−金浦線はサービスや利便性を重視する一方で運賃にはあまり敏感でないビジネス客をターゲットにしています。逆にレジャー客は運賃に敏感ですし，フライト時間も短く，LCCのサービスで十分と考える人が多いため，本邦FSCは韓国線におけるレジャー客獲得を，すでに期待していないといえるでしょう。

3　新型コロナウイルスとLCC

　OAG（英国の航空シンクタンク）のデータによると，新型コロナウイルスの感染問題によって2020年５月第３週における世界の航空便数は前年同時期から68％減となり，世界中の航空会社が存続の危機に直面していますが，ここでは，特にLCCに焦点を当てて，コロナショックの影響を考察します。

　まずは公的支援との関連ですが，今回の経営危機に際し，エールフランスKLMはフランス政府の保証を利用して70億ユーロ（約8,300億円）を借り入れますし，ドイツ政府はルフトハンザに90億ユーロ（約１兆600億円）の公的支援を行います。そのような特定の航空会社に対する政府支援策に対して，欧州LCCの最大手ライアンエアのオラリーCEOは「狂った国家補助ドーピング」と批判を行い，危機感を露わにしています（日本経済新聞2020年５月21日）。人とモノの往来手段を確保するために政府が航空会社を援助すること自体に議論の余地はないと思いますが，どの航空会社を援助するかについては難しい問題が生じます。実際，ヴァージン・オーストラリアは2000年にLCCとして豪州市場に参入し，徐々にFSCにビジネスモデルを転換しながら豪州２位の航空会

社となりましたが，今回，政府の援助が得られずに経営破綻しました。CAPA（豪州の航空シンクタンク）のハービソン会長が「最大手のカンタスであれば政府は間違いなく支援しただろう」と述べているように，各国においてナショナルフラッグキャリアと呼ばれ，政府との関係も深い伝統的な航空会社は救済される可能性が高い一方，それ以外の航空会社が救済されるかは不透明です（日本経済新聞2020年4月22日）。わが国のLCCに目をやると，PeachはANAが77.9％，ジェットスタージャパンはJALが50％を出資する子会社であるため，政府がJAL・ANAを支援すれば，少なくともこれら2社は間接的に救済される可能性が高いと思われます。

　次にLCCのビジネスモデルとの関連ですが，LCCはFSCよりも座席利用率が高くないと採算ラインに乗りません。またコロナショックの影響は，国内線よりも国際線でより大きいため，図表6－1にあるように特に国際線比率の高いPeachでは，これまでの路線ネットワークの見直しが不可避と思われます。その一方で，コロナが収束しても，オンライン会議等の浸透により，ビジネス需要がコロナ前の水準まで戻ることはないと予想されています。そのため，長期的には，レジャー需要をメインターゲットに置くLCCのプレゼンスが高まっていく可能性もあります。

　LCCの参入によって私たちは安い運賃で旅行できるようになり，航空市場も拡大しました。LCCは，私たちの社会・経済活動に貢献してきたことは間違いないのですが，税金を使ってまで支援すべきかどうか，政府は難しい判断を迫られています。残念ながら，わが国でもエアアジアジャパンが2020年に運航を停止し，2021年2月には破産手続にはいってしまいました。

〔参考文献〕

Doganis, R.（2019）*Flying Off Course, Airline Economics and Marketing*（5th ed.），Routledge.

（水谷　淳）

第 **7** 章

アジアの外国航空会社からみた 関西空港

1 新型コロナの直撃を受ける関西空港

　新型コロナショック以前の2018年の世界ランキングでは，関西空港は旅客数76位（Airline Business），貨物量34位（IATA）の実績でした。しかし，新型コロナウイルス感染の発生源に首都圏より近い関西空港は新型コロナウイルスの直撃を受けて，2020年5月現在で国際線，国内線旅客でほぼ壊滅状況となりました。一方で国際貨物は，長い滑走路を2本持つ24時間運用の海上空港の利点を活かし医療関係などの緊急物資輸送などを中心に健闘しています。

　今後は国内線旅客の順次再開と世界最大の国際航空貨物会社FedExを中心とした貨物専用機の運航を主体に国際線旅客の回復を待つこととなりますが，東京オリ・パラ，2025年関西万博の新型コロナウイルス感染対策とさらに新たなパンデミック襲来をも想定したものに変容する必要があります。

2 関西空港のアジア路線

⑴ アジア各国国際線乗入れの推移

　1994年9月関西空港開港直前の伊丹空港乗入れの外国航空会社は大手航空会社（FSC：Full Service Carrier）とFedExの10ヵ国13社で，欧米4ヵ国6社を除くアジアでは，6ヵ国7社の乗入れでした。

　関西空港は首都圏空港に比べて空路で1時間アジアに近いこともあり，2019年夏季のアジア各国からの乗入れは，国数で倍の12ヵ国，会社数で8倍増の55社を記録し，アジアへ向けた関西圏の玄関口の機能を果たしていました。貨物便も伊丹空港時代はFedExのみでしたが，中国が世界の工場となるにつれて中国を含むアジア各地発の国際貨物便数が拡大し，前述のFedExは関西空港をハブ化しています。日本を含むアジアのLCCについても，2017年1月にはLCC専用ターミナルビルのT2増設工事が完了し，さらなる増強を望む声が強くありました。しかし，新型コロナの影響を受け，現在は逆にまったく先が見通せない状況にあります。

(2)　国別ビジネスモデル別アジア路線

　図表7-1は，2019年夏季アジア12ヵ国55社，週間1,175便を国別ビジネスモデル別に細分化した内訳です。FSCは関空開港直前の伊丹空港での週間69便がほぼ10倍の671便に拡大し，新規純増のLCCは週間451便と旅客便全体の4割に達していました。LCCは，アジアのフラッグキャリアを中心としたFSCに比べて財務体質が脆弱なためコロナショックにより今後淘汰が進むものと思われ，便数の回復には相当の年月がかかると予想されます。

●図表7-1　国別ビジネスモデル別週間便数（2019年夏季）

	FSC		LCC		フレイター	
	会社数	便数	会社数	便数	会社数	便数
韓国	2	95	6	240	2	5
中国	11	333	3	57	4	23
香港	2	63	1	33	2	10
マカオ	1	7				
台湾	2	76	1	17	2	15
フィリピン	1	21	1	7		
ベトナム	1	21	2	21		
タイ	1	14	3	26		
マレーシア	1	7	1	18		
シンガポール	1	21	2	32		
インドネシア	1	10				
インド	1	3				
計	25	671	20	451	10	53

（出所）関西エアポート社の資料をもとに筆者作成。

フレイター（国際貨物）は中国など北東アジアを中心に10社，週間53便が就航し，前年からは便数が微増の傾向にありますが，今後は新型コロナショックと米中貿易戦争の影響を受け，大きな曲折が予想されます。

3　関西空港の強み弱み分析

(1)　アンケート実施

筆者は，2019年秋に関西空港航空会社運営協議会（AOC：加盟外国航空会社75社）のご協力を得て，アジア系40社に関西空港の調査アンケート（強み弱み，二次交通，今後の要望事項，第3滑走路・ターミナルビル増築工事等の要望事項）を実施し，13社の支店長から回答をいただきました。さらに日系FSCのA社のアジア支店長にも同様のアンケートを実施しました。その結果を次項以降で説明します。

●図表7-2　アンケート実施先

	FSC	LCC	Freighter
韓国	○	○	
中国	A		A
香港	○	○	○
マカオ	○		
台湾	○		○
フィリピン	A		
タイ		○	
マレーシア	○	○	
シンガポール			A
インドネシア	A		

（出所）○はAOC，Aは日系FSCで中国は域内3支店。

(2)　主なアンケート結果

①　強　み

a　アンケートに答えてくださった，関西空港に駐在するアジア各支店長も日

系Ａ社アジア各支店長も異口同音に関西空港の２本の4,000m級の滑走路と24時間運用の海上空港である点を強みの真っ先にあげています。さらに運航の専門家からは関西空港が大阪湾に位置し気象条件が安定していること，特にアジアの航空会社としては比較的雪が少なくカーフュー（curfew：深夜早朝時間帯における騒音軽減のための飛行禁止時間帯）を気にせずにオペレーションができ，イレギュラー対応能力が高いことを評価しています。

b　次に空港の強みとしては，第１ターミナル（Ｔ１）が国際線と国内線の双方隣接し，乗換えが容易であることがあげられています。ただしLCC専用の第２ターミナル（Ｔ２）はＴ１から離れているためにバス移動が必要であり，また日系FSC２社の国内線便数は羽田空港等に比べると少ないために外国航空会社からは不満の声も聴かれますが，関西空港の国際線乗継客は少ないので現状ではまずまずのようです。

c　関西空港は，大阪・京都・奈良・神戸・和歌山の有名な世界遺産や観光地から，JR・南海電車やリムジンバス２社を使い60分から90分の近距離にあって観光地への交通アクセスが良いことから，多くの支店長から便利であるとの声があげられています。

d　二次交通の電車・リムジンについては，各々二系統あり，片側が事故になっても空港アクセスは可能でありとても良いと感じる方もいらっしゃれば，リムジンバスについてはもっと系統を増やすべきだと要望する声もあります。2018年の台風21号時に関西空港から船を使って孤立した乗客を神戸へ移送した経験からか，悪天候時も含めて海上交通網の増設を望む声や近距離移動用のヘリポート網の整備を望む声もあげられました。

②　弱　み

e　強みの裏返しですが，2018年９月の台風21号の甚大な被害の事例でも明らかなように，海上空港のために台風などの自然災害・高波被害に脆弱であり，すぐに連絡橋が遮断され陸の孤島化することが一番にあげられています。

　1994年９月の開港以来，何度か滑走路が冠水し，その都度，対策が施されてきましたが予想を超える自然災害により今後も滑走路のかさ上げを含む防災対策がハード・ソフトの両面で国と関西エアポート社の双方で実施される

こととなっています。

f　関西空港も供用開始後25年を経過し，当初の設計値を超える搭乗客数となっているためにチェックインカウンター，手荷物検査場，出入国管理エリア，手荷物ハンドリングシステム（BHS），スポットなどあらゆる基本施設設備で狭隘化と老朽化があげられています。特に建設当初の前提が国内線と国際線を半々に振り分けていたために，国内線が比較的ゆったりとし，一方で国際線施設設備が狭隘となっているため国際線と国内線エリアの配分を見直すように外国航空会社は求めています。

　　2012年にはLCC用のＴ２も新設されましたが，すべてのLCC20社を吸収することはできないためにＴ１に入居するLCCはFSC用のＴ１でハンドリングをせざるを得ず，割高な料金を支払っている現状を改善するよう求める声があげられています。

g　国際線施設の狭隘化の改善の声は，ハンドリング施設設備だけでなく，ビジネスラウンジや免税売店・飲食店など非航空系施設設備（商業施設）に対してもあがっています。店舗数の増強もさることながら，後述の鉄道やバスなどの二次交通と同様に営業時間がすべての店舗で24時間対応していないために営業時間の延長も要望として強くあがっています。

h　二次交通の弱みとしては，以前からあげられているように，深夜早朝時間帯のバスが難波・梅田行きのみであり，せっかくの24時間空港のメリットが活かされていないとの声が数多く寄せられています。特に深夜早朝帯に運航しているLCCは深刻で，島内にホテルが１つしかないことや二次交通の料金が高いことも併せて，24時間対応の対策を拡充すべきでしょう。

(3)　Ｔ１リノベーション計画

前項の弱みであげられていたＴ１の狭隘化・老朽化に対しては，2019年12月12日に関西エアポート社が抜本的なＴ１リノベーション計画を発表し，2025年の大阪・関西万博に間に合うようにＴ１を再設計し，国際線施設設備の航空系・非航空系施設を中心とした大幅な改善計画を提示しました。

概ね先のAOCメンバーの要望を反映していると思われますが，リノベーション計画発表後に発生した新型コロナウイルス感染対策や今後の新たなパンデ

ミック対策への備えは，ICAO（国際民間航空機関）やACI（国際空港評議会）が取りまとめるガイドラインを基本計画に新たに取り込む必要があります。

　リノベーション計画の内容をみると，焦点の国際線施設だけでなく国内線の商業施設も改善され総合的な計画となっています。世界のトップ空港が急速にスマートエアポート化を進めている流れに沿うものです。さらにはシンガポール・チャンギ空港までとはいいませんが，関西空港そのものを関西圏の観光地とすることも関西空港の心理的な立地条件を改善することに寄与すると考えます。観光地までの結節点である関西空港そのものが観光地となることも多くの利用者が望んでいることです。

4　関西空港の立地条件

(1)　遠くて近い関西空港

　関西空港が現在の位置に決まった経緯をご存知の方や大阪に住んだことのある方は，直感的に関西空港は遠いと感じていると思います。しかし，筆者のように岸和田（泉州）に住んだ人間にとって関西空港は身近な存在です。

　このように関西空港の立地条件については意見が分かれるところですから，アジア各地から関西空港に勤務しているアジア各国の支店長にとってはなおさらです。アンケートでは関西人のアットホームな人柄も含めて関西空港に親しみを感じて心理的に近い存在と感じる支店長もおられます。

　図表7－3では，関西空港の立地条件に関係して，JRのネットワークを例に関西圏の代表的な観光地や大都市までの所要時間と運賃を記載しました。確かにこの数字を30分以内で都心を結ぶ羽田空港に置き換えると，関西空港が大阪都心から遠くて，運賃も高いとアジアの各支店長に思われても不思議はないと思います。しかし後述の通り，関西空港から主要都市間を短縮化する「なにわ筋線事業」も2019年から動き出し，関西空港の立地条件は改善する予定です。

(2)　関西空港の大立地条件[1]と小立地条件[2]

　ここで京都・奈良・大阪・兵庫・和歌山の世界遺産群の関西圏を「大立地条

●図表7-3　関西空港からのJR所要時間・料金

目的地	所要時間（分）	乗換回数	運賃（円）
京都	117	1	1,940
神戸	113	1	1,740
奈良	92	1	1,740
大阪（梅田）	71	0	1,210
JR難波	63	1	1,080
和歌山	51	1	900

（注）普通快速電車での最速，2019年12月29日現在。
（出所）JR西日本時刻運賃検索（マイダイヤ）。

件」とし，その「大立地条件」の中での関西空港の立地条件を「小立地条件」に分けて考えて見ます。

　アジアからの観光客の多くは，韓国・中国・香港・台湾から関西空港を利用し上記JRを二次交通に使うと仮定すると，2～3時間のフライトタイムで関西空港に到着し，代表的な観光地である奈良まで92分，京都まで117分で行くことができるわけですから大立地条件の中での関西空港の小立地条件はまずまずといえます。さらにフライトタイムが倍以上の東南アジアや欧米からの観光客は関西空港の小立地条件はさらに近いと感じるでしょう。

　ここで問題なのは，関西空港の小立地条件です。関西空港は大阪府最南端にあり，難波まで1回乗換えで63分，大阪府中心地の梅田までは乗換えはないものの，73分ですから初めての観光客にとっては大阪都心まで1時間以上かかることになります。ただし大阪都心で宿泊後，翌日は京都や奈良までは1時間もかからないわけですからとても便利な大立地条件ということになります。つまり問題は関西圏における関西空港の小立地条件となります。

(3)　なにわ筋線による関西空港と大阪都心の直結

　このように一部のアジアの支店長やインバウンドに評判の悪い関西空港の小

---

1)　大立地条件とは，京都・奈良文化圏のような広域観光圏・地域の立地条件をいう。
2)　小立地条件とは，その広域観光圏・地域内の個別の地域立地条件をいう。

立地条件ですが，この状況を打開すべく，2019年7月に関西空港と大阪都心を直結する「なにわ筋線事業」の着工が発表されました。これは新線開発により大阪都心部を環状運行から直行化し，既存のJRと南海電車に接続することにより時間短縮を図るものです。

　事業期間は2019年度から2031年度までで，2031年春には関西空港と大阪都心がJRと南海電車の2線で直行・短縮化され，そして北に立地する新幹線の新大阪駅とも直行・短縮されます。さらになにわ筋線連絡線として阪急電鉄で北梅田駅と十三を結ぶことが検討されこの連絡線が開設されると伊丹空港と関西空港が鉄路で直結されることになります。この新線の効果により関西空港と大阪都心間はJR特急「はるか」利用で44分となり20分短縮され，南海電車も乗換えなしの45分に短縮されます。

　関西空港の大立地条件，小立地条件ともになにわ筋線の開設により改善されるだけでなく，伊丹空港の国内線，新幹線新大阪駅と関西空港が直接結ばれ，利便性が向上するとともに沿線地域とのアクセス改善が見込まれています。残る課題は早朝深夜時間帯のダイヤ増設でしょう。そのためにも是非ともインバウンドの早期復活が望まれるところです。

　なお，本章の文責はすべて筆者に帰属するものです。

〔参考文献・資料〕

西川　健（1995）「関西空港への乗入れ便数と輸送実績の推移」『AIRPORT REVIEW』国際空港ニュース社，第94号。

高橋一夫（2011）「観光ビジネスのイノベーション」『観光のビジネスモデル』学芸出版社。

国土交通省（2019）『なにわ筋線事業概要』ニュースリリース。

関西エアポート（2019）『2019年夏期スケジュール』ニュースリリース。

関西エアポート（2019）『関西国際空港T1リノベーション』ニュースリリース。

（西村　剛）

第 **8** 章

新滑走路建設の増便効果

1　日本の主要空港における滑走路の現状

　近年の航空需要の高まりによって，空港を利用する航空機の発着回数が増加し，それに伴って航空機の混雑を緩和するために滑走路の増設や既存の滑走路を延伸するという気運が各地で高まっています。2019年の日本発着の旅客便は，国内国際便をすべて併せるとおよそ年間230万回を計上し，これは2005年の156万回と比較して約1.5倍増加していました。この便数の増加傾向は主要空港に偏りが大きく，特に福岡空港は，LCCの新規参入やアジア諸国の経済成長による旅客便の拡大などにより，ピーク時には航空機の遅延が頻発し，定時性の観点からも問題視されていました。福岡空港は，国土交通省によって2016年には「混雑空港」に指定されました。当時，発着枠は１時間当たり35回に設定されるなど，容量不足により，空港や航空会社をはじめ，社会的な機会損失が生じている状況にあるといえます。

　2019年の１年間で，発着回数が10万回以上の主要空港とそれぞれの空港の滑走路の本数を**図表８−１**に示しています。那覇空港では，2020年３月に２本目の滑走路が運用開始されたため，「１→２」と表記しています。ここにある上位８空港で日本全体の発着回数の70％を占めています。この表をみると，日本の主要空港の中で現在（2020年５月）も１本の滑走路で運用している空港は，福岡空港と中部空港のみです。福岡空港に至っては，滑走路が２本ある新千歳空港や伊丹空港より発着回数が多いにもかかわらず，１本の滑走路で運用され

●図表 8 - 1　2019年の主要空港における旅客便の発着回数と滑走路の本数

空　港	発着回数（回）	全国に占める割合（%）	滑走路（本）
東京（HND）	455,005	19.8%	4
成田（NRT）	234,659	10.2%	2
関西（KIX）	190,298	8.3%	2
福岡（FUK）	176,789	7.7%	1→2（予定）
新千歳（CTS）	158,321	6.9%	2
伊丹（ITM）	137,420	6.0%	2
那覇（OKA）	128,187	5.6%	1→2
中部（NGO）	109,177	4.8%	1
全国計	2,295,216		

（出所）RDC Aviation「Global Airline Schedules Data」より筆者作成。

ている状況です。こうしたなか，福岡空港では，ピーク時間帯における混雑・遅延の発生や将来需要に対する能力不足の課題を解消するため，2025年度中の運用開始を目指して 2 本目の滑走路を増設中です。

2　滑走路の増設効果

　日本ではどのような基準のもとで滑走路の増設が認められるのでしょうか。このことは，公共事業評価のプロセスで確認してみましょう。まず，「計画段階評価」では，新規事業採択時評価の前段階において政策目標を明確化した上で複数プロジェクトを比較，評価します。さらに複数プロジェクトに対して「空港整備事業の費用対効果分析マニュアル」にしたがって費用と便益が計算され，最も便益が費用を上回る（あるいは便益を最も効率的に発生させるような）プロジェクトが選択されます。たとえば，福岡空港の滑走路の増設においては，増設事業実施の「あり」と「なし」や，平行滑走路の配置・間隔等についての費用便益分析が比較検討されました。

　滑走路 1 本でどれだけ処理能力があるかは，各空港の技術的な側面，滑走路の運用時間や運用方式によって異なります。しかし，国土交通省航空局の「一般空港における新たな空港整備プロセスのあり方」によると，(1)現状において滑走路 1 本の年間離着陸回数が10万回を超えているとともに，ピーク時間の離

着陸回数が30回程度に至っていること，(2)空港の立地条件や運用条件等を踏ま
え，算定した滑走路処理能力が概ね10年以内に限界に達する見込みであること，
の２つが現在の滑走路増設事業検討の基準になっています。

　年間10万回を基準にして考えると，成田空港や福岡空港，中部空港は容量が
不足していると考えられます。日本では主に，空港の処理能力が限界に達した
ときに滑走路が増設されるため，単純に考えれば，滑走路を増設すればその分
発着回数も増加すると考えられます。しかし，これまで滑走路が増設され，そ
れによってどの程度発着回数が増加したのかという「増設効果」が議論される
機会が少ないため，これを時系列データで確認します。2020年５月現在，全国
で複数滑走路がある空港は，羽田空港，成田空港，関西空港，新千歳空港，伊
丹空港，那覇空港の６空港です。データの制約上，2005年以降の整備順に増設
状況を見ていくと，2007年８月に関西空港で２本目の滑走路となるB滑走路の
供用が開始され，2010年10月に羽田空港で４本目の滑走路となるD滑走路の供
用開始されたという２つの例があります。成田空港では，2009年10月にB滑
走路が延伸されましたが，これは増設ではないため，効果は参考として見てい
ます。

　図表8－2は，全国の主要8空港を対象に2005年以降の発着回数の推移を見
たもので，滑走路が増設された羽田空港と関西空港は太線で示されています。

●図表8－2　主要空港における発着回数の推移（2005年〜19年，2005年＝100）

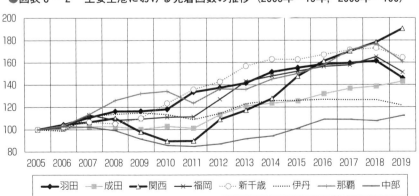

（出所）RDC Aviation「Global Airline Schedules Data」より筆者作成。

　まず，対象期間中の発着回数は全体的に増加傾向にあることがわかります。そして，滑走路が増設された翌年の状況を簡単に見ていくと，関西空港では，発着回数は10万6,578回（2007年）から11万0,017回（2008年）へと約3％増加しています。次に，羽田空港では，36万8,427回（2010年）から41万6,306回（2011年）へと約13％増加しています。そして，延伸による効果になりますが，成田空港では，16万4,193回（2009年）から16万8,773回（2010年）へと約3％増加しています。いずれの空港も滑走路増設・延伸後の発着回数は拡大していて，特に羽田空港では約5万回増加するなど，一定の効果があったと考えられます。しかしながら，この増加分が必ずしも新滑走路の増設効果とはいえません。たとえば，新滑走路を整備しない場合であっても，経済が成長していれば，航空需要は高まり，数値は増加すると考えられます。あるいは，混雑空港の制約から緩和されたときなども大幅に増加することや，滑走路の増設効果は増設した翌年だけではなく，その後も継続していくと考えられます。そこで，新滑走路を整備していない空港も含めて比較することによって，経済成長等のマクロ経済要因による増便効果を均一化して考え，新滑走路整備による純粋な増便効果を検証することとします。

3　新滑走路増設による純粋な増便効果

　ここでは，差の差分析[1]（Difference-in-Differences, DID）の考え方を参考にした分析によって，新滑走路増設の純粋な効果を評価します。DID は主に政策評価の分野で用いられている手法で，政策が実施された「処置群」グループと政策の実施されていない「対照群」グループに分け，両者の効果の差を計測することで「処置効果（政策の効果）」の大きさを測るものです。ここでは，新滑走路が整備された関西空港と羽田空港をグループ1（処置群），それ以外の空港をグループ2（対照群）として扱います。

　まず，簡単に2つのグループの違いを見てみましょう。**図表8－3**のように，2つのグループの直線の傾きは同じではありません。このことは，もし，グ

---

1)　詳細は本書**コラム3**（76頁）をご参照ください。

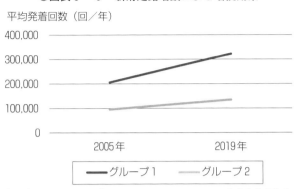

●図表8－3　新滑走路増設による増便効果

（出所）RDC Aviation「Global Airline Schedules Data」より筆者作成。

ループ1の空港に滑走路が増設されなくても，グループ2のような傾きで発着回数は増加していくと考えることができます。この差を変化率でまとめたものが**図表8－4**です。それを見ると，グループ1の便数は57%増加する一方，グループ2の増加率は42%に留まりました。2つのグループの差である15%が滑走路の増設効果として残りました。つまり，日本の主要空港で2005年から2019年で平行トレンドを仮定した場合，滑走路を増設しなかった場合よりも15%便数が増えたということになります。

●図表8－4　新滑走路増設による増便効果

	2005年	2019年	増加率
グループ1	205,881	322,652	57%
グループ2	95,324	134,936	42%

15%（平均処置効果）

（出所）RDC Aviation「Global Airline Schedules Data」より筆者作成。

4　新滑走路増設による各空港の増便効果

　前述のように，滑走路を増設すれば，増設しない場合に比べ15%程度の増便が期待できることがわかりました。しかし，処置群（グループ1）として扱っ

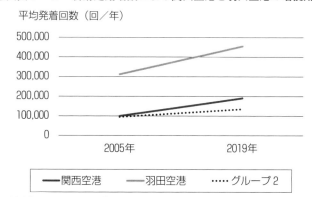

●図表8-5　新滑走路増設による関西空港と羽田空港の増便効果

平均発着回数（回／年）

凡例：
――関西空港　　――羽田空港　　……グループ2

（出所）RDC Aviation「Global Airline Schedules Data」より筆者作成。

たのは，関西空港と羽田空港の合算値であり，それぞれの空港の特徴が細分化できていないため，ここでは関西空港と羽田空港と対照群（グループ2）を対象として空港ごとの処置効果を比較検討します。

　図表8-5をみると，滑走路増設があった関西空港と羽田空港は，対照群よりも発着回数の程度は増加していることがわかります。この差を変化率と処置効果でまとめると**図表8-6**のようになります。

●図表8-6　新滑走路増設による関西空港と羽田空港の増便効果

	2005年	2019年	増加率	処置効果
関西空港	99,921	190,298	90%	48%
羽田空港	311,840	455,005	46%	4%
グループ2	95,324	134,936	42%	－

（出所）RDC Aviation「Global Airline Schedules Data」より筆者作成。

　対照群の増加率は先程と同様の数値を使用したため変化はありませんが，関西空港では90%の増加，羽田空港では46%の増加となりました。そして平行トレンドを仮定し，処置効果をそれぞれ計算すると48%と4％という結果になりました。つまり，新滑走路の増便効果としては，関西空港の方が大きく，平均処置効果の15%と比較しても強い増加傾向が見られるということがわかります。

　ただし，この評価は，以下の前提を置いていることに留意する必要がありま

す。2012年以降，関西空港はLCCの拠点空港として発展してきた背景があり，この増加は空港固有の要因であり，全国で一様にという平行トレンドの仮定が成立しません。また，滑走路増設の効果は2本目の整備時が大きく，それ以降増加率は逓減する可能性もあります。このような問題に対応するには，空港固有効果を取り除くなど，きちんとした計量モデルにもとづいた分析を行う必要があります。しかしながら，増設効果は一定量確認され，その効果は空港によってかなり異なる可能性があることはわかりました。

　2009年には成田空港のB滑走路が2,500メートルへ延伸され，2028年度にはC滑走路が供用されることになっています。同時に空港容量拡張に向けてさまざまな空港・航空政策が実行されていますが，整備効果の定量的な効果をさまざまな角度から検討して，政策が決定されることが期待されます。

5　新型コロナウイルス感染症が航空需要に及ぼす影響

　2020年4月16日に，政府が特別措置法にもとづく緊急事態宣言を全都道府県に拡大したことにより，国内の航空需要は激減しました。5月第1週の便数の実績値は国際線で前年比95％減少，国内線で74％減少まで落ち込みました。この影響は，過去のイベントリスク（2001年の米国同時多発テロ事件，2003年のSARS発生，2008年の世界金融危機，2011年の東日本大震災）よりも大きいものでした。最も影響を受けているのは，減便により収入が見込めない航空会社や空港です。新型コロナ感染問題の収束は見えず，政府は2020年12月にコロナ支援パッケージを発表しました。まだ新型コロナ感染問題はまだ不透明であり，航空会社は本格的な需要回復まで耐え，コロナ収束後は正常に再開できるよう準備を進めなければなりません。

〔参考文献〕

加藤一誠・引頭雄一・山内芳樹（編著）（2014）『空港経営と地域―航空・空港政策のフロンティア』成山堂書店。
航空政策研究会（2009）『今後の空港運営のあり方について』，航空政策研究。

国土交通省航空局（2003）『一般空港における新たな空港整備プロセスのあり方（案）』。

平田輝満・古田土渉・又吉直樹（2018）「国内航空ネットワークにおける波及遅延の解析モデルと費用対効果分析への活用手法」『土木学会論文集D３』, 74(5)。

村上英樹・加藤一誠・高橋望・榊原胖夫（編著）（2006）『航空の経済学』, ミネルヴァ書房。

山口慎太郎（2016）「差の差法で検証する「保育所整備」の効果—社会科学における因果推論の応用」, 岩波データサイエンス, Vol. 3。

吉田雄一朗（2019）「因果推論のアートとサイエンス：続・もしもヒコーキがなかったら(3)」『ていくおふ』, 158。

Volodymyr Bilotkach, Keisuke Kawata, Tae Seung Kim, Jaehong Park, Putut Purwandono, and Yuichiro Yoshida（2019）, Quantifying the impact of low-cost carriers on international air passenger movements to and from major airports in Asia. *International Journal of Industrial Organization*, 62.

（堂前　光司）

コラム3

差の差（Difference-in-Differences, DID）分析

　近年, 政策の評価のためには, エビデンス（政策の因果効果）を検証し, 「相関関係」ではなく「因果関係」を明らかにする傾向にあります。因果関係は政策に理論的な根拠をもたらすために用いられ, 政策を実施したからこの結果になったという方向性が存在するという概念です。双方向性のある相関関係とは区別されて用いられます。人口減少や財政制約が高まる先進諸国では, 資源を有効に活用するため, 政策実施に当たっては重要視されています。

　差の差分析は, 変数間の因果関係を明確に計測するために用いられる分析手法の１つです。たとえば, ある空港に補助金を交付した結果, その年の旅客数が増加したからと言って, 必ずしもその空港に政策の効果があったと結論づけることはできません。なぜなら補助金が交付されなかったとしても, 旅客数が増えていた可能性を排除できないからです。特に航空需

要は派生的な需要であるため，感染症の流行など空港や航空市場以外で決まる外生的な要因に大きく左右されます。そこで，分析対象に全体的に係る外生的な要因を除去した上で純粋な政策の効果を見るために用いられるのが差の差分析です。実際に政策効果をみるためは，政策を実施した対象と政策を実施していない対象，そして政策実施前後のデータが必要になります。

●図表　差の差分析のイメージ（筆者作成）

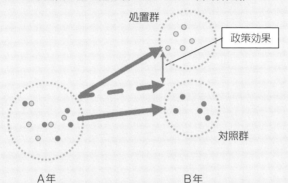

　図表は差の差分析の概念図です。10空港に対して，何らかの政策を実施した5空港を処置群と分類，政策を実施しなかった5空港を対照群として分類しています。また，図中の実線矢印は対照群と処置群のA年からB年への平均値の変化を示しています。図表を見ると政策を実施しなかった対照群でも平均値が増加していますので，全体的に航空需要が高まっていることがわかります。このまま処置群で政策効果を検討すると，実際よりも過大に推定してしまいます。

　このことを防ぐため，図中の点線矢印で示したように，政策を実施していない対照群から経済的情勢の変化（差）を計測して，その分を処置群の増加分から取り除く（差）という方法が差の差分析の考え方です。このとき，経済的情勢の変化は処置群にも対照群にも一様に働くと仮定していますが，このことを「平行トレンドを仮定する」といいます。そして，処置群は経済的情勢の変化以外に政策による効果が働きますが，これを実質的な政策効果としてとらえます。つまり，マクロ経済的な要因は，全国の空

港に影響を及ぼすが，その効果を計測し，処置群から取り除くことによって，純粋な政策効果（処置効果）を知ることができるという考え方です。

　しかし，差の差分析はさまざまな前提のもとに成り立っているため，統計的な妥当性を確保した上で分析するためには注意が必要になります。まず，平行トレンドが成り立つと仮定していることがあります。2つ目にサンプルサイズが十分で，サンプル抽出にあたってはランダム化されていることです。そのほかにも誤差の独立性が確保されていることや系列相関がないことなど多くの仮定を満たさなければなりません。社会科学で実証的な政策評価を行おうとするとき，サンプルサイズは所与であり，平行トレンドのような対照群と処置群で同じ傾向で推移することは厳密にはありません。このことに対処するため，マッチング推定法や操作変数法，合成コントロール法などが提案されています。

　このように差の差分析は，近年急速に用いられるようになった新しい概念であり，本書においてもこの考えを適用して記述されている箇所もありますが，発展途上の中で試験的に導入したということに十分ご留意いただきたく思います。

（堂前　光司）

第Ⅱ部

受け皿としての空港活用

第**9**章

関西における航空・空港問題の基本認識

1 関西の航空・空港をみる目

　関西空港はインバウンド旅客のゲートウェイとなっており，滑走路2本で想定された容量に近づいています。そして，伊丹空港も路線数や便数が大きく変わりましたが，50年以上にわたって航空政策のなかで大きな存在であり続けてきました。

　この間に航空機の技術も大きく進歩し，航続距離は伸び，騒音も劇的に小さくなりました。しかし，現在の空港運用の基本となっている取決めは，技術進歩や環境の変化が生じる前のものです。筆者は現在の伊丹空港運用の基本となっている取決め策定時に国の担当官として立ち合いました。関係者の多くが鬼籍に入られており，あらためて当時の取決めの考え方を整理し，今後の関西3空港のさらなる発展を期待してエールを送ることにします。

2 騒音問題と関西空港

　飛行機が上昇する力を「推力」といいます。上昇時に受ける空気の大きさを「空気流量」，飛行機のエンジンが後ろに吹き出すスピードを「排気速度」，飛行機が前に飛ぶ速度を「飛行速度」といいます。これらをまとめると

　　　推力＝空気流量×（排気速度－飛行速度）

と表せますから，大きな推力を得るには，「排気速度」を「飛行速度」よりも大きくする必要があります。

　昔の飛行機は，空気流量をほとんど無視し，排気速度を大きくしようとしましたから，音が大きくなりました。飛行機の速度を時速400kmから2倍の時速800kmにするためには，排気速度を2倍以上にする必要があります。排気速度が2倍になると，音のエネルギーは2の8乗，つまり256倍になってしまいます。そこで，空気流量を大きくし，排気速度はそれほど上げないようにエンジンを改良し始めたのが1960年代です。外側にファンという部品を付けて空気を流して音を抑えるようになりました。ダグラスDC-8の中期以降がそうです。ボーイング727や737でようやくそれが本格的になりました。今はさらにエンジンが改良されています。最初のダグラスDC-8のエンジン音が100だったとすると，ボーイング727・737では50，ボーイング747・767では8になりました。現在のボーイング787などは4以下です。

　ただし，これより小さい値になることは難しいのです。なぜなら，音の原因はエンジンだけではないからです。翼があるだけでも，あるいは車輪を出しているだけでも音が生じます。

　関西空港の計画時には，ダグラスDC-8や，初期のボーイング727・737が前提でした。関西空港の調査開始は1968年であり，エンジンのバイパス比（外側のファンとエンジンの空気流量の比）が1や3程度の（空気流量が小さい）飛行機しかありませんでした。

　関空連絡橋は陸から5kmありますが，これはそれほど市街地から離さなければならなかったことを意味しています。これが中部国際空港では1.5kmになりました。それだけ音が小さくなったということです。つまり，10年，20年と計画の時期が変わると，陸地から離す橋の長さは3分の1以下になりました。羽田空港にいたっては，橋もつくることなく，直接陸と結ばれました。

　福岡空港には，混雑解消のため，海上の新空港計画がありました。しかし，訴訟を経て，最終的に現空港に隣接して第2滑走路の整備が進んでいます。これはまさに，飛行機の低騒音化が最大の要因だと思われます。そういう意味で，関西空港はもっとも苦労が多く，非常に厳しい面を背負った空港なのです。費用も手間もかかり，いろいろな問題がありました。

3　関西，神戸，伊丹空港の飛行経路

　図表9－1は関西空港の飛行経路です。たとえば淡路島上空は，離陸時は8,000ft以上，着陸時は4,000ft以上という形で高度に縛りを設け，できるだけ海上（大阪湾）で高度を稼ぐという飛行経路が設定されました。これは，1981年のいわゆる「3点セット」にもとづくもので，地域への音の影響を最小化するために設けられたものです。3点セットとは，「関西国際空港の計画案」，「関西国際空港の環境影響評価案」および「関西国際空港の立地に伴う地域整備の考え方」という国が示した3つの文書のことです。

　神戸空港は2006年に開港し，すでに15年が経ちました。関空のルートと重複しないように飛行ルートが**図表9－2**と**図表9－3**のように限定されており，かなり制約をもって運用されていることがわかります。

●図表9－1　関西空港の飛行経路（南風時）

●図表9－2　神戸空港の飛行経路（東風時）

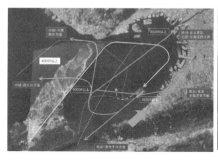

●図表9－3　神戸空港の飛行経路（西風時）

●図表9－4　伊丹空港の飛行経路

　図表9－4は伊丹空港の飛行経路です。ここで特徴的なのは，航空機は福岡と同様に大阪市の市街地上空を通過することです。伊丹空港は内陸にあり，この方法以外にはありませんし，地元の人々からは声高な批判はありません。これに対して関西空港と神戸空港は海上ルートとなっています。3空港の飛行経路の棲み分けができているということになりますが，固定化されていることはどうなのでしょうか。飛行機の性能は改善され，管制技術も向上，棲み分けしなくても，技術的にはいろいろな形で対応することができます。

4　伊丹空港存続の経緯

(1)　国による伊丹存続の決定

　伊丹空港を廃止することを前提に関空ができた，と言われますが，それは誤りです。「仮に廃止されても」問題ないような機能を関空に持たせる，ということが公式見解でした（たとえば，『数字で見る航空』2016，214ページに要約）。そこで本節では伊丹空港の存続理由を説明します。伊丹空港では1964年の東京オリンピック頃からのジェット化，1970年の大阪万博にあわせた滑走路延長などにより騒音問題が引き起こされました。1990年頃には，騒音はすでにピーク時の3分の1程度になっており，地域の反対派をはじめ多数の方々が騒音の低下を認めていました。

　当時，国は伊丹空港の環境対策に7,000億円以上を投入してきており，新規の費用はないと考えていました。関西空港の第2滑走路の整備は明確ではなく，ニューヨーク，ロンドン，パリといった都市圏と比べ，関西圏の空港が1つでよいのか，という議論もありました。また，当時，関西では大災害は起こらないのではないかと思われていました。しかし，一旦緩急があれば，1つの空港に依存することへの不安があったことは間違いありません。

　そこで伊丹空港の利便性は非常に高いので，廃止と存続，それぞれの経済効果を比較し，分析したのです。調査の過程で多くの人の話を聞くと，感覚的に人・モノ・情報・金などいろいろな意味で，京都，大阪，神戸の3都市の中心，つまり関西の中心が新大阪駅の北あたりだというのです。その中心に近い伊丹

空港を廃止することは将来に禍根を残すのではというのです。そして，一度廃止したら，今後空港は決して整備されないとも言われました。

　伊丹空港は地域の人びとが望んで残したとも言われますが，実際は，国が残しました。地域の人々は調停団を結成し，総理府（当時）の「公害等調整委員会」に伊丹空港に関する調停を申し出ました。その調停で最終的に，「関西空港の供用後，伊丹空港については運輸省が調査を実施し，関係者に意見を聞いて運輸省が決定する」とされたわけです。

　そして1990年11月22日には国と調停団（後述する存続協定），12月3日には伊丹空港の周辺自治体が地元の窓口として設立した協議会（11市協）との約束が取り交わされ，伊丹空港の存続が決定されました。この決定はあくまでも公害等調整委員会の裁定に従ったものです。マスコミなどが面白おかしく書き立て，地域の中には存続を望む人が確かにいましたが，最終的に決めたのは国なのです。

⑵　調停団との話し合い

　第1次から第6次までの調停団のメンバー，大阪調停団，運輸省航空局，公害等調整委員会事務局審査官が立ち会い，運輸省と調停団で存続を約束しました。1990年11月22日のことでした。資料には「この協定をもって本空港の存廃問題の終結及び……」とあり，この決定を存続協定と呼んでいます。

　存続協定の書きぶりに注目してください。たとえば「発着回数」では総発着回数は当面現行どおりとしていますが，「機材制限」では，機材を徐々に新しくしていくと書いてあります。また，「発着時間規制」では，「当面」として午後9時以降の規制であるとされています。そして「本協定事項については，今後の状況の変化等により適宜見直しを行うものとし，……」「本協定の実施について必要がある場合は，原則として関西空港の開港までの間に，誠意をもって協議する」と締めくくられています。つまり，この文書は，後年，柔軟に対応できるような表現で作成されたのです。

　この文書には，調停団と伊丹市役所からの協力も得ましたが，調停団は最後まで「飛行機を飛ばすのは勘弁してくれ」という考えでした。それは当然のことでしょう。地域代表として発言するからには，「状況が変わったから了解し

ました」とは言えません。彼らは「私たちは最後まで嫌だったが，将来のこと，自分たちの子どもや孫のことを考えると，今の私たちだけの価値観や思いだけでこの空港を廃止するとは言えない世の中になった」ことを理解していました。納得しないが断腸の思いで残すことを受け入れて「仕方がない」となったわけです。それをもって国は伊丹空港の存続を決定しました。

(3) 将来の見直しを想定した合意

存続協定では先述のように，「当面」「現行」という言葉が頻繁に使われています。要するに，現在はよいが，必要時の見直しを意図しています。このままではなく，そのつど協議し，自治体や地域の人々が納得すれば，あらためて決める，という趣旨です。絶対的なものではないことを理解しなければなりません。

筆者は政策担当者として2年間にわたり任務にあたりましたが，当時の調停代理人はほとんど鬼籍に入られました。彼らは人間的にも優れた人たちであり，地域の将来を心配していました。そのため，文書を金科玉条のように扱うことは，かえって彼らの意に沿わないと考えました。状況に応じて見直し，時々の伊丹空港関係者にも伝えられるようにすることが，彼らの希望でした。それにもかかわらず，少し違う形で世間に伝わったことを残念に思います。

5　今後の空港と地元

今後の空港は，地域の人々が主体的に動き，うまく使うことが大切です。関空の「3点セット」は1981年のことですから，40年も前のことであり，現在，何かを考えられないでしょうか。では，伊丹空港の存続協定はどのくらいの時間軸で変更するつもりだったのか，と問われれば，「当面」「当分の間」を多用したものの，大体10年です。協定の締結が1990年で，10年後は2000年ですから，世紀が変わる頃というのが念頭にありました。

そして今，協定締結からも30年です。30年間不変ということは，ある意味で立派なのかもしれませんが，筆者は複雑な気持ちにならざるを得ません。これは伊丹空港だけでなく，関西空港や神戸空港の運用にも関係します。飛行経路

を含め，すべてのルールを今後も固定したままでいくのか，ということです。

　関西ではまず自分が動いて「妥当」な内容を規則や決まりにする傾向が強いように見えます。妥当な水準をボトムアップでつくり上げるのが関西の強みだと感じています。柔軟性や創造力があるから関西は元気で，文化的なストックがあるのではないでしょうか。

　筆者は現在，北海道エアポートというSPCの社長を務めており，現場から空港を見ています。その経験では，まず，現状を打破してより望ましい方向へ持っていこうとするのは，それによって収入を得る人たちです。その意味では，関西空港の運営会社がそれに相当するでしょう。そして，仮に飛行機が増え，人，モノ，金の動きが大きくなれば，一時的には運営会社が収入を得ますが，結果的には地域が潤うことになりますから，地域も努力されるのでしょう。

　コロナ感染問題があって航空産業は大きな打撃を受け，この数ヵ月で空港の景色も一変しました。そして，空港周辺の灯も消えてしまいました。今後，人の行動も一時的には変わるでしょうが，中長期で見れば航空に対する需要は増えていくでしょう。他方，航空会社はあらためて路線ごとの回復力を見極めてくるでしょうし，国際線の回復はさらに遅れます。他地域も同様に回復を願う状況にあることを忘れてはいけません。こういう時こそ，3つの空港をもつ地域の強みを生かすべきだと考えています。まず，地域のためにも，国内線ビジネス需要や観光需要で基礎体力を戻すことが必要です。伊丹と神戸を徹底的に使い，関空をじっくりとリフォームする。その間に空域の運用の問題をはじめ，固定化されてきた問題にも取り組む。こうして，ピンチはチャンスに変わります。そんな創造性を持ったしたたかさがこの地域には求められているのではないでしょうか。

（蒲生　猛）

第 **10** 章

今後，関西の空港をどう使うか

1　将来を拓く関西圏の空港

　「関西」とはどこなのかという問題がありますが，関西観光本部によると関西エリアを福井県，三重県，滋賀県，京都府，大阪府，兵庫県，奈良県，和歌山県，鳥取県，徳島県と明示しています。現実には，福井県は北陸，三重県は中部，鳥取県は中国，徳島県は四国に分類されるのが一般的で，関西圏はそれら以外の地域ととらえることが多いようです。以下では基本的に滋賀県，京都府，大阪府，兵庫県，奈良県，和歌山県を関西圏と把握しています。

　関西圏は首都圏ほどの人口規模ではありませんが，都市間の移動では鉄道とともに航空・空港が大きな役割を果たしています。国内線では大阪から東京，九州への移動は，料金競争を通して新幹線と需要を奪い合う関係にあります。また，京都と奈良は世界的に知名度の高い都市ですので，国際線で海外からの需要を取り込める点で強みを持っています。

　近年のアジア諸国におけるLCCブームはプラス効果をもたらしてきましたが，その恩恵を受けているのは，主として京阪神間の地域に限られています。これまでにも経済界と地方自治体が関西全体の活性化を実現する上で空港に大きな期待を寄せてきました。しかし，経済環境が安定していたわけではありませんので空港運営にも紆余曲折がありました。本章では，関西全体の活性化を実現できる空港運営のあり方を考えていきます。

2　関西における「3空港問題」

　関西で最も古い空港が伊丹空港であることはよく知られています。1939年に飛行場として開港した伊丹は戦後，国が運営する第1種空港となり，羽田空港とともに拠点空港の機能を果たしてきました。大阪市内へのアクセスが良い点から1960年代の高度経済成長と歩調を合わせて発展し，現在も全国へ移動するハブとなっています。過去に国際線を持つ空港として経済活動でも観光振興でも関西の拠点でしたが，滑走路を増設する余地がなく，ジェット機導入による騒音問題からも将来の発展に限界がありました。

　伊丹の拡張が見込めない点からそれに代わる大規模空港建設の機運が高まり，泉州沖，神戸沖，播磨灘など，いくつかの候補地があげられました。最終的に海上空港として泉佐野市沖，約5キロに決まり，1987年から埋立て工事が始まり，1994年に人工島の関西空港が開港したのです。運営主体である当時の関西国際空港株式会社は地元企業と地方自治体が支援する民間企業として注目を集めました。

　関空は莫大な建設費用を要したことと，大阪市内からのアクセスが悪く，搭乗率を上げることができないという理由で航空会社の撤退が増えたために，運営会社である旧関西国際空港株式会社の経営が悪化することになりました。さらに，神戸空港が開港することもあり，2003年から関西・伊丹・神戸の3空港の適切な役割分担を進めつつ最適運用を果たしていく場として，関西3空港懇談会が設置されました。これは当時の関西経済連合会の提唱により開催されることになった会議体です。

　2005年に「関西三空港（関西，伊丹，神戸）のあり方について」というタイトルで役割分担や運用原則が定められました。その内容は以下のとおりです。

- 関西国際空港は西日本を中心とする国際拠点空港であり，関西圏の国内線の基幹空港。国際線が就航する空港は，今後とも関空に限定することが適当。（中略）
- 伊丹空港は国内線の基幹空港。環境と調和した都市型空港とするという観点から，平成16年に運用見直しの方針を決定した。これにより，発着回数は総枠370（うちジェット枠については200）を上限，運用時間は7時から21時までの14時

89

間。（中略）

- 神戸空港は150万都市神戸及びその周辺の国内航空需要に対応する地方空港。運用時間は15時間。3空港間の役割分担を踏まえつつ，安全かつ円滑な航空機の運航の観点から，1日の発着回数は60回，年間の発着回数は2万回程度が上限となる。

（出所）国土交通省航空局　「関西3空港の在り方について」　2005年11月。

　その後，コンセッションによって3空港が改組されたために，2019年5月に「関西3空港懇談会取りまとめ」が公表され，以下の点が確認されました。

　　関西空港は西日本を中心とする国際拠点空港，関西圏の国内線の基幹空港。今後は関西・西日本のゲートウェイ空港として，内際ネットワークの一層の充実が重要である。伊丹空港は国内線の基幹空港，環境と調和した都市型空港。神戸空港は，神戸市およびその周辺の航空需要に対応する地方空港。今後，関西全体で1つの空港システムを構築する観点から，需要に応じて関空・伊丹を補完する機能が求められる。

　確かに異なる時代に整備された3空港には，地元自治体や関係者が独自の意見を持っているために，相互に利害関係の調整が難しかったという事実もあります。しかし，後述するように，南紀白浜，但馬，八尾を含めると6空港が存在するため，それぞれの後背地の特性をうまく利用した空港運営を実現すれば，関西全体が発展する可能性もあると理解できます。

3　南紀白浜・但馬・八尾の有効活用

　図表10-1に示されているように関西には関西・伊丹・神戸の3空港以外に，南紀白浜・但馬・八尾の3空港があります。空港の敷地面積と年間乗降客数の点で，これらの空港は関西・伊丹・神戸とは比較にならないほど小規模です。滑走路の長さから就航できる機材も限られるのですが，南紀白浜と但馬については都心部から鉄道や自動車による移動では時間がかかりすぎるため，空路でのアクセスには大きなメリットがあります。両空港にはそれぞれ，白浜温泉と城崎温泉という観光資源がある点も大きな特色です。八尾については大阪市内にもっとも近い点でビジネス層には魅力があるのですが，現在，定期便は就航

●図表10-1　関西6空港の概要

		関西空港	伊丹空港	神戸空港
種別		会社管理空港	会社管理空港	地方管理空港
設置管理者		新関西国際空港株式会社		神戸市
位置		大阪府泉佐野市	大阪府豊中市・池田市/兵庫県伊丹市	兵庫県神戸市
供用開始		1994年	1951年	2006年
面積		1期空港島 510ha／2期空港島 514ha	311ha	156ha
滑走路(長さ×幅)		(A)3,500m×60m／(B)4,000m×60m	(A)1,828m×45m／(B)3,000m×60m	2,500m×60m
運用時間(利用時間)		24時間	14時間(7:00～21:00)	15時間(7:00～22:00)
乗降客数2018年	国際	22,345,996	0	155
	国内	6,513,731	16,184,901	3,181,545
	合計	28,859,727	16,184,901	3,181,700
備考		2012年 経営統合/2016年 民間委託開始		2018年 民間委託開始

		南紀白浜空港	但馬飛行場	八尾空港
種別		地方管理空港	その他の空港	その他の空港
設置管理者		和歌山県	兵庫県	国土交通大臣
位置		和歌山県西牟婁郡白浜町	兵庫県豊岡市	大阪府八尾市
供用開始		1968年	1994年	1960年
面積		74ha	38ha	70ha
滑走路(長さ×幅)		2,000m×45m	1,200m×30m	(A)1,490m×45m／(B)1,200m×30m
運用時間(利用時間)		11.5時間(8:30～20:00)	10時間(8:30～18:30)	11.5時間(8:00～19:30)
乗降客数2018年	国際	778	0	0
	国内	152,824	38,252	0
	合計	153,602	38,252	0
備考		2019年 民間委託開始	2015年 民間委託開始	

(出所) 国土交通省航空局「空港一覧」および「平成30年空港管理状況調書」などにもとづき筆者作成。

していない状況です。このように小規模3空港には有効活用できる潜在的な要素が含まれています。

　南紀白浜も関西・伊丹と神戸に続き，2019年にコンセッションが実現しました。運営権は和歌山県から経営共創基盤を母体とする南紀白浜空港エアポート株式会社に譲渡されました。経営共創基盤の事業内容は「長期的・持続的な企業価値・事業価値の向上を目的とした『常駐協業（ハンズオン）型成長支援』」と「成長支援や創業段階での支援あるいは再生支援など，企業や事業の様々な発展段階における経営支援」を実施することです。連結子会社に「みちのり

ホールディングス」（岩手県北自動車・福島交通・会津乗合自動車・関東自動車・茨城交通・湘南モノレール・みちのりトラベルジャパン）が属している点から，同社が観光ビジネスのノウハウを持っていることがわかります。

　2018年に公表されたマスタープランの中で，南紀白浜をどのような方針で運営していくのかという点が明らかにされています。現在は羽田路線が1日3便しかありませんが，今後は「空港型地方創生」を実現することを目標として，観光客に加えビジネス客も呼び込んで，「IoTの聖地化」を実現する点が狙われています。将来は定期便で成田と羽田からの欧米のインバウンドを呼び込むとともに，チャーター便で極東ロシアの需要開拓も視野に入れているのもユニークです。さらに，ビジネスジェットの誘致にも乗り出す計画が示されています。

　但馬については，関西・伊丹より先行してコンセッションを実施した点が注目に値する点です。小型機でつなぐ伊丹路線が1日2便しかなく，年間乗降客数もわずか3万8,000人の地方空港です。2015年1月から兵庫県と但馬空港ターミナル株式会社の間で「但馬空港運営権実施契約」が締結され，現在は2期目で2025年3月まで継続されます。2020年から民間企業である全但バスの社長が但馬空港ターミナル株式会社の社長を兼務しています。

　定期便のない八尾の乗降客数はゼロですが，メディアの取材ヘリコプターと個人所有のセスナの発着があるので管制業務は継続されています。滑走路が2本あるものの，地理的に生駒山が近い点や自衛隊の施設が近接している点から定期便の就航は難しいと考えられます。しかし，大阪市内のビジネス街や中小企業の集積する東大阪市周辺には短時間でアクセスできる点から，ビジネスジェットの拠点とする構想を検討する価値はありそうです。住宅地上空の騒音や空域の制約もありますが，都市部の災害対応拠点としての機能を高める点でも今後の整備は重要です。

4　観光周遊ルート「美の伝説」

　新型コロナが問題となる以前の関西空港においては，LCCを利用したアジア諸国からのインバウンドが急激に増加していました。とりわけ中国と韓国が高

い比率を占めていました。政府としても観光振興を重視する方針から，観光庁が2015年から「広域観光周遊ルート形成促進事業」を募集しました。これには訪日外国人旅行者を地方にまで誘客する目的があり，テーマを持ったルートの形成を促進しようとしたものです。モデルコースを中心に地域の観光資源を活かした滞在コンテンツの充実，ターゲット市場へのプロモーションなど，外国人旅行者の周遊促進の取組みを支援するものでした。

　関西の広域観光について，関西広域連合・関西経済連合会・関西観光本部により広域観光周遊ルート形成計画「美の伝説」が申請されました。2015年6月にこの計画の他，「せとうち・海の道」，「スピリチュアルな島 ～四国遍路～」，「昇龍道」（北陸東海地域）などが認定されています。「美の伝説」の周遊ルートのモデルコースとしてあげられている「世界遺産と絶景・伝統と自然の美の競演コース」は**図表10-2**の通りです。

　地域別で考えると，関西空港は堺・和泉を中心とする泉州エリアと奈良方面，

●**図表10-2　関西の広域観光周遊ルート「美の伝説」の一例**

（出所）関西観光本部。
　　　http://ktb.jcld.jp/binodensetsu/jp/course/course1.html

伊丹は兵庫県東部と大阪府北部の北摂エリアと京都・琵琶湖方面，神戸は阪神間から姫路を中心とする播州エリアをカバーできます。関西全体の広域観光周遊ルート計画では，関西空港が起点となっていますが，京阪神以外の地域を回るには，但馬と南紀白浜も活用できるのです。現在は，但馬は伊丹路線，南紀白浜は羽田路線しかありませんが，ゲートウェイとしては機能するわけですから，北近畿方面と紀州方面の観光振興を重視するならば，この2空港も含めて考える必要があります。

5　コロナショック後の関西

　2019年末から新型コロナが中国で問題となり，20年にはいってから感染地域が世界全体へと広がっていったために，国際線はアジア便のみならず，すべての便が欠航となる異例の事態になりました。このパンデミックによってわが国だけではなく，世界の航空会社と空港運営主体が完全に機能停止の状態に追い込まれてしまいました。すでに経営破綻で倒産した航空会社もあります。

　わが国では，2020年夏に予定されていた東京オリ・パラの延期が決定されたため，国際線で移動する選手団や観客層の需要がすべて先送りになっています。関空を使用する予定のインバウンドと，首都圏からの移動で伊丹や神戸の空港を利用する計画を立てていた派生的な需要も消えてしまった形になっています。さらに，2025年の大阪・関西万博の開催や統合型リゾート施設（IR）の行方についても，どのようになるのかが不透明な状況です。

　コロナ禍によって，日常生活と経済活動がこれまでとは異なる「新たなスタイル」になると予測されていますが，合意形成に至るには相当な時間を要すると考えられます。航空業界でも，一般的な企業のオフィスや小売店で実施されているような「3つの密」（密閉・密集・密接）を避ける工夫が必要になっています。空港のカウンター業務や搭乗口では，過去とは異なるサービスで対応する必要があります。すでに航空会社では座席を満席にせず，チケットを販売する措置をとっている例もみられます。

　これまでのように航空会社がチケット料金を引き下げて搭乗率を高くするという戦略は，将来に向けて継続するのが難しくなっています。感染症対策の面

で機内でも「安心・安全」に力を入れている点を強調した方が，利用者からの信頼を得られるはずです。わずか数ヵ月で激減した需要を取り戻すためには，国内線から地道に需要を呼び戻す必要があります。国際線については，感染リスクで不安感を与える長距離直行便よりも中近距離の路線から復活させていく方が現実的です。

　関西経済はアジア諸国と強固なつながりを持っていますので，コロナ禍以前のLCCの路線を復活させることは容易だと考えられます。しかし，相手国の関係省庁による移動に関する自由が認められることが大前提となることはいうまでもありません。航空会社が数ヵ月にわたって運航できなかったことに加え，今後も搭乗率を下げて運航するため，財務状況が大幅に悪化すると考えられます。各国での対応が異なる面もありますが，LCCを含めた航空会社への公的支援が整えば，関西空港を中心として徐々に需要が回復してくるものと期待できます。

〔参考文献〕

榎洋明（2019）「関西3空港 ―活性化に向けた最近の動き―」『経済人』。

関西観光本部「関西の行政府」。（https://kansaiguide.jp/rt/about/detail07/index.html#01）

関西3空港懇談会（2019）「関西3空港懇談会取りまとめ～関西全体の発展に繋がる関西3空港の最適活用に向けて～」。

国土交通省航空局（2005）「関西3空港の在り方について」。

新関西国際空港株式会社（2015）「関西国際空港及び大阪国際空港特定空港運営事業等優先交渉権者選定結果について」。

中西康真（2015）「関西広域観光戦略の実現に向けて」『経済人』。

野村宗訓編著（2012）『新しい空港経営の可能性－LCCの求める空港とは－』関西学院大学出版会。

野村宗訓（2017a）「空港民営化の政策分析－官民連携の将来像を考える－」『経済学論纂（中央大学）』57（3・4）。

野村宗訓（2017b）「インフラ改革としての運営権譲渡（コンセッション）－公共サービスの維持手法についての考察－」『経済学論究』71（1）。

野村宗訓（2019）「関西・伊丹空港にみる民営化の評価」『ていくおふ』155。

（野村　宗訓）

第 **11** 章

複数空港の活かし方

1　複数空港のとらえ方

　本節では，背後圏（catchment area）の重なる複数空港を有する地域に焦点を当て，それらの空港の位置付けや特徴について考察します。

　複数空港が立地する地域については，異なる観点から，幾つかの定義や分類が存在します。まず，1995年に初めて，複数空港地域（Multiple Airport Region：MAR）という概念が取り上げられました（De Neufville（1995））。MARに関しては，共通した見解がある訳ではありませんが，たとえば，O'Connor and Fuellhart（2016）は，以下の2つの基準を満たす地域をMARと定義しています。

(1)　ボーイング737やエアバスA319／A320をはじめ，座席数が100〜200席程度のジェット機によるフライトが，1日12便以上ある空港であること

(2)　(1)の基準を満たす規模の空港が，主要空港から半径100km以内に，主要空港を含めて，複数立地していること

　この定義では，MARは，都市や都市圏等の行政区域ではなく，空港規模と空港相互の相対的な位置関係によって判断され，上記の定義にもとづけば，現在，世界には53のMARが存在します。わが国では，東京（成田，東京（羽田））と大阪（関西，大阪（伊丹），神戸）のみがMARに該当します。その一方で，名古屋と札幌は，各々，名古屋飛行場（小牧）と札幌飛行場（丘珠）が(1)の基準を満たさないことから，MARではないことになります。百里飛行場

（茨城）もまた，(1)の基準を満たさないため，東京MARにははいりません。

　一方，国際航空運送協会（International Air Transport Association：IATA）は，同一都市や地域において，1つの空港とみなされる複数空港をマルチ・エアポートと呼んでいます。わが国では，東京（成田，羽田），大阪（関西，伊丹，神戸）および名古屋（中部，小牧）が，IATA公認のマルチ・エアポートとなっており，東京（TYO）や大阪（OSA），名古屋（NGO）など，同一の都市コードが割り振られています。また，航空会社の裁量で取り扱われるマルチ・エアポートも存在し，わが国では，札幌地区の空港（新千歳，丘珠），福岡地区の空港（福岡，北九州，佐賀），そして広島地区の空港（広島，岩国）が挙げられます。

　さらに，同一地域にある空港について，プライマリー空港（第1空港）とセカンダリー空港（第2空港）に区別する場合もあります。一般的に，セカンダリー空港とは，第1空港を補完する役割を担い，通常，都心から遠く離れた地点にあります。セカンダリー空港の明確な定義はありませんが，たとえば，「100座席以上の航空機によるナショナル・キャリアの就航が実質的に存在しない空港」を，セカンダリー空港と呼ぶ場合もあります（Klophaus et al.（2012））。この定義からは，丘珠は新千歳の，小牧は中部の，そして茨城は成田や羽田のセカンダリー空港といえます。

2　複数空港地域（MAR）からみた世界の航空輸送市場

　図表11-1は，定期便による提供座席数の観点から，世界の上位20位までの航空輸送市場を示したものです。対象としたすべての年を通して，MARが大部分を占めており，2015年と2019年では，アトランタ国際空港を除いて，上位20位までのすべてが，MARであることが分かります。また，世界の3大航空輸送市場は，2015年までは，ロンドンMAR，ニューヨークMAR，そして東京MARであったものの，2019年においては，東京MARに代わって，香港MARがアジア最大の航空輸送市場となっています。同時に，ロンドンMARの提供座席数は一層増加しており，その優位性が上昇していることも観察されます。

●図表11－1　世界における上位20位までの航空輸送市場

順位	2005年 MAR／空港	座席数	2010年 MAR／空港	座席数	2015年 MAR／空港	座席数	2019年 MAR／空港	座席数
1	ロンドンMAR	84.97	ロンドンMAR	84.22	ロンドンMAR	96.23	ロンドンMAR	108.70
2	ニューヨークMAR	71.03	ニューヨークMAR	71.79	ニューヨークMAR	79.57	ニューヨークMAR	88.49
3	東京MAR	67.32	東京MAR	66.49	東京MAR	77.78	香港MAR	83.97
4	シカゴMAR	62.16	パリMAR	55.55	香港MAR	71.08	東京MAR	79.36
5	アトランタ国際空港	58.84	シカゴMAR	55.42	上海MAR	65.09	上海MAR	75.22
6	ロサンゼルスMAR	58.08	アトランタ国際空港	54.25	北京MAR	62.47	ロサンゼルスMAR	68.50
7	パリMAR	53.20	香港MAR	53.85	パリMAR	61.21	北京MAR	67.77
8	ワシントンMAR	48.57	ロサンゼルスMAR	52.35	ドバイMAR	58.62	パリMAR	66.42
9	香港MAR	45.59	北京MAR	49.74	アトランタ国際空港	58.49	バンコクMAR	66.04
10	ダラスMAR	41.41	上海MAR	47.45	シカゴMAR	58.43	シカゴMAR	64.53
11	サンフランシスコMAR	40.01	ワシントンMAR	44.06	ロサンゼルスMAR	58.28	アトランタ国際空港	62.84
12	フランクフルト空港	36.95	ダラスMAR	42.04	イスタンブールMAR	56.82	イスタンブールMAR	62.42
13	マイアミMAR	36.49	サンフランシスコMAR	38.45	バンコクMAR	53.72	ドバイMAR	61.65
14	ヒューストンMAR	33.22	マイアミMAR	37.39	ダラスMAR	48.67	モスクワMAR	57.15
15	上海MAR	33.04	フランクフルト空港	36.61	モスクワMAR	47.89	ダラスMAR	55.96
16	北京MAR	31.45	サンパウロMAR	36.27	サンパウロMAR	44.46	ソウルMAR	53.75
17	マドリード＝バラハス空港	30.85	ドバイMAR	35.02	サンフランシスコMAR	43.14	サンフランシスコMAR	53.71
18	フェニックスMAR	30.81	デンバー国際空港	33.27	ワシントンMAR	42.87	マイアミMAR	47.59
19	バンコクMAR	29.43	マドリード＝バラハス空港	32.62	ソウルMAR	42.56	ワシントンMAR	46.87
20	マッカラン国際空港	29.24	ソウルMAR	32.20	マイアミMAR	42.07	サンパウロMAR	45.32

（注）1. 単位は百万座席である。
　　　2. アミ掛け部分は単一空港による航空輸送市場を表す。
　　　3. 2020年は新型コロナウイルスの影響が大きいことから，2019年のデータを最新データとして
　　　　利用している。
（出所）CapStatsより筆者作成。

3　わが国における同一都市圏の複数空港

　図表11 - 2は，東京都市圏，大阪都市圏，名古屋都市圏，札幌都市圏および福岡都市圏の5大都市圏を取り上げ，都心からの同心円（50kmと100km）と複数空港の立地状況を図示したものです。

●図表11 - 2　わが国における同一都市圏の複数空港

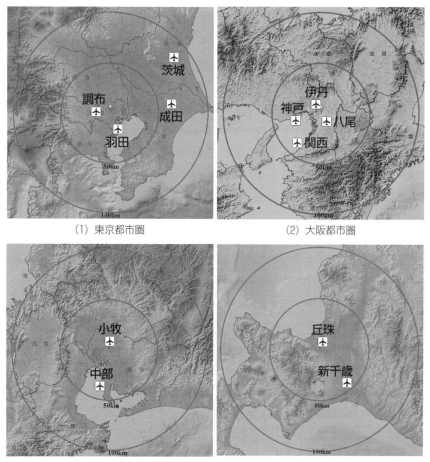

| (1) 東京都市圏 | (2) 大阪都市圏 |
| (3) 名古屋都市圏 | (4) 札幌都市圏 |

　東京都市圏には，都営コミュー
ター空港として，都内離島航空ネッ
トワークの拠点となっている調布飛
行場があります。また，大阪都市圏
には，定期便の就航はないものの，
関西圏におけるゼネラル・アビエー
ション（GA）の拠点として利用さ
れている八尾空港が存在します。
GAとは小型航空機を使用し，以下
のような用途に用いられる航空のこ
とです。たとえば，報道，航空宣
伝，航空測量，航空写真撮影，操縦
訓練，遊覧飛行，社用機や自家用機

●図表11-2　わが国における同一都市圏
　　　　　　の複数空港（つづき）

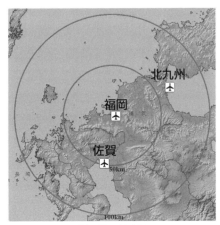

(5) 福岡都市圏

の離発着をはじめ，定期航空や軍事航空を除いたすべての航空が含まれます。
　図表11-3は，これら5大都市圏における各空港の主要な項目について，そ
の概要を整理したものです。

4　補完空港の分類

　以下では，各都市圏における基幹空港ではない空港を補完空港とした上で，
空港を類型化します。ここでは，東京都市圏の茨城と調布，大阪都市圏の神戸
と八尾，名古屋都市圏の小牧，札幌都市圏の丘珠，そして福岡都市圏の北九州
と佐賀が補完空港に該当します。
　図表11-4は，これら8空港について，都心からの直線距離と着陸回数の関
係を示したものです。同図から明らかなように，補完空港は，都市型（神戸，
小牧，丘珠，調布，八尾）と郊外型（茨城，北九州，佐賀）に，大きくは類型
化することができます。都市型補完空港は，都心からのアクセス性が高く，基
本的に，定期便は小型機による短中距離路線のみです。たとえば，小牧は都心
から約10kmの地点に立地し，県営コミューター空港として，地方空港間路線
に特化したフジドリームエアラインズ（FDA）の拠点となっています。丘珠

● 図表11－3　5大都市圏における空港概況（2018年）

空港	種別	設置管理者	距離(km)	面積(ha)	滑走路（長さ×幅）(m)	運用時間（利用時間）	離着陸回数（回）			旅客数（千人）		
							国際線	国内線	計	国際線	国内線	計
東京都市圏												
成田	会社管理	成田国際空港株式会社	57	1,172	4,000×60, 2,500×60	24時間 (6:00～23:00)	101,494	26,606	128,100	33,426	7,249	40,675
羽田	国管理	国土交通大臣	14	1,516	3,000×60, 3,360×60, 2,500×60	24時間 (24時間)	43,339	183,408	226,747	17,969	66,925	84,894
茨城	共用	防衛省	81	428	2,700×45, 2,700×45	13.5時間 (7:30～21:00)	469	2,464	2,933	147	586	733
調布	その他	東京都	22	39	800×30	注 参照	0	6,797	6,797	0	101	101
大阪都市圏												
関西	会社管理	関西エアポート株式会社	38	1,068	3,500×60, 4,000×60	24時間 (24時間)	70,197	23,362	93,559	22,346	6,514	28,860
伊丹	会社管理	関西エアポート株式会社	11	311	1,828×45, 3,000×60	14時間 (7:00～21:00)	0	69,132	69,132	0	16,185	16,185
神戸	会社管理	関西エアポート株式会社	25	156	2,500×60	16時間 (7:00～23:00)	13	14,580	14,593	0	3,182	3,182
八尾	その他	国土交通大臣	15	70	1,490×45, 1,200×30	11.5時間 (8:00～19:30)	1	13,014	13,015	0	0	0
名古屋都市圏												
中部	会社管理	中部国際空港株式会社	35	471	3,500×60	24時間 (24時間)	19,567	31,319	50,886	5,900	6,130	12,030
小牧	その他	愛知県	10	172	2,740×45	15時間 (7:00～22:00)	70	21,689	21,759	1	913	914
札幌都市圏												
新千歳	国管理	国土交通大臣	41	728	3,000×60, 3,000×60	24時間 (24時間)	10,583	66,336	76,919	3,726	19,587	23,313
丘珠	共用	防衛省	5	103	1,500×45	13時間 (7:30～20:30)	0	7,999	7,999	0	263	263
福岡都市圏												
福岡	国管理	国土交通大臣	3	346	2,800×60	24時間 (7:00～22:00)	19,560	70,492	90,052	6,828	17,811	24,639
北九州	国管理	国土交通大臣	63	159	2,500×60	24時間 (24時間)	1,523	8,533	10,056	325	1,425	1,750
佐賀	地方管理	佐賀県	50	114	2,000×45	19.5時間 (6:30～22:00, 0:30～4:30)	700	4,619	5,319	184	577	761

（注）調布の運用時間については、4／1～8／31は9.5時間（8:30～18:00）、9／1～3／31は平日8.5時間（8:30～17:00）、そして休日7時間（10:00～17:00）である。

（出所）国土交通省「平成30年空港管理状況調書」等より筆者作成。

についても，都心から約5kmの地点に立地する小型機中心のコミューター空港という位置付けであり，FDAと北海道のコミューター航空会社である北海道エアシステム（HAC）が就航しています。

　その一方で，郊外型補完空港は，都心から遠く離れた地点に立地していることから，アクセス性を重視しないLCCやチャーター便，あるいは，貨物便が就航しているケースが多くみられます。たとえば，茨城，北九州，そして佐賀の国内線には，スカイマークや春秋航空日本，スターフライヤー，FDAが主に就航しており，国際線に関しても，中国や韓国，あるいは台湾のLCCによって，そのほとんどが運航されています。これら3空港では，これまで多くのチャーター便就航実績があり，また，北九州には大型貨物専用エプロンが整備されており，大型貨物専用機の受入れも可能となっています。

　諸外国においては，都市型補完空港の代表例として，ロンドン・シティ空港，ミラノ・リナーテ空港，ダラス・ラブフィールド空港等が，郊外型補完空港の代表例としては，ロンドン・スタンステッド空港，フランクフルト・ハーン空港，ミラノ・ベルガモ空港（ベルガモ・オーリオ・アル・セーリオ空港）等が

●図表11－4　補完空港の分類（2018年）

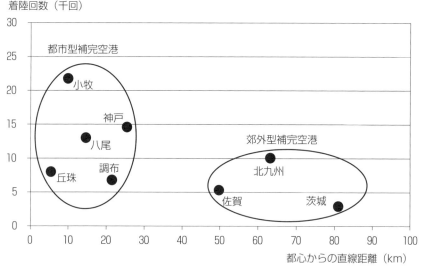

（出所）国土交通省「平成30年空港管理状況調書」等より筆者作成。

挙げられます。

5　地域としての空港競争力

　以上の考察を踏まえて，補完空港の役割や機能を整理すると，以下の5つに大分類できます。

(1)　域内航空ネットワークの拠点（丘珠，調布）

(2)　小型航空機の拠点（丘珠，小牧，調布，八尾）

(3)　災害時の防災／医療拠点（丘珠，小牧，八尾）

(4)　航空貨物輸送の拠点（北九州）

(5)　基幹空港の補完（丘珠，茨城，小牧，神戸，北九州，佐賀）

〔参考文献〕

De Neufville, R. (1995), "Management of Multi-airport Systems: A Development Strategy", *Journal of Air Transport Management*, 2 (2).

Klophaus, R., Conrady, R. and F. Fichert (2012), "Low Cost Carriers Going Hybrid: Evidence from Europe", *Journal of Air Transport Management*, 23.

O'Connor, K. and K. Fuellhart (2016), "Airports and Regional Air Transport Markets: A New Perspective", *Journal of Transport Geography*, 53.

IATA (2015), IATA Regional Codes.

（松本　秀暢）

第 **12** 章

空港営業のプロが集う空港
―北九州空港―

1　空港の整備・活用において市が果たしてきた役割

　九州７県には，空港は８つあります。佐賀・長崎・大分・熊本・宮崎・鹿児島の各県に１つずつと福岡県に２つ，福岡空港と北九州空港です。このうち佐賀空港だけは，県が設置管理者の地方管理空港ですが，その他はすべて，国（国土交通大臣）が設置管理者の国管理空港です。国管理空港では，滑走路等基本施設の整備は国が国の事業として実施しますが，地元の県が３分の１を負担します。災害復旧においては，20％が地元負担です。

　北九州空港も国管理空港ですから，上記のようなハード整備事業費の一部は地元（福岡県・北九州市・苅田町）が負担してきました。また，そもそも交通インフラはそれ自体いわんや建設需要が目的ではなく，整備後に施設を最大限に利活用し地域の発展に繋げるという大目的の手段ですから，ハード整備の段階から将来の利活用促進・拡大の種を蒔き，その後も持続的にその知恵と精神を引き継ぐことが大切です。この点において，まさにお膝元の地元である北九州市が，福岡県とともにこれまで果たしてきた役割はたいへん重要であり，全国でも特徴的です。

2　港湾事業との連携

　現在の北九州空港は，周防灘沖の人工島にある海上空港です（**図表12－1**）。

●図表12−1　北九州空港の全景

（出所）北九州市から提供。

海上空港の特徴として，内陸の住宅地への騒音影響が少なく，運用時間延長の条件が整う可能性が高いことが挙げられます。その一方，北九州空港のある辺りの地盤は超軟弱地盤ですから，建設工事には期間と費用が掛かります。

実は，北九州空港のある人工島は，関門航路等の港湾整備によって発生する浚渫土砂の処分場です。港湾整備と空港整備の両事業の合併事業として実施することで，建設費の大幅な削減が可能となりました。また，その後も浚渫土砂の埋立てにより人工島の面積は拡大を続けています。このことが，空港とその周辺地域の将来の活用可能性の幅を大きく広げることとなっています。

北九州市役所の空港担当部署は，港湾空港局にあります。国際海峡である関門海峡のある同市において同局の位置づけは重要です。タコマ港（アメリカ合衆国）・レムチャバン港（タイ王国）と姉妹港，大連港（中華人民共和国）とは友好港を締結しており，市職員の現地港湾局への派遣等の交流活動を行い，現地および同市の物流事業者や荷主等との人的ネットワークや外国語・海外事情に精通した人材が育成されています。

3　航空会社の設立

北九州空港に本社を置く株式会社スターフライヤーは，新しい海上空港の開港に合わせた就航を目的に設立された新規航空会社です。装置型産業というと，鉄鋼業や化学工業が代表例として挙げられますが，航空輸送業も機材だけでな

くその整備・運航のための人材育成やマニュアル等の仕組み（システム）を，安全に確証が持てる高水準で開業前に揃え，航空局から事業許可を得る必要があり，開業期の投資負担が大きい装置型産業の性格を持つ事業です。

　空港というインフラは，路線が開設され始めて目的を達成できます。開港に合わせ，就航する航空会社の誘致を急ぎますが，需要の見通しやその時の景況等から，路線誘致と並行し新規航空会社を地元自治体が出資して設立する例もあります。熊本県の天草エアラインがそうです。北九州空港の場合は，すでに内陸の旧空港において，収益の見込める羽田空港との間の定期路線がありましたので，羽田空港の発着枠が優遇配分されれば，新規航空会社にも事業計画の見通しは立てやすい環境でした。しかし，巨額の初期投資を賄う資金調達において，北九州市の果たした役割は大きく，地元経済界からの出資は市の全面的な支援があってこそ実現したものですし，市でも出資ではありませんが資金的な補助を予算化しました。開港後も，トレーニングセンターやメンテナンスセンターといった空港島内での建屋建設に対する補助や，路線誘致や商品開発等にノウハウを有する市職員の出向等，安定持続的な経営を目指しさまざまな官民協力が行われてきました。

4　人的資本への投資

　航空会社との持続的な関係は，市の空港政策にもプラスの効果をもたらしています。特に海外のLCC等との路線誘致交渉において，補助金の多寡だけでなく真っ当な説得を行うためには，交渉相手のビジネスにおける具体的なメリットを理路整然と提示することが必要です。さもないと，「他の某自治体からは○○円の補助金を出しても良いと言われていますが，お宅は？」等と追い返されてしまいます（追い返されておしまいならまだ良いですが，さらに相場を高騰させてしまうようなことにでもなれば，全国の地方空港にとって影響大です）。

　そのためには，航空会社の費用構造を熟知し交渉に臨む必要がありますが，これは航空会社の秘中の秘の情報であり，財務諸表や事業計画等社外に公開される文書だけで容易に詳細を理解することは不可能です。しかし，航空会社内で路線計画や事業戦略に携わる人は皆，OJT（On-the-Job Training）で頭の中

に叩き込まれます。生産設備等初期投資の大きな産業においては特に，このような「組織特殊的人的資本」への投資が奨励されてきました。これからの企業間競争（これは空港間競争にも当てはまると思いますが）における競争力の源泉は，他社との差異を継続的に生み出す人的資産であると言われています。官民の人材交流により，マニュアルや計算式のような目に見える形式知でなく，経験と人脈という暗黙知の形で，出向元である市の空港担当者に代々受け継がれ，路線誘致交渉において重要なノウハウとなっています。

5　自治体における政策ストックの蓄積と承継

　現在，北九州空港の旅客・貨物を含めた利用促進や空港機能拡充に関する業務は，港湾空港局の空港企画部が所管しています。2015年に旧空港企画室が空港企画部に改組され，職員が13名から18名に増員されました（**図表12-2**）。その前年の2014年12月に，市は空港の将来ビジョンを策定しており，2016年度からの3年間を同ビジョンの推進強化期間とし，福岡県とともにさまざまな空港振興施策に取り組んできました。

　なかでも貨物に関しては，港湾で培った物流事業者・荷主との関係を活かし，

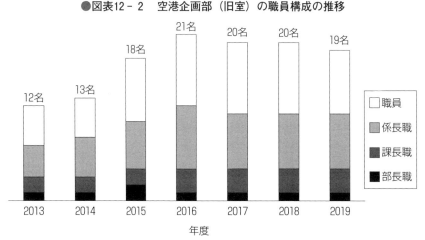

●図表12-2　空港企画部（旧室）の職員構成の推移

（出所）北九州市港湾空港局（2019）より筆者作成。

●図表12‐3　北九州空港将来ビジョン

北九州空港将来ビジョン ～３つの将来像～

「福岡空港と北九州空港の役割分担と相互補完」の考え方を基本とし，
３つの将来像の実現を目指す。

将来像1：九州・西中国の物流拠点空港 【物流】

STEP1
ポテンシャルの発揮
東九州自動車道沿線地域等，新たに後背圏となり得る地域を含め，地域の需要を支える空港を目指す。

STEP2
北部九州の物流拠点
施設の拡充や通関体制の整備等，空港機能の強化により，北部九州の物流拠点空港を目指す。

STEP3
九州・西中国の物流拠点
東九州・九州・中国自動車道3方向の結節点の物流拠点化を推進し，九州・西中国まで含む広域的な物流拠点空港を目指す。

将来像2：北部九州の活発な交流を支える空港 【交流】

STEP1
ポテンシャルの発揮
24時間空港であるポテンシャルを活かし，福岡空港では取り込めない新たな需要創出を目指す。

STEP2
福岡空港の補完
福岡空港との役割分担・相互補完により，逼迫する福岡空港の需要を受け止める空港を目指す。

STEP3
北部九州の活発な交流を支える
アジアの成長を受け止め，福岡空港とともに，北部九州の活発な交流を支える空港を目指す。

将来像3：航空関連産業の拠点空港 【産業】

STEP1
MRJの飛行試験拠点
エプロンや格納庫等，必要な施設整備を行い，MRJの飛行試験の拠点を目指す。

STEP2
MRJの製造拠点
MRJの飛行試験拠点となることで，集積する技術・人材を背景に，MRJの製造拠点を目指す。

STEP3
航空関連産業の拠点
周辺地域も含め，さらに広範な技術・人材の集積を活かし，航空機部品産業や人材育成拠点，航空整備産業拠点を目指す。

（出所）北九州市港湾空港局（2017）より抜粋。

企業誘致部門とも連携し，荷主企業への営業も行政が直接携わってきました。将来の九州・西中国の物流拠点空港を目指し，まずは旅客便を増やしそのベリースペース（床下貨物室）を活用する，現実的かつ段階的な戦略に取り組んできました。全国ベースで見ても，国際航空貨物，特に輸出の積み荷の多くは，半導体や自動車等機械製造業の部品等で，6割が旅客便のベリースペースを活用して輸送されています（**図表12‐4**）。しかし，昨今の新型コロナウイルス感染拡大の影響で九州内各空港の国際線が休止され，旅客便のベリースペースを活用した貨物輸送可能量が激減しました。貨物専用定期便がありチャーター便の受入れ実績も豊富な北九州空港の，国内外企業のサプライチェーンを支える重要な役割が，国内外の製造業から注目されつつあります。

　一般的に地方公共団体の人事異動サイクルは，民間企業より短いと言われています。3年以上同じ部署にいると，自他ともに「長い」という印象があるかもしれません。多岐にわたる部局を有し，癒着防止や適性発見の観点から，ゼ

●図表12－4　国際航空貨物における貨物専用便と旅客便利用構成比の推移

（出所）国土交通省航空局「国際航空貨物動態調査」より筆者作成。

ネラリスト育成の人事方針となることはやむを得ませんが，地方創生が喫緊の
課題となるなか，専門性を活かし差異を生み出す源泉となる人的資本へ投資す
ることで，政策ストックの蓄積と承継を戦略的に行う必要性が高まっています。

　空港に関していえば，インフラとして施設の建設・整備や機能拡充から，路
線誘致，利用者，特に地元から就航地へ向かうアウトバウンド需要促進を目的
とする商品開発と，土木から企画，観光等多岐に渡る部局が携わっています。
しかし，これらの部局は，道路や鉄道といった他の事業も所管していますから，
空港だけに特化し注力することはできません。このため，他の地方公共団体で
は，空港営業のプロとして必須の資質である人的資本を，行政組織内の組織特
殊的人的資本として承継していくことが課題となっています。これに対して，
施設整備から路線誘致まで，技術職・事務職の双方のプロを育成し技術・情報
を蓄積・承継できている北九州市は例外的な事例といえるでしょう。

6　これからの官民連携と空港間連携

　民間委託された空港においては，路線誘致等利用促進は民間企業が担うこと
となります。これまで地域政策の一環として，空港利活用促進を主導してきた

地方公共団体は，行政の立場で特定の民間企業だけを支援することは難しくなります。コンセッション後の空港運営者と地元自治体との関係は，これまでの自治体職員が誘致・集客・創貨等に直接携わってきたスタイルから，あくまでも民主導の空港運営を広く公共的な視点から支援するという役割分担を明確にすべきです。

　一方，コンセッション方式による空港経営の民間委託が進む中，行政や出向先企業で培った人脈やノウハウは，各地の空港運営者から汎用的な価値として評価され，転職を嘱望される機会も増えるでしょう。もともと，航空業界と地方自治体との間では，旧JAL・JASの統合やJAL経営破綻等のタイミングにおいて，民から官への人材流動は各地で見られましたが，今後は官から民への人材の移動も含め，さらに双方向で活発化すると予想されます。

　官民間の人的交流が促進されることで，製造業におけるオープン・イノベーションのように，複数空港間での情報共有も促進されることを期待します。地方自治体間では，政策とその効果について他の自治体との情報交換については抵抗がないのですが，空港，特に路線誘致となると「囚人のジレンマ（相互協力する方がお互いにより良い結果がもたらされることを分かっていても，協力しない者が利益を得ることができる状況では互いに協力しなくなること）」に陥りがちでした。特に国際線誘致の際，誘致航空会社への補助金額で過度な競争を強いられるケースも見受けられていました。

　しかし，新型コロナウイルス感染拡大の影響で，九州各地の国際線は軒並み運休しており，結果としては一旦リセットされた状況です。航空事業者に限らず旅客輸送は，国内外需要の消失と設備・施設・人員の稼働率低迷により，大きなダメージを受けており，インフラとしての港湾・空港においても，想定を超えるリスクの長期化により，事業計画の大幅な見直しは不可避です。

　新型コロナウイルス感染防止を目的とする「新しい生活様式」が浸透するまでは，これまで同様の対面交流機会やそのための長距離移動は減少せざるを得ません。しかし，九州がアジアとの地理的近接性を活かし，わが国の持続的な成長に貢献するためには，これらの国々との多様で活発な交流を，コントロールしつつ促進する必要があります。ゲートウェイとなる九州各県の各空港の活用度が，おしなべて長期間低迷せざるを得ない現状を，九州全体の視点から見

た既存ストックの最適な活用を考える機会ととらえることが必要でしょう。

〔参考文献〕

北九州空港利用促進協議会事務局（2007）『北九州空港のあゆみ』。

北九州市港湾空港局（2019）『令和元年度 北九州市港湾空港局事業概要』。

北九州市港湾空港局（2017）「北九州空港の現況　課題と将来展望」『第一回航空空港研究会　北九州市港湾空港局空港企画部長　上田伸一氏講演資料』一般財団法人関西空港調査会。

国土交通省航空局「国際航空貨物動態調査」。

（幕　亮二）

第 **13** 章

県庁職員100人の営業力
─佐賀空港─

1　開港から現在まで

　1969年に建設を表明してから約30年が経過した1998年7月28日，県民悲願の佐賀空港（有明佐賀空港）が開港しました。佐賀空港は佐賀県が設置管理者である面積114ha，2,000m×45mの滑走路1本の空港で，運用時間は6：30〜24：00の17.5時間です。開港当初は，東京，大阪，そして名古屋の3大都市圏との路線を有するなど，順調なスタートを切りました。しかし，その後は，航空産業を取り巻く市場環境が大きく変化する中で，同空港の利用者数は，空港建設時の需要予測（73万7,000人）の半分以下である30万人前後と低迷し，さらに，2003年に名古屋便が，2011年には大阪便が運休しました。

　その一方で，1日2往復でスタートした東京便（羽田便）は，継続的な利用促進活動が結実し，3度にわたる増便を経て，2014年7月からは，1日5往復となっています。2012年1月には，佐賀空港にとって初めての国際線かつLCCによる運航である上海便が就航しました。それ以降，成田便やソウル便，台北便，西安便をはじめ，LCCによる路線開設が相次いだ結果，年々，利用者数は増加し，2018年度には，空港建設時の需要予測を大きく上回る81万9,000人を記録しています（**図表13−1参照**）。

　2017年7月には，佐賀空港は，訪日外国人客数の拡大に向けて，国が国際線就航を支援する「訪日誘客支援空港」の最高位のカテゴリーである「拡大支援型」に認定されました[1]。これが，さらなる国際線就航の追い風となり，2018

●図表13 - 1　佐賀空港における利用者数の推移

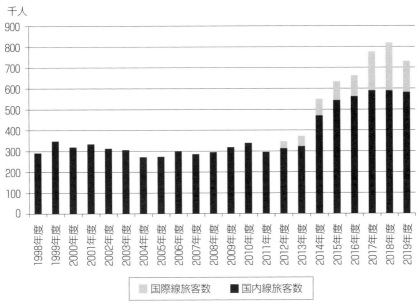

(出所) 佐賀県資料より筆者作成。

年度の国際線利用者数は，23万人にまで増加しました。これは，2,000m級の滑走路を有するわが国の空港のなかでは最も多く，第2位の富山空港（12万5,000人）や第3位の新石垣空港（8万7,000人）を大きく上回っています。

2　佐賀空港の後背圏

　図表13 - 2に示すとおり，佐賀空港は北部九州の中心に位置し，九州各地へのアクセス性に優れています。福岡県境を挟んだ筑後佐賀圏域は，福岡都市圏および北九州都市圏に次ぐ人口と経済規模を有し，大きな市場を形成してい

---

1)　国に「訪日誘客支援空港」と認定された地方空港は，国際線の新規就航および増便に対する着陸料割引やボーディング・ブリッジ整備等の支援が行われる（国土交通省（2017））。詳細は本書第4章を参照のこと。

●図表13－2　佐賀空港の位置

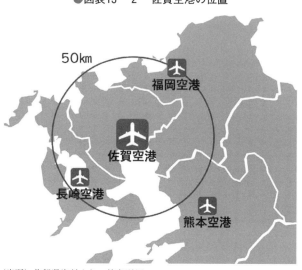

（出所）佐賀県資料より，筆者引用。

ます。

　しかしながら，佐賀空港の半径20km圏内については，福岡空港や長崎空港より近いにもかかわらず，1999年度には，当該エリアにおける同空港の選択率は，僅か15.5％でした（国土交通省（1999））。この理由としては，同空港の便数が少ないということに加えて，佐賀県民は長年にわたり他空港を利用してきたことから，多くの県民の意識のなかに，同空港が選択肢としてはいっていなかったことが挙げられます。

　そこで，佐賀県は，佐賀空港の大きな潜在需要ともいえるこれら他空港利用者を対象に，営業活動や広報活動を積極的に展開すると同時に，無料駐車場やリムジン・タクシー（予約制の乗り合いタクシー）等のアクセス対策をはじめ，さまざまな利用促進策に取り組みました。その結果，2017年度における同空港の選択率は40.6％にまで上昇し，空港利用者数も着実に増加しています。

3　100人チーム

　佐賀県がもっとも力を入れている空港の利用促進策は，事業所への営業活動

です。その中で大きな役割を果たし，航空会社からの評価も高い活動は，県職員で構成する空港のセールス・チーム，すなわち「100人チーム」です。佐賀県庁では，福祉や健康，産業，農林，土木，教育をはじめ，すべての課の副課長級職員に対して，知事名で空港課の兼務辞令が発令されます。2020年度においては，122名の職員に発令されました。

　100人チームの構成メンバーには，毎年度の営業出陣式において，空港利用者数の年度目標やミッションが伝達されます（**図表13－3**参照）。これを受けて，100人チームの構成メンバーは，県内はもとより，福岡県南西部等の県境を越えて，事業所に対して訪問営業を実施します。具体的には，業務上の関係がある企業や団体の事業所等を訪問して，最新の事業活動状況や今後の事業展開，佐賀空港の利用状況を調査し，同空港の路線や運航ダイヤ，空港施設，アクセス等に対する要望を確認した上で，利用者ニーズにあった空港利用を提案しています。同時に，同空港を利用した私的旅行の働きかけも行っています。そして，その都度副知事や空港担当部署に営業成果を報告し，不十分であると判断された場合には，副知事から具体的な指示が出されます。

　100人チームからの報告は，日頃の利用促進に向けた取組みのなかでも，積

●図表13－3　100人チームの営業出陣式

（出所）佐賀県資料より，筆者引用。

極的に活用しています。まず，航空会社との打ち合わせにおいて，営業戦略や利用促進策の情報を共有します［Plan］。次に，航空会社と緊密に連携しながら，具体的な利用促進策に取り組みます［Do］。そして，随時，利用促進策の1つ1つを検証し［Check］，必要があれば，それらの改善を図ります［Action］。この「PDCA」サイクルの中で，地元（佐賀県，福岡県南西部，熊本県北部）や首都圏，あるいは，ビジネスや観光などの各セグメントの利用動向データと合わせて事業所の利用動向データを活用しており，100人チームの営業成果は，「PDCA」サイクルの各段階で活かしています。たとえば，新たな取引開始という事業所情報が得られた場合には，首都圏との間にビジネス需要が増加すると想定し，営業計画の見直しにつなげていきます。さらに，100人チームからの報告は，航空会社に対する要望活動にも活かしています。特に，ビジネス利用の多い東京便については，増便とダイヤ見直しに対する要望がもっとも多くなっています。東京便が1日4往復であった時，6時間の空白時間帯が存在していたために，事業所からは，「急な出張にも対応できるように，すべての時間帯に便が設定されていることが望ましい」という要望が出されました。また，東京発の最終便が18時台であった時には，「最後まで会議に参加できない」や，「会議終了後にある懇親会に参加できない」といった意見も寄せられました。このような事業所からの要望や意見を航空会社に伝えた結果，2014年には，東京便の増便（5往復化）と東京発最終便の19時台への繰下げが実現しました。このような利用者ニーズに応えるダイヤ編成によって，東京便は提供座席数の増加率を上回る利用者数の増加率を記録しています。

　この他にも，ターミナルビルや駐車場をはじめとする施設や空港サービスに関する要望も幅広く寄せられていることから，空港のターミナルビル会社とも情報を共有し，利用者サービスの向上に努めています。何日停めても無料の駐車場は，同空港の大きなセールス・ポイントとなっていますが，100人チームの営業によれば，約2割の事業所が出張時の自動車利用を認めておらず，大規模事業所ほど，その傾向が強いことが分かりました。このような大規模事業所に対しては，リムジン・タクシーによるサービスを提供することによって対応しており，2020年5月時点で，佐賀県および福岡県南西部の19エリアで運行しています。同サービスの利用者を対象としたアンケート調査によると，約7割

の利用者が，「リムジン・タクシーがなければ，他空港を利用していた。」と回答していることからも，現在では，同空港利用者の主要な移動手段の１つとして，リムジン・タクシーは広く認知されています。

4　マイエアポート運動

　2009年には，「マイエアポート運動」を開始しました。その中心的な活動の１つに，「マイエアポート宣言」があります。これは，個人や事業所に佐賀空港の積極的な利用を宣言してもらう取組みです。個人については，「佐賀空港を積極的に利用します。」という宣言文が印刷された「マイエアポート・クラブ会員証」に署名することにより，「マイエアポート宣言」を行います。事業所に関しては，各事業所の状況に応じた目標を設定してもらいます。たとえば，「現在の佐賀空港の利用率を，50％から80％にまでアップします」や，「首都圏からの顧客に対して，佐賀空港の利用を勧めます」といった目標設定ですが，ここで重要な点は，あまり高い目標ではなく，事業所が少し努力することで，あるいは，少し意識することで達成できる目標を掲げてもらうことです。具体的な事例として，佐賀県唐津市にある企業は，「佐賀空港の利用率を，現在の３％から５％にまで高めます」という目標を立てています。同市は，佐賀空港まで自動車で約１時間半を要する県北部に位置することから，同空港の利用が少ない地域ですが，当該企業は，「佐賀空港寄りの地域に居住している社員が，出張の際に佐賀空港の利用を心掛けることによって，同空港の利用率を高める」という現実的な目標を立てました。その結果，宣言後の利用率は，10％を超えるまでになっています。

　マイエアポート宣言は，社長や工場長等の事業所責任者が署名をした上で，社員や職員の目につきやすい場所に掲示しています。このように，組織全体で意識の共有を図っている結果，宣言事業所による同空港の利用者数は，宣言前と比較して，40％以上も増加しています。佐賀空港を実際に利用すると，ターミナルビルの目の前に無料駐車場があり，ターミナルビルもコンパクトで便利であると実感する利用者も多く，このような経験が，次回の利用につながるという好循環を生み出しています。そして，マイエアポート宣言をした後も，

100人チームを中心に，県職員が継続的に営業活動を行いながら，事業所と「顔の見える関係」を構築していることも，空港利用者数の増加に寄与しています。

　2020年５月時点で，2,400以上の事業所がマイエアポート宣言を行っています。佐賀県をはじめ，福岡県や熊本県といった地元にとどまらず，首都圏などにも広がっています。佐賀県首都圏事務所の空港セールス専任スタッフが，地元にある宣言事業所の首都圏支社や本社に訪問営業を行い，マイエアポート宣言を行っていただくことで，双方向の利用につなげています。

5　ターゲットの拡大

　2016年１月，佐賀空港は，「有明佐賀空港」から「九州佐賀国際空港」に名称を変更しました。この名称変更の背景には，同空港に就航している海外の航空会社から，「外国人にとっては，『有明』では場所が分からない」や，「海外の観光客は，佐賀県や福岡県ではなく，九州に観光に行っている」等の意見が寄せられたことがあります。また，LCCが運航する上海便利用者を対象としたアンケート調査によると，約45％が福岡県在住，次いで佐賀県（16％），長崎県（９％），熊本県（９％）の順となっており，北部九州を中心として，利用エリアが拡大していることもあります。

　このように，国際線やLCCの就航によって，営業や広報の対象地域が拡大しており，これとあわせて空港の利用者層も広がりをみせています。東京便はビジネス客が中心ですが，国際線やLCCでは，観光客や帰省客が中心となっています。また，東京便における30歳未満の利用者は１割程度にすぎませんが，成田便では３割程度にまで上がります。さらに，LCCの運航路線には，価格に敏感な利用者が多くいます。営業活動や広報活動はこのような特性にあわせて展開しています。具体的には，県外のフリー・ペーパーやSNSで旅行情報を発信し，事業所への訪問営業においては，職場旅行や帰省等での利用を働きかけています。さらに，大学生に対して佐賀空港の価格優位性を宣伝し，旅行情報等の提供も行っています。

6　「佐賀空港がめざす将来像」の実現に向けて

　2015年9月，佐賀空港の将来ビジョンである「佐賀空港がめざす将来像」を取り纏めました（佐賀県（2015））。そのなかでは，佐賀空港は，「基幹路線である東京便を中心としながら，LCCの拠点空港化を進め，九州のゲートウェイ空港として発展する」ことをめざし，その実現に向けて，国内外のハブ空港との路線を強化するとともに，路線や便数，利用者数の増加に対応できるよう空港施設の機能強化を図ることを掲げています。2020年5月現在，ターミナルビルや駐車場の拡張等に取組むと同時に，海外の航空会社からの強い要請を受けて，滑走路の2,000mから2,500mへの延伸をめざしています。

　今後，新型コロナウイルス感染症により，事業所ではテレワークやリモート会議の導入等が進むと同時に，人の流動も大きく変わることが予想されます。このような新しい生活様式にあわせて，佐賀空港の営業活動や広報活動も，柔軟に対応することが求められています。これからは，「withコロナ」を前提とした事業所の事業展開見直しや，それに伴うニーズの変化を迅速に把握することが重要となることから，より一層，100人チームの果たすべき役割は大きくなると考えています。

　佐賀県は，「withコロナ」時代においても，地域発展のエンジンである佐賀空港を，「九州のゲートウェイ空港」として，さらに発展させていきます。

〔参考文献〕

国土交通省（1999，2017）「航空旅客動態調査」。

国土交通省（2017）「『訪日誘客支援空港』に対する支援」（https://www.mlit.go.jp/common/001191388.pdf）。

佐賀県（2015）「佐賀空港がめざす将来像－九州におけるゲートウェイ空港へ－」（https://www.pref.saga.lg.jp/airport/kiji00312704/3_12704_2_20159221553.pdf）。

（野田　信二）

第III部

空港・地域の持続可能な経営

第 14 章

国管理空港の民営化と地方自治体

1 国管理空港の民営化

　空港運営の民間委託（以下，「民営化」）は，国管理空港では2016年に仙台空港で実現して以降，2020年8月現在，高松空港，福岡空港，熊本空港，新千歳空港において開始されています。2021年3月からは稚内空港，釧路空港，函館空港も民営化されます。

　従来，わが国では国管理空港の滑走路，エプロン等の基本施設は国，空港ビルは民間企業により整備・運営されていました。基本施設の空港別収支が明確でなく，「空港経営」という概念がないことや，施設ごとに設置管理者が異なり，効率的な運営ができないことが課題となっていました。そこで，2008年の空港法の改正に伴い策定された「空港の設置及び管理に関する基本方針」において，「効果的かつ効率的な空港運営」として，コスト意識の維持向上や空港別収支の明確化が示されました。さらに2010年の「国土交通省成長戦略」では，「空港関連企業と空港の経営一体化及び民間への経営委託」の方針が示され，以降，民営化に向けた具体的な手続が進められてきました。

　国管理空港の民営化の目指すところは，空港機能の強化や利用者利便の向上を通じて航空需要の拡大を図ることで，地域経済の活性化に貢献することとなっています。国管理空港が所在する地方自治体は，空港の整備や運営には直接携わっていませんでしたが，地域の活性化に向けて航空路線の誘致や空港の利用促進の活動を実施していたことから，空港の民営化の方針に伴い期待と懸

念が高まりました。

2　地方自治体からみた民営化への期待と懸念

　国管理空港が所在する地方自治体（主に道県）では，空港の民営化に先立ち，地方自治体が目指す空港の将来像や，国および入札に参加する事業者への要望事項をまとめて公表しています。たとえば，仙台空港の「仙台空港の経営計画に関する宮城県基本方針」（2012年10月　宮城県），福岡空港の「福岡空港の民間委託について」（2014年10月　福岡空港運営検討協議会），北海道の「北海道における空港運営戦略の推進（案）」（2016年10月　北海道）がこれに相当します。

　これらの空港の民営化に対する地元の方針等の内容は概ね類似しており，各空港の現状と課題の分析，目指すべき空港の将来像およびその達成に向けた施策や要望等から構成されています。いずれの空港においても民営化は，空港の将来像を達成するための施策として位置づけられています。また，要望は，国や入札に参加する事業者に対するものとなっており，民営化への期待や懸念ととらえられます。

　要望の内容を詳しくみると，空港ごとで共通する論点と，個別の論点に分類されます。共通する論点は，(1)航空ネットワークの強化（路線誘致），(2)国・地方自治体との協力・連携の2点です。(1)の航空ネットワークの強化（路線誘致）は，旅客や貨物の増加は地域の活性化に直接的に寄与することや，従来の空港の運営体制では，地方自治体は路線誘致にあたり機動的な活動ができない状況であったことが背景として挙げられます。また，(2)の国・地方自治体との協力・連携は，空港運営が国から民間企業に移転することによる安全性の確保や，路線誘致や利用促進活動が地方自治体から民間企業に移転することによる継続性への懸念が背景となっていると考えられます。

　一方，空港ごとの個別の論点は，たとえば，複数空港の運営委託とした北海道では空港間連携を通じた需要創出，道内航空ネットワークの活用，スケールメリットを活用した経営への期待が強く打ち出されています。また，福岡空港では空港用地の借地料，環境対策，空港整備事業への懸念が挙げられました。

　このように，空港の民営化に先立って，空港が立地する地方自治体では，そ
れぞれの空港の将来像や要望事項をとりまとめて期待や懸念を明確にすること
で，国に対して事業スキームへの反映を要望するとともに，民間企業に対して
は地方自治体が目指す空港の将来像に沿った事業計画の立案を求めています。

3　先行事例から見えるコンセッションの効果

　国管理空港の民営化で採用されているコンセッション方式は，国が空港基本
施設の所有権を有したまま，それを運営する権利を，一定期間，民間企業（運
営権者）に与える方式となっています。そして，国管理空港では滑走路等の空
港基本施設，空港ビル，駐車場がそれぞれ別々の事業主体により整備・運営さ
れていたため，民営化を通じてこれらを一体化する狙いがあります。
　コンセッション方式による空港民営化の効果として，国土交通省では先行し
て民営化された空港の実績を踏まえて，以下の4点を挙げています。

1.　エアポートセールス（路線誘致）の強化：着陸料等の料金引き下げ，エアライ
　　ンに向き合う営業体制等
2.　空港ビルのリニューアル：商業施設の拡充，駐車場のリニューアル等
3.　空港アクセスの向上：バス路線の新設・運行頻度の増加等
4.　地域経済への波及：雇用の創出，地元企業のビジネス機会の増加等

（出所）国土交通省（2017）「空港経営改革について」国土交通省航空局にもとづき作成。

4　コンセッションの課題と対応

(1)　コンセッションの課題

　コンセッションの導入によって民営化効果の一端がみられるようになりまし
たが，その一方でコンセッションによる空港運営にはどのような課題があるの
でしょうか。国際航空運送協会（IATA）ではコンセッションによる空港運営
の特徴について以下のとおり指摘しています。

■コンセッションの効果
1.　政府が継続的に資産を所有することにより，国家的な安全保障を維持することができる。
2.　長期契約により設備投資の効率的な計画，ライフサイクルコストの削減，徹底した資産管理などのインセンティブが働く。
3.　既存の空港管理や運営能力に限界がある場合や，需要の増加に応じて施設の増強が必要であるが資金が乏しい場合に適している。

■コンセッションの課題
1.　政府や民間企業の能力が低い場合や，制度や規制が十分でないと，公益に関心の低い事業者の参入を招くことや利用料金が大幅に増加する。
2.　設備投資の計画や利用料金が長期的にあらかじめ設定されてしまうため，これらの変更についての柔軟性が乏しい。

（出所）IATA〔2018〕*Guidance Booklet: Airport Ownership and Regulation*にもとづき作成。

(2)　IATAが指摘する課題に対する国管理空港の対応

①　公益に関心の低い事業者の参入や利用料金高騰への対応

　国管理空港の事業者の選定では，公募型プロポーザル方式により資格審査および提案審査を実施することで，公益に関心の低い民間企業が参入しないよう対応しています。審査についての地方自治体の関わりについては，提案書の審査内容は，全体事業方針，空港活性化，事業実施体制，財務計画，運営権対価で構成され，そのなかに地方自治体にとって関心が高い航空ネットワークの充実，利用促進（二次交通や地方自治体等との連携施策），料金施策が含まれています。また，地方自治体の幹部が審査員としても参画しています。運営権者として選定された提案に基づいて実施契約，設備投資計画および航空ネットワークや利用促進の要求水準が作成されることから，前述のとおり事業者選定の手続に先立って地方自治体が目指す空港の将来像等についての情報提供を行い，それに沿った提案を引き出すことが重要となります。

　運営開始後においては，運営権者に対して，地方自治体，地元経済界等から構成される協議会への参加を義務付けることや，業務を適正かつ確実に履行しているかについてモニタリングを実施することなどで，公益性や適正な空港運

営の確保に対応しています。また，運営権者と地方自治体の連携については，民営化の際にパートナーシップ協定を締結し，空港の活性化や路線誘致活動等を連携・協力して実施していく体制を採ることが一般的となってきています。

②　設備投資の計画や利用料金の柔軟性

運営権者が提案した内容のうち，必ず実施しなければならない施策は「実施保証施策一覧表」としてまとめられています。IATAは「コンセッションは柔軟性が乏しい」と指摘していますが，事業者を選定する過程において実現不可能な提案をさせないためにも，実施保証施策のように一定の拘束力を設けることは必要と考えられます。

設備投資について，国管理空港の民営化では実施契約上の義務となっているのは投資内容であり，投資総額は提案内容に満たない場合も違反にはならず，コスト削減等の効率的な施設整備が実施できるように配慮されています。しかし，提案された投資内容は，運営権者が空港を運営する前に得られる情報や関係者へのヒアリングにもとづいて作成されたものであるため，事業開始後における空港運営の経験，外部環境の変化，地元関係者の意向等を踏まえて，適宜改定することも必要ではないかと思われます。

5　オーストラリアにおける事例

(1)　オーストラリアの空港の民営化

オーストラリアの空港は，日本の国管理空港と同様に，連邦政府が所有権を保有したまま，その運営を民間企業に委託する方式（長期リース）が採られています。1997年の民営化以来，空港運営の規制のあり方や空港と地方自治体の関係等について定期的にレビューを行い，改善を行ってきています。

(2)　マスタープランの策定

オーストラリアの民営化された空港は，20年間のマスタープランを5年ごとに改定することが法律で義務付けられています。このため，空港会社は5年ご

とに空港の現状分析，需要予測，施設計画をとりまとめ，数百ページに及ぶレ
ポートを作成しています。作成されたマスタープランはインターネットに公開
されており，それぞれの空港の現状や今後の整備計画を詳しく知ることができ
ます。

　このマスタープランの策定にあたり，民営化当初は空港会社と地元自治体の
連携が十分にとれておらず，航空需要の増加に伴う空港周辺の道路交通の増大
への対応等が課題となっていました。このため，連邦政府は2010年に法改正を
行い，マスタープランの策定において空港会社は地方自治体等の意見を聞くこ
とを義務付けました。これに応じて，各空港では空港会社と地域の利害関係者
が各種計画をすり合わせるための会議（Planning Coordination Forums）や，
地方自治体や地域住民に対して航空機騒音，空港の開発，運用状況等について
知ってもらうための機会（Community Aviation Consultation Groups）が設け
られるようになりました。

(3)　モニタリング

　連邦政府は，「空港は大きな市場支配力を有している」と認識しているため，
民営化当初には航空系料金（着陸料，旅客施設使用料，保安料）の価格規制を
導入していました。この価格規制は1997年から2002年までの5年間実施された
のちに廃止され，現在はモニタリング制へと移行しています。

　モニタリングの実施主体は政府機関であるオーストラリア競争消費委員会
（ACCC）であり，対象は航空系収入，収益性，サービスの品質となっていま
す。航空系収入や収益性は空港会社からの報告にもとづいており，サービスの
品質は航空旅客・航空会社への満足度調査に基づいて評価しています。

　毎年のモニタリングの結果は，インターネット上で公開されており，空港ご
との経年変化や空港間の比較をすることができます。**図表14－1**はモニタリン
グ対象空港における旅客1人あたり航空系収入とサービス品質について，過去
10年間の変化を整理したものです。いずれの空港も旅客1人あたりの航空系収
入が増加していることが分かります。これは設備投資の増加が一因です。

　パース空港について過去10年間の変化をみると，ターミナルビルの拡張に応
じた料金の値上げに伴い旅客1人あたりの航空系収入が増加していますが，同

時にサービス品質も向上しています。利用者はより良いサービスを得るために一定の料金増加を許容していると考えることもできるのではないかと思います。

●図表14-1　旅客1人あたり航空系収入とサービス品質の変化

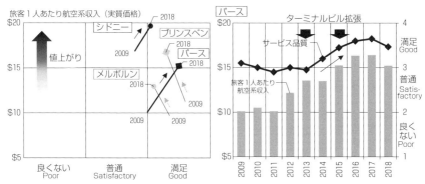

（出所）ACCC（2020）*Airport monitoring report 2018-19*, Australian Competition & Consumer Commissionにもとづき作成。

(4)　路線誘致

　オーストラリアでは航空路線の誘致にあたり，空港会社と州政府観光局が密接に連携しています。州政府観光局としても航空ネットワークの戦略や将来ビジョンの作成を行うとともに，路線誘致のための商談会への参加，路線開設後における広告や旅行商品の造成支援などのマーケティングやプロモーションを行っています。州政府観光局のこれらの活動は，空港会社との方向性のずれが生じないように定期的に空港会社と情報共有を図り実施しています。

6　コンセッション空港における地方自治体の役割

　空港の将来像を描くのは誰の役割でしょうか。わが国で民営化された空港では，民営化前に地方自治体によって空港の将来像等が作成され，それを踏まえながら民間企業が提案書を作成し，選定された提案書に基づいてマスタープランが作成されています。今後，地方自治体による空港の将来像や，運営権者によるマスタープランが改定されるかどうかは明確ではありませんが，空港は交

通の結節点であり，利用者のニーズに随時適応すべきインフラであることから，将来像やマスタープランは一定期間毎に改定されることが望ましいと考えます。

　また，地方自治体にとって関心が高い航空ネットワークの強化（路線誘致）については，民営化後は航空会社への提案や交渉は運営権者が中心的な役割を担うことになります。航空サービスの拡充にあたって航空会社がもっとも重視しているのは地域の需要であり，路線開設に伴う新規需要の創出や路線開設後の需要の定着に向けた地域の魅力づくりやプロモーション等において地方自治体が担う役割は引き続き重要です。このため，地方自治体としても地域の活性化に向けて需要の現状や誘致に向けた課題を継続的に把握しつつ，運営権者の事業計画とすり合わせを行いながら，ともに発展していくことが望まれます。

　2020年初頭に感染が拡大した新型コロナにより，航空輸送がほぼ全面的にストップし，空港経営や地域経済に大きな影響を及ぼすことが明白となりました。しかしながら，過去の感染症の事例やIATAによる今後の見通しによれば，航空需要は次第に回復することが見込まれることから，運営権者と地方自治体の連携を一層強め，地域の活性化に向けて取り組むことが求められます。

〔参考文献〕

国土交通省（2008）「空港の設置及び管理に関する基本方針」国土交通省航空局。

迫田明巳（2014）「オーストラリアでの空港周辺地域における公共施設整備について」一般財団法人自治体国際化協会シドニー事務所。

長谷知治・小澤康彦・松永康司・渡辺伸之介・井上諒子・内田忠宏（2014）「LCCの参入効果分析に関する調査研究」『国土交通政策研究 第118号』国土交通省国土交通政策研究所。

錦織剛・引頭雄一（2020）「新規航空路（直行便）の開設に伴う需要刺激比に関する分析～欧州での分析を踏まえた日本の国際航空市場への適用～」『交通学研究』63。

Australia Government Department of Infrastructure, Transport and Regional Development and Communications ホームページ（最終閲覧日：2020年8月15日）．https://www.infrastructure.gov.au/aviation/airport/planning/index.aspx

（錦織　剛・引頭　雄一）

第 **15** 章

地方空港の経営改革

1　地方空港の維持管理における現状

　現在，わが国には97の空港があります。これらの空港は，「拠点空港」や「地方管理空港」など，複数の種別に分類されています（**コラム2**（51頁）参照）。しかし，本章では，空港種別にかかわらず，一般的な呼称としての「地方空港」の経営改革の経緯と現状を述べたうえで，課題を整理します[1]。

　近年，多くの地方空港では「利用促進」に重点が置かれ，旅客の誘致に向けたさまざまな取組みが実施されています。他方で，空港の維持管理については多額の費用が必要なため，着陸料などの空港使用料収入で維持管理費を賄えないといった，いわゆる赤字空港の存在が問題となっています[2]。

　もちろん，空港が赤字であることで，その社会的価値が否定されるものではありません。なぜなら，空港は私たちの生活に欠かせない重要な社会基盤であ

---

1)　ただし，本章では「離島空港」については，考察の対象とはしません。離島空港は，代替交通手段に乏しく，住民の日常生活に必要不可欠なものであるため，いわゆるナショナルミニマムの観点から（場合によっては採算性にかかわらず）維持する必要性が論じられることになります。この点において，離島空港は，他の一般的な地方空港とは性質を異にするものと考えられます。
2)　国土交通省が実施している空港別収支の試算結果（2018年度）によると，国管理空港24空港のうち地方空港を中心とする9空港が「赤字」と判定されました。さらには，旅客ターミナルをはじめとする「非航空系事業」を除いた「航空系事業」のみで試算すると，「赤字」空港の数は18空港にものぼります。

るからです。しかしながら，国や地方自治体の財政規律が厳しく求められる昨今では，空港もその例外ではなく，地方空港といえども収支管理に無頓着でいられないのが現状です。

こうした背景のもと，政府は赤字空港の経営自立化を目的とした空港経営改革の方針を打ち出しました。2018年の「経済財政運営と改革の基本方針」では，「赤字空港の経営自立化を目指し，運営権対価の最大化を図りつつ，地方管理空港を含め，原則として全ての空港へのコンセッションの導入を促進する」ことがうたわれています。これより明らかなように，わが国の空港経営改革のポイントは，(1)（原則として）「すべて」の空港を対象に，(2)「コンセッション」を導入する，ことであると理解できます。

2　地方空港における指定管理者制度

一方で，地方自治体においては，こうして国がコンセッションを導入するより以前から，空港に対して民間活力を導入することが模索されてきました。地方空港のなかでも，地方自治体が設置・管理する空港では「指定管理者制度」を活用した空港運営の事例がみられます。指定管理者制度とは，地方自治体が設置する施設の管理運営について，これを民間事業者等にも可能とする制度であり，地方自治法を一部改正する形で2003年に施行されました。

たとえば，県営名古屋空港（旧名古屋空港）では，2003年に「名古屋空港新展開基本計画」を公表し，その空港運営のあり方として滑走路などの基本施設とターミナルビルを一体的に管理委託することを検討材料の1つとしました。そして，2004年より，同空港における旅客ターミナルビルの所有主体である「名古屋空港ビルディング株式会社」を指定管理者とする新しい運営体制に移行しました。

他方で，国が設置する地方空港においても，同様の取組みがみられます。北海道の旭川空港は，国が設置し，旭川市が管理する「特定地方管理空港」です。同空港では，2005年に空港管理における指定管理者制度の適用を検討しました。しかしながら，空港施設は国の所有であるために，地方自治法に基づく指定管理者制度は導入できないことが判明しました。そこで，代わりに指定管理者制

度に似た「総合維持管理業務委託」という独自の制度を国との協議を経て策定
したうえで，2007年より旅客ターミナルビルや駐車場を含めた一体的な空港運
営業務に対して民間委託が開始されました。

　わが国では，滑走路などの基本施設と旅客ターミナルビルは別主体により運
営されてきましたが，こうした運営手法は世界の空港運営に照らすと一般的で
はありません。この両者を一体的に運営することで，基本施設の外部性（外部
経済）を内部化することや，両事業間において内部補助を実施することが可能
になるという前提に立つならば，双方の事業は一体的に運営されるべきだと考
えられます。県営名古屋空港や旭川空港の事例をみるかぎり，こうした課題に
向けた取組みは，実は地方空港で先行していたととらえることができるのです。

　ただし，指定管理者制度は，コンセッションのような性能発注に基づく包括
的な契約ではなく，事実行為のなかでも限られた業務を民間事業者に包括委託
する仕組みにすぎません。とりわけ，空港においては，航空機の安全運航確保
や航空法に定められた権限行使にあたるものに関しては，民間事業者に対して
「委託不可能」な管理業務と定められており，委託可能な管理業務は，施設の
点検・清掃，軽易な施設の補修，改良などの工事，警備・消火救難などの保安
業務などに限られています。こうした状況では，空港運営の効率化に寄与する
民間事業者の裁量余地は少なく，インセンティブの観点からも指定管理により
どれくらい効果が出るのか懐疑的であることが指摘されています[3]。現実的に
は，空港における指定管理者制度の導入は，自治体職員の削減による経費抑制
など，その効果は限定的であったと推測されます。

3　地方空港とコンセッション[4]

　前述のとおり，わが国の空港経営改革は（原則として）「全ての空港」を対
象に実施するというのが政府の方針です。ただし，このことは，国が半ば強制

---

3)　赤井・上村・澤野・竹本・横見（2007）。
4)　以降の記述は，主に横見（2019）ならびに，そのなかで実施した国土交通省その他に対
　するヒアリング調査から得られた知見に基づき執筆しています。ただし，本文中の誤り等
　の一切については，すべて筆者の責に帰すものとします。

的に全国の空港に対して一律にコンセッションを導入することを意味するものではありません。あくまで，そのトリガーは「地元」というのが国（国土交通省）の基本的な考え方です。

　具体的には，地域の自治体や経済団体など，空港を取り巻く地元の意向を発端としたうえで，それぞれの地域の実情に合わせた形で，コンセッションを通じた空港運営事業に関する「募集要項」，「選定基準」，「実施方針」などが作られていくことになります。そのなかで，国は，国管理空港については主体的に，それ以外の空港については側面支援という形で，それぞれの案件形成に関わっていくことになります。

　このように，コンセッションのすべての案件は，基本的に地域の実情を踏まえた「オーダーメイド」であり，こうした意味においては，その実施方法が国管理空港と地方管理空港で異なるなど，空港種別によって差異が規定されるものではありません。

　一般的に，地方空港の多くは，相対的な旅客需要に乏しく，それゆえ採算性に劣る状況にあることが推測されます。こうした空港を抱える地域では，地元自治体や地域住民がコンセッションの導入に対して難色を示すこともあります。その理由は，運営企業（運営権者である民間事業者）が経営に行き詰まり，場合によっては経営破綻をしたり，その結果として空港が廃港に追い込まれたりすることが懸念されるからです。

　しかし，コンセッションの最大の特徴は，「所有権の移転を伴わない」ことです。言い換えると，国や地方自治体による運営保証が確約されているということになります。空港の所有権は国や地方自治体に留保したまま，運営権のみが売却対象となるために，仮に運営企業が経営破綻するようなことがあったとしても，国や地方自治体が運営を引き継ぐため，空港が廃港になることはありません[5]。

　ただし，現実として考えた場合，国や地方自治体が経営破綻をした運営企業から遅滞なく運営を引き継ぐことは困難と考えられるため，その際に発生する

---

5)　こうした誤解を避けるために，国土交通省では「民営化」ではなく「民間委託」という呼称を用いています。ただし，本章では「民営化」という語で統一することとします。

タイムラグがリスク要因になることは避けられないと考えられます。

　現在（2020年5月）までに，全国で19の空港がコンセッションによる民営化を計画または実施しています。2016年に，関西国際空港（関空）・大阪国際空港（伊丹）と仙台空港で（運営権対価をともなうものとしては）初めてコンセッションによる空港民営化が実施されました。その結果として，たとえば仙台空港では，航空会社の需要変動リスクを軽減することを目的として，空港使用料に占める旅客数連動の割合を増加した新しい料金制度を導入するなど，早くも民間事業者ならではの創意工夫が発揮されています。また，北海道では道内の7空港が一括して民営化されており，管理者の異なる複数空港が一括民営化された事例としては，わが国で初めてとなります。

　その一方で，民間事業者に加えて，空港の設置管理者である地方自治体も費用負担をする形で民営化が実行された事例もあります。こうした手法を「混合型コンセッション」といい，今後の空港民営化では多くの地方空港にとって重要な選択肢となることが予想されます。次節では，混合型コンセッションによる民営化事例を紹介します。

4　混合型コンセッションの導入事例

　コンセッション事業の類型は，「独立採算型」と「混合型」に分類することができます。前者は「公共側が一切費用の負担を行わず，民間事業者が利用料金収入によって運営を図る類型」で，後者は「公共側も一部費用を負担するとともに民間事業者が利用料金収入によって運営を図る類型」と定義されます。

　ここでは，混合型コンセッションの導入事例として，「南紀白浜空港」を取り上げます。南紀白浜空港は，和歌山県を設置管理者とする地方管理空港であり，2019年にコンセッションによる民営化が開始されました（詳細は**図表15－1**を参照）。

　南紀白浜空港は，これまで年間で約3億1,000万円の赤字（県の支出超過額）を継続的に計上しており，民営化に先立ち実施されたマーケット・サウンディングなどから，「独立採算型」の採用は困難と考えられました。そこで，運営権対価をゼロ円として，代わりに県が運営権者に対して「サービス購入料」を

●図表15－1　南紀白浜空港の概要

基本情報		
	種別	地方管理空港
	設置管理者	和歌山県
	滑走路長	2,000メートル×1本
	定期路線	東京（羽田）線（1日3往復）
	年間旅客数	16万1,538人（2018年度）
コンセッション		
	事業開始日	2019年4月1日
	運営権者	経営共創基盤・みちのりHD・白浜館コンソーシアム
	運営権対価	▲24億5,000万円（自治体による10年間のサービス購入料）
	事業期間	10年間（最長20年間）

（出所）国土交通省ホームページ（https://www.mlit.go.jp/index.html），その他の資料などをもとに筆者作成。

支払う「混合型」を採用することになりました。

　図表15－2は，サービス購入料の算出手法を示したものです。サービス購入料は，AとBの2区分から構成されます。前者は，人件費，維持管理費から各種収入を控除したもので，空港運営事業の期間を通じて固定的に支払われます。後者は，維持管理（補修・保守等）に係る更新・改良に必要となる変動的な費用であり，年間の上限額を設定したうえで，運営権者の求めに応じて支払われます。

　県が提示したサービス購入料は総額で31億円を上限とするもので，これは空港運営の年間赤字額である約3億1,000万円に事業期間の10年間を乗じたものです。これに対して，運営権者の提案額（県が負担するサービス購入料）は県の提示額を下回る24億5,000万円であり，その差額である6億5,000万円は県の財政負担の削減額と評価されることになります。

　こうした混合型コンセッションは，他に但馬空港と鳥取空港などで採用されており，今後の地方空港の民営化では，特に経営基盤の脆弱な小規模空港において，こうした手法が前提となるものと予想されます。

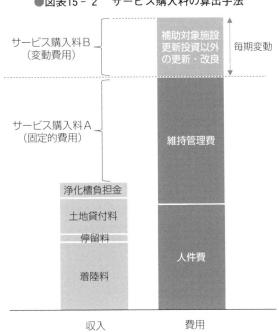

●図表15－2　サービス購入料の算出手法

（出所）和歌山県（2017），32ページ。

5　地方空港の民営化におけるコロナ禍の影響

　最後に，いわゆるコロナ禍が地方空港の民営化に与えた影響をみておきたいと思います。2020年に世界的な大流行をみせた新型コロナウイルスは，わが国の地方空港のみならず，世界中の航空・空港産業に対して深刻な打撃を与えました。本章の執筆時点（2020年5月）では，民営化空港の運営企業が経営破綻をしたり，空港運営から撤退（契約を解除）したりする事態には至っていないものの，コンセッションによる空港運営事業を推進するためのさまざまな前提が根本的に覆されたことで，事業計画の再検討や民営化計画の遅延など，すでにさまざまな問題が生じています。

　具体的な事例を『日本経済新聞』の地方経済面から探ってみましょう。新千

歳空港をはじめとする北海道7空港を運営する「北海道エアポート」では，旅客数や路線数の目標値の見直しに着手したり，予定していた設備投資の一部を先送りする方向で調整にはいったりしていることが伝えられています。同時に，旅客ターミナルビルを所有・運営する「新千歳空港ターミナルビルディング」では，売り上げが落ち込んだ店舗の賃料を一部の期間において減免する方針を固めたことが発表されています。また，福岡空港を運営する「福岡国際空港（株）」では，国に対して運営権対価の減免・猶予を求めていることが報じられています。さらには，2021年4月に事業開始を予定している広島空港では，民営化の実施に向けたスケジュールを延期するなど，民営化計画に遅れが生じている事例もみられます。

　今後は，感染症対策に必要な費用を「旅客施設使用料」として新設もしくは加算するなど，旅客に対しても応分の負担を求めることは避けられないかもしれません。そして，こうした突発的で予期せぬ状況に対して，空港の所有権者（国や地方自治体）と運営権者（運営企業）の役割分担やリスク分担が（コンセッションの実施契約書のなかで）明瞭でない部分については，今後，両者で齟齬のないよう協議を進めていくことが重要かつ困難な課題と考えられます。

〔参考文献〕

赤井伸郎・上村敏之・澤野孝一朗・竹本亨・横見宗樹（2007）『地方自治体のインフラ資産活用に対する行財政制度のあり方に関する実証分析−地方空港ガバナンス（整備・運営）制度に関する考察−』（独）経済産業研究所ディスカッションペーパー07-J-045。
横見宗樹（2019）「国内空港の民営化に向けた動きの概観と課題」『ていくおふ』155。
和歌山県（2017）『南紀白浜空港民間活力導入事業募集要項』。

（横見　宗樹）

第 **16** 章

空港民営化で先行する欧州からの示唆

1　1980年代後半からの民営化

　欧州では，1986年のBAA（旧英国空港公団，現Heathrow Funding Ltd.）の民営化を機に，1990年代から2000年代にかけてEU統合による競争促進と航空の自由化を背景に，空港民営化が拡大しました。英・仏・伊・蘭などの主要空港では，民営化後の運営期間が十分に長く，業績も安定し，継続的に必要な巨額の設備投資を負担できるだけの比較的高い財務健全性を維持している事例が多いです。欧州の主要な空港運営会社は，過去，事業環境が大きく悪化した局面（2001年の米国同時多発テロ，2003年のSARS発生，2007-2009年の世界金融危機（リーマンショック））を乗り越えてきました。おもな特徴は，民間会社の強みを十分に発揮して収益力を高め，財務健全性を一定水準以上に維持することによって長期的に安定した事業運営を維持してきたことにあります。

　欧州の主要空港を分析する第1の視点は，安定した事業基盤に基づく安定した収益性にあります。空港利用者数の着実な増加や空港の高い競争力は，安定した収益性に反映されていると言えます。欧州の主要空港の空港利用者数の増減（**図表16-1**）と収益性（EBITDAマージン：EBITDA/売上高（％））（**図表16-2**）の推移を比較します。EBITDAマージンで30％以上が，欧州の主要空港の過去数年の平均以上の水準と言えます。

　第2の視点は，ターミナルビルや滑走路の拡張などの成長投資のための財務健全性と資金調達力を維持しているということです。ここでは，財務健全性と

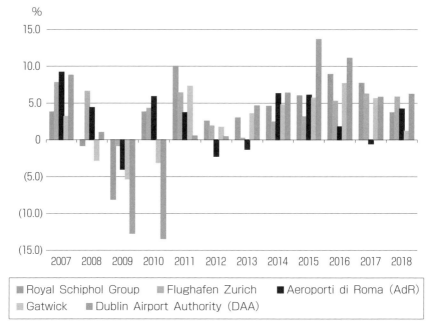

●図表16－1　空港利用者数の変化率

（出所）S&Pグローバルレーティング。

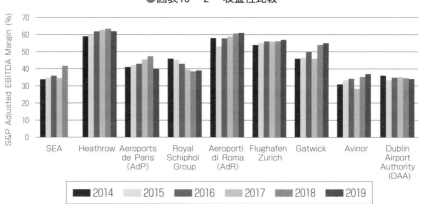

●図表16－2　収益性比較

（出所）S&Pグローバルレーティング。

●図表16－3　財務健全性（有利子負債に対する営業キャッシュフロー比（%））

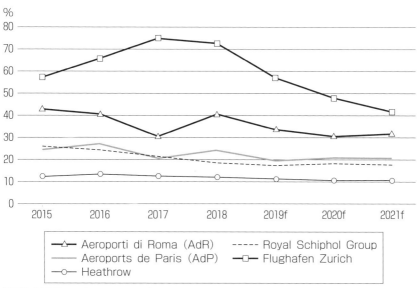

（出所）S&Pグローバルレーティング。

して「キャッシュフロー指標」（有利子負債に対する営業キャッシュフロー比
（%））（**図表16－3**）の推移を比較します。この指標で23％以上が，欧州の主
要空港の過去数年の平均的な水準と言えます。欧州の主要な空港運営会社間で
も，空港利用者数，事業展開，競争力や収益力，投資方針や財務戦略の違いに
より格差が生じていますので，収益力や財務健全性の視点から比較することに
よって，空港運営会社間での強さや課題が明確になります。

2　多様化した事業運営と柔軟な運営コスト構造

　空港を長期的に運営するためには，空港利用者の需要変動が大きな影響を与
えるため，ターミナルビルや滑走路の拡張などの大規模な設備投資が定期的に
必要になります。また，これ以外にも，空港間競争に加え，世界的な景気変動，
自然災害・テロ・世界的な疫病など予測不可能で空港運営会社だけでは対応し
きれない外部環境の変化にも，一定の周期で対応を迫られます。

●図表16‐4　空港利用者数の渡航地域別の構成割合

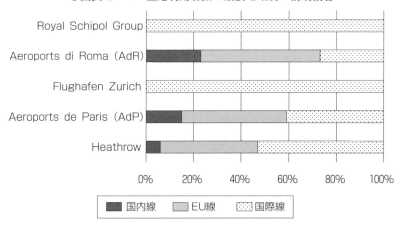

（出所）S&Pグローバルレーティング。

　そのなかで，(1)需要変動に応じた柔軟な料金設定やコスト構造，(2)LCC（格安航空会社）の誘致などによる路線拡大や旅客数獲得，(3)ターミナルビルや滑走路拡張などのための巨額な投資負担は欧州でも課題です。この前提には，**図表16‐4**に示すような空港利用者の分布があります。EU域内の移動が自由化されているため，EU線と国際線の構成割合が高くなっています。

　これらに対応するため，欧州の主要な空港運営会社が強化してきたことの1つが，事業運営の多様化であると考えています。具体的には，**図表16‐5**に示されているように，(1)異なる国や地域での複数の空港運営を行う地域の多角化，(2)小売り・ホテル・不動産などの非航空系事業での多角化です。加えて，(3)事業環境悪化時に，運営コストや資金支出を柔軟に削減する経営効率性の視点です。具体的には，(1)ターミナルの一時閉鎖，(2)運営維持費用の縮小，(3)人件費の削減，(4)設備投資の先送り，(5)株主配当の見送り，(6)空港運営上の規制面の見直しなどです。空港運営の地域の多角化を進め，事業運営の多角化を進めるほど，外部環境の急激な変化に対する耐久力が増します。また，運営コスト構造や資金流出の削減を柔軟にできるほど，収益や財務健全性の安定感が増すと考えます。

●図表16−5　「売上規模」と「売上構成割合」の比較

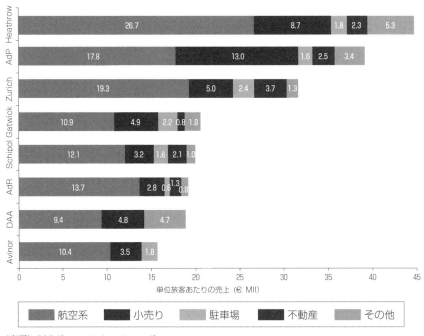

（出所）S&Pグローバルレーティング。

3　新型コロナウイルスによる空港運営への影響

　2020年初頭より，世界的に急拡大した新型コロナウイルスが，世界中の人々の移動や物流を担う運輸インフラに甚大な影響を及ぼしています。なかでも，空港運営事業の受ける影響は，鉄道や陸運や海運と比べても最も大きく，その回復見通しにも2〜3年以上を要すると予想しています。IATA（国際航空運送協会）の2020年5月時点での予測では，世界の航空旅客数は，2019年を100とすると，2020年に52，2021年に78，2022年に94にとどまる予想です。

　空港運営会社にとって重要な顧客であり事業パートナーでもある航空会社は，世界中で大きな業績悪化に直面しています。たとえば，欧州最大手の独ルフトハンザは，2020年半ばに独政府からの総額90億ユーロ（約1兆600億円）の公

的支援を受け，独政府が筆頭株主となって経営再建を目指すと公表しました。同社が民間会社として，欧州の周辺国の航空会社を買収して欧州最大規模の航空グループになった推進力には経営の独立性がありました。競争の公平性や自由競争を重視する欧州では，特定の民間会社に対する政府支援に対する反論もあるため，経営再建に向け，事業縮小に取り組むなど従来の経営方針からの方針転換を迫られる見通しです。

　また，空港運営会社は，空港ターミナルの賃料支払，人件費，滑走路やターミナルビルの建設に伴う減価償却費などの固定費負担が重い事業運営です。そのため，航空会社の運休や大幅な減便など，利用者の移動が大きく制約を受ける中では，空港運営会社の売上や利益にも大きな影響を及ぼしています。今後，(1)各空港の主要航空会社の発着便数や空港利用者数の回復の遅れ，(2)主要顧客である航空会社の業績や経営悪化による空港事業運営の安定性の低下，(3)空港利用者に対する手荷物検査の厳格化，安全・衛生対策強化に向けた営業費用負担の増加による経営効率性の低下が続くと考えます。これにより，空港運営会社の売上や利益は大きな下方圧力を受け，2019年の水準にまで回復するには2～3年はかかると予想しています。

　新型コロナウイルス問題は，空港運営会社の業績や財務健全性にネガティブな影響を与えますが，その大きさは以下の各項目により異なると考えます。

　(1)　短期的な業績の大幅悪化を乗り越えられる資金調達力（流動性）があるか。

　(2)　多様な事業展開や事業ポートフォリオをもっているか。

　(3)　最低限必要な設備投資を支払える高い財務健全性を維持しているか。

　政府による空港運営会社への特別な支援策は，流動性や資金調達のサポート要因になると考えます。具体的には，本来航空会社が支払う空港使用料金の代替，税金の減免や支払繰延べ，運営権対価の減免・猶予などです。また，雇用の流動性が比較的高い欧州の国では，従業員の一時休暇や人員削減計画が取られています。このようにして固定負担を大きく削減して業績悪化を緩和出来れば，航空需要が回復に向かう局面では業績の回復を目指していけると考えます。

4　日本の民営化された空港運営に対する示唆

　以上のような欧州の空港運営会社の分析から，日本の民営化された空港への課題が見えてきます。まず，民間会社を中心とする運営会社が主体的に空港経営を行えば，地方空港の利便性は高まり，効率化も進み，売上や収益性が向上し，財務健全性も改善されると期待しています。また，コンセッション方式のスキームのもとで民間会社が事業運営を担えば，海外での空港運営の経験を持つ海外事業パートナーから広い知見やノウハウを取り込めます。そして，不動産，鉄道，総合商社，金融会社など幅広い業界の事業会社が経営参加すれば，小売り・空港アクセス・ホテルなどの非航空事業の強化にも寄与すると考えています。

　しかし，この数年で民営化された日本の空港運営会社には，巨額の運営権対価の支払いが大きな負担となると考えます。運営権対価の入札時に，将来の空港利用者の大幅増加を見込んで，現在の収益力から算出される実勢価格よりも相当に高額で運営権を取得した場合，今後20～30年にわたる運営権対価の支払いが大きな財務負担になります。

　また，政府や地方自治体からの支援が長期化したり，金融機関による巨額の追加融資を受ける場合，中長期なターミナルビルの建替え（小売りやレストラン店舗などの刷新），滑走路拡張などの成長投資に向けた事業計画の大幅見直しにより，民営化当初の計画が大きく変更されることもあり得ます。

　一方で，2020年の新型コロナウイルスの感染拡大を機に，空港の所有者である政府や地方自治体の経営への関与が再び高まる場合，民営化計画で目指すはずだった経済合理性や経営効率化の阻害要因になりかねません。

　欧州の主要空港運営会社からみると，長期的な視点から空港運営事業を安定させるためには，(1)空港運営事業からの安定した利益水準を維持していけること，(2)過度な投資負担に陥らず，安定した成長投資を実施できるだけの財務健全性を維持することが不可欠になります。その背景にある空港運営や事業ポートフォリオの多様化も大切な視点です。欧州の主要空港との比較を通して，客観的な評価基準を意識しておくことは，日本の空港運営事業の先行きを見通

す上で重要ではないでしょうか。

　それに対して，日本の主要空港運営会社は，政府による特別な金融支援の見込みが欧州の主要空港運営会社に比べると高いのです。これが外部環境の悪化時には，一定のサポート要因になります。空港は地域社会や経済の運輸インフラの一部となっていることから，一定の条件や規律の範囲内での政府支援の枠組みを残すことは，長期的に安定した事業運営上では有効と考えられます。ただし，民営化したにもかかわらず，政府や地方自治体に大きく依存した事業運営が続くことは，本来の民営化の主旨とは相反するもので事業運営の制約になりかねません。そのため，2020年の新型コロナウイルスの感染拡大を機に，民間と政府・地方自治体間でのリスクの分担を明確にしなければなりません。そのために，契約において通常の事業運営で生じるリスクは民間が負担し，想定外の外部環境の変化によるリスクに関しては，一部政府や地方自治体などの公的部門が負担するスキームを明確にしておくことが，長期的に空港を安定運営していく上での一定のサポート要因になるのではないかと考えます。

〔参考文献〕

柴田宏樹（2014）「道路・空港セクターにおけるS&Pの信用力分析の枠組みと海外事例」加藤・手塚編著『交通インフラ・ファイナンス』成山堂書店。

柴田宏樹（2017）「アジア新興国のインフラ受注競争と日本企業の可能性」手塚・加藤編著『交通インフラの多様性』日本評論社。

柴田宏樹（2018）「信用格付けの視点からみた空港運営〜海外事例との比較を踏まえて〜」『KANSAI 空港レビュー』477。

S&P Global Ratings（2020）, "COVID-19 Disruption: Heavy Turbulence for European Transportation Infrastructure and Projects".

S&P Global Ratings（2020）, "Infrastructure Finance Outlook: Thoughtful. Analytical. Consistent. Transparent".

（柴田　宏樹）

第 17 章

インバウンド旅行者を増やせば
地域は栄えるのか

1　訪日外国人の増加

　2019年，日本には約3,188万人の外国人がやってきました。2013年に1,000万人を突破してから5年で3倍に増え，2017年に閣議決定された「観光推進基本計画」では，2020年までに4,000万人の高みを目指す方針が示されました。また，同年に策定された「観光立国推進基本計画」では，観光がわが国の成長戦略の柱，そして地方創生の柱であることを明確にし，世界の観光需要を取り込むことを目標としています。

　ちなみに3,188万人という訪日外国人旅行者の実績は，国連世界観光機関（UNWTO）の2018年統計で見ると，やっと世界で11位，アジアでは4位で，まだまだ上位を目指すことができるはずです。

　わが国の訪日外国人旅行者は，中国・韓国・台湾・香港からの旅行者が全体の73.4％（うち中国・韓国だけで約50％）を占めています。北米・欧州・オーストラリア（いわゆる欧米豪）からは11.6％にすぎません。これまでにも，中国・韓国をターゲットとした宿泊施設や商業施設は，外交関係悪化の影響を受けることがあり，こうしたカントリーリスクは指摘されてきましたが，この歪なバランスは未だ是正されておらず，今後のわが国の訪日外国人のターゲット設定の課題となっています。

　図表17-1は訪日外客数を国・地域別に見たものです。訪日外客数は3,188万人で，このうち観光目的で来日している人は全体の88.7％にあたる2,767万人

●図表17－1　国・地域別訪日外客数および観光目的別割合，国・地域の人口に対す
　　　　　　る訪日外客数の割合（2019年）

	訪日外客数	構成比	対前年伸び率	うち観光目的	観光割合	人口	対人口割合
東アジア	2,236万人	70.1%	7.5%	2,055万人	91.9%	15億2,028万人	1.5%
中国	959万人	30.1%	14.5%	842万人	87.8%	14億3,784万人	0.7%
韓国	559万人	17.5%	-25.9%	516万人	92.3%	5,123万人	10.9%
台湾	489万人	15.3%	2.8%	468万人	95.6%	2,377万人	20.6%
香港	229万人	7.2%	3.8%	224万人	97.8%	744万人	30.8%
東南アジア※	383万人	12.0%	15.0%	318万人	82.9%	5億8,259万人	0.7%
南アジア（インド）	18万人	0.6%	20.0%	7万人	39.6%	13億6642万人	0.0%
北米※	210万人	6.6%	12.9%	170万人	80.7%	3億6,648万人	5.7%
欧州※	141万人	4.4%	15.6%	104万人	73.9%	4億6,934万人	3.0%
オーストラリア	62万人	2.0%	12.7%	56万人	90.1%	2,620万人	2.4%
その他	138万人	4.3%	15.0%	107万人	77.6%	33億8,216万人	0.0%
合計	3,188万人	100.0%	2.2%	2,828万人	88.7%	77億1,347万人	0.4%

※日本政府観光局（JNTO）の訪日外客数調査の上位20ヵ国をもとに，地域別対象国は以下のとおり。
　東南アジアは，タイ，シンガポール，マレーシア，インドネシア，ベトナム，フィリピンの6ヵ
　国，北米は，米国，カナダの2ヵ国，欧州は，英国，フランス，ドイツ，イタリア，スペイン，ロ
　シアの6ヵ国。
（出所）訪日外客数は，日本政府観光局（JNTO）資料，人口は，国連資料（United Nations Population
　　　　Division）等をもとに作成。人数は，万人未満を四捨五入。

です。

　単純に訪日外客数が多くても，台湾・香港のように観光の割合が95%を超え
ている国もある一方で，インド・ベトナムのように40%を下回る国もあります。
エリア別では，東アジアが91.9%，東南アジアが82.9%，南アジアが39.6%，北
米が80.7%，欧州が73.9%，オーストラリアが90.1%となっており，エリアに
よってもばらつきがあります。

　また，各国の人口に対する訪日外客数の割合を見ると，1位の中国の場合，
人口に対する割合は0.7%程度となっており，まだまだ増加する可能性を感じ
させます。2位の韓国，3位の台湾，4位の香港の訪日外客数は多いですが，
人口に対する割合を見ると韓国10.9%，台湾は20.6%，香港に至っては30.8%と
いずれも高く，これからさらに爆発的に増加するとは考えられません。一方で
最近注目される東南アジアに関してみてみると，人口約6億人に対し全体でま
だ0.7%程度です。また，欧米豪は，人口約8億5,000万人に対して0.5%しか来
日していません。この数字だけを見ると東南アジアと欧米豪の訪日外客数はそ
れぞれエリアとしてまだまだ伸びる可能性を感じます。

2　FIT（個人旅行）化の進展と地方の期待

　読者の街や会社で訪日外国人の取込みを考えているとしたら，重要なポイントはターゲットの設定です。どこの国をターゲットにするかを決めるにあたり，前項で見てきた各国の人口とその人口に対する訪日外客数の割合，観光目的で来る方の割合以外にも，たとえば人口構成，GDP，日本からの距離，時差，日本に対する憧れの度合，さらにはその国の趣味嗜好，旅行スタイル等，の多様な観点から考える必要があります。今，日本は国を挙げて，欧米豪からの富裕層をターゲットにさまざまなプロモーションを行っています。これに右に倣えで動き始めている全国の自治体も少なくありませんが，本当にそれで良いのでしょうか？

　日本人は，欧米に対しては憧れがある一方で，アジア各国を経済的な面で上から目線で見てしまう悪い癖があります。ただ，冷静に見ると来日しているアジア，特に東南アジアからの旅行者は全員富裕層です。平均的な日本人よりもよほどお金持ちで，その富裕層が経済発展等によりどんどん増えています。そう考えると，一生に一度来るか来ないかわからない遠くの国の富裕層を狙うよりも，毎年何度も来日できる近くの国の富裕層を狙うのも手ではないでしょうか？このことは第4章で計量的にも分析されており，日本からの距離は大きな要因です。

　ターゲット国を設定する際には，もうすでに訪日が常態化している成熟市場の国（主に東アジア各国）と，これからどんどん増える余地のある新興市場国（主に東南アジアおよび欧米豪）それぞれから1～2ヵ国，ターゲット国を設定することをお勧めします。

　成熟市場の国に関しては，FIT（個人旅行）のリピーターも多く，どんどん地方へ足を運んでおり，地方都市にとっては魅力的なターゲットとなります。また，新興市場の国に関しては，まだ日本の情報も少ないため，早く情報を入れたもの勝ちの状況です。

　今，国を挙げてターゲットとしている欧米豪に関しては，まずはアジアの富裕層をきちんと受け入れ，欧米豪の富裕層を受け入れる環境が整った次のス

テップでも遅くはないと思います。また，欧米豪のなかでも，どの国をターゲットにするかをきちんと考えるべきです。このなかでは，オーストラリアが特にお勧めです。オーストラリアは大きな大陸ですが，人口は約2,500万人しかなく，台湾と同じくらいの規模です。ただ，世帯平均収入は，日本の約1.5倍の667万円で世界第4位，日本語教育も盛んです。また日本と四季が逆ですから，夏にスキーができる日本は人気の観光地です。さらに時差も2時間で，日本までは約8時間のフライトで来ることができます。現在はスキー客が多いですが，歴史・文化にも造詣が深く，自然も大好きという特徴があります。1年ほど前にオーストラリアの旅行会社約10名を，奈良市に3泊4日のファムトリップで招待したとき，「奈良は，欧米人の旅行バイブル"LONELY PLANET"では大阪から半日観光の街と紹介されているが，4日間も何をするのか」と一様に質問されました。実際のところ，4日間ゆっくりと歴史・文化・自然を体験した後は，「自分がオーストラリアで初めて，奈良の街をちゃんと紹介できることは光栄だ」と言われました。それ以降，オーストラリアから奈良への訪問者数，宿泊者数も増えています。

　なお，せっかく有名なガイドブックに掲載されていても，奈良市のような紹介のされ方では，逆効果になる可能性もあり，自分たちの街がどのように紹介されているのかをきちんと確認する必要もあると思います。

　もう1つ重要なポイントは，どれだけお金を落としてくれるかということです。訪日外国人旅行者の消費額総額では近隣各国が上位ですが，1人当たりの平均消費金額を見るとオーストラリア，スペイン，イタリア等，遠方の国のほうが消費額は高くなっています。時間をかけて日本まで来るわけですから，長期滞在するケースが多く，当然ながら宿泊費・交通費・食費が大きくなる傾向があります。これに対して，近隣諸国からの旅行者が買い物にかける金額は大きくなっています。しかし，少し前までの「爆買い」は一時のバブルで，すでに中国の富裕層もリピーターになり，お金をかけるところが少しずつ変わってきているようです。

3　インバウンドを地域に浸透させるために

(1)　地域におけるインバウンド戦略の重要性

　今，日本全国の自治体が外国人観光客誘客に取り組んでいますが，私はまず必ず，なぜ外国人観光客を誘客したいのかを聞くことにしています。そうすると皆さんが，人口減少で国内需要はどんどん少なくなるので，これからは国が力を入れている外国人観光客の誘客しかないといわれます。

　しかし，日本人に対しすでに充分な情報発信が行われ，それでも効果が見込めないことを確認できているのかというと，実際はそうでもありません。そういう時は，「少なくとも，私はこの街のことを，今日来るまでほとんど知りませんでしたが」とお答えします。安易に外国人観光客だけを狙うのでなく，街の外から来る人すべてをインバウンド需要だと考えることで，誘客の可能性はずっと高くなります。

　この前提で，インバウンド観光の必要性を以下のように考えます。

　(1)　インバウンド観光は，地域にとって新たな雇用機会の創出や維持に資するものであり，地域の産業・雇用の核として「観光」を位置づける必要があります。

　(2)　インバウンド観光は，大きなビジネスチャンスであり，地域内で本気で議論する価値のあるテーマです。「インバウンド観光に取り組む理念」に関して，地域住民を含む官民が共有することが大切です。

　(3)　インバウンド観光という新領域において，地域のビジネスとして発展する，持続可能な観光産業を営むためには，日々変化する観光客のニーズを捉え，グローバルな競争環境のなかで勝ち残るマーケティング戦略や観光品質の向上が必要です。

　地域でインバウンド戦略を立てる際には，10年後こうなりたい，こうありたいというビジョンを達成するために実現の可能性，確実性のあるロードマップを描き，その道筋に沿った具体的な計画を立て実行していくことが大切です。

最低３年〜５年を目標に観光ビジョンを立てる必要があります。具体的には次の事柄です。

　(1)　独自性のある戦略：オンリーワンは競合がない（＝最強である）こと。

　(2)　整合性：描いた戦略を実行する人・金・仕組みがあること。

　(3)　持続優位性：継続的に勝ち続けること。

　そのために，まず，その街の強み（できればオンリーワンの強み）は何かを地元のことを一番良く知っている住民で考え，その強みをどこの国に売っていくのかを決め，具体的な戦略を立てる必要があります。

　そして，最近特に感じているのは，観光に携わる人材育成の必要性です。インバウンド観光の消費は，モノ消費からコト消費へ移行しており，このコト消費で一番重要なのは，そこに関わるヒトです。リピーターを作れるかどうかは，ヒト次第です。最近の人気観光地では，外国人観光客が〇〇さんに会いに来るという話をよく聞きます。

　日本全国の自治体のお手伝いをする機会が増え，改めて日本は素晴らしい国だと実感しています。どこの街へ行っても素晴らしい景色，食べ物，そして素敵なヒトがいます。外国人観光客が何度も日本へ来たくなる理由も良くわかる一方で，こんなに素晴らしい国をもっと日本人にも知ってもらい，日本人にももっと国内旅行をして欲しいと切に思います。

⑵　訪問先や旅行スタイルの変化への対応と受入環境

　一方，いまだ外国人観光客を受け入れできていない地方都市の宿泊事業者，観光事業者に何故，受け入れないかを尋ねると，必ず以下のようなできない理由を聞きます。

　・言葉が話せないので，受け入れられない。

　・外国語のインフラ（表示等）が全くない。

　・食事の対応が不安。

　・純和風旅館で，床は畳，ベッドもなく，バス・トイレは部屋にない。

　・クレジットカードが使えない。

　・フリー Wi-Fiの設備がない。

・交通アクセスが良くない。

　しかし，これらのできない理由というのは，実はインバウンド受け入れにおいて大きな問題とはならないのです。

・そもそも外国人旅行者は，言葉が通じるとは思っていません。気持ちを込めたジェスチャーで通じます。

・外国語のインフラは簡単に用意できます。

・食事の対応は事前にインターネットで食材等の準備が可能です。

・和風旅館に憧れがあります。

・クレジットカードが使えなくても，いまは全国どこへ行っても郵便局，コンビニがあり，そこで日本円の引出しが可能です。

・Wi-Fi環境についても，今の外国人観光客はSIMフリースマホを持ち，日本に来たら日本で使えるSIMカードで対応しており，問題ありません。

・アクセスについても，リピーターほど，まだ他の外国人が行ったことのないところへ行きたいと思っており，レンタカーやJRを乗りこなしてどこへでも行きます。

このように考えてもらえれば，どこでも誰でも受け入れ可能です。

　また，最近は，地方でDMC（Destination Management Company）のような動きを始めている団体も増えており，これが広がれば，日本の地方はさらに元気になるでしょう。繰り返しになりますが，日本の地方都市には，どこの街にも素晴らしい景色と美味しい食べ物があり，そして素晴らしいヒトが沢山います。

　地方の外国人旅行者の誘致は，最終的には官民が足並みを揃えてやらなければ上手くいきません。ただ，最初から足並みが揃うことは稀で，どちらかがきっかけを作り，そこにどちらかが賛同・協力し，結果として官民が足並みを揃える形になれば良いと思います。

(3)　コロナ禍に見舞われた今後の観光

　2020年の年初より中国で拡がり始めた新型コロナの世界的な感染拡大は，想

定外の出来事で外国人観光客のマーケットにも大きな影響を与えており，インバウンド観光のリスクが浮き彫りになってきたことも事実です。この原稿を執筆している時点では，収束の兆しも見通せず，観光産業に限らず世界的に多くの産業が大きな影響を受けています。1日も早い収束を願いつつ，それまでは，収束後何をするべきかをしっかりと考える良い機会ととらえるほかないかと思います。

特に日本のインバウンド観光のマーケットは，この約10年，とにかく忙しく毎年増え続ける外国人観光客の受入れに奔走してきました。ここでいったん振り返り，このようなイベントリスクが今後も起こりうるという認識もあらたにし，今後のあり方を考える良い機会だと思います。

2020年開催予定の東京オリ・パラも1年延期になり，観光事業者にとっては準備期間が延びました。そして，今まで来日した外国人観光客はほぼ富裕層であるため，この危機が去れば，想定以上に早く戻ってきてくれる可能性も大きいでしょう。そのような意味でも今が正念場です。その時のために，

- 今まで通り，地域の情報をきちんと発信し続ける。
- 地域，施設としてのコロナウイルス対策ガイドラインをしっかりと作成し観光客へ安心安全を伝える。
- それまでに，しっかりと受入環境を整備する。

以上のことをしっかりと行うことがアフターコロナの結果につながると思います。アフターコロナのインバウンド観光のキーワードは，「NATURE（豊かな自然の中で暮らすように過ごす）」と「WELLNESS（健康になれる環境，食，体験，温泉など）」であることを忘れないでください。

（川端　祥司）

効率の基盤となる問題

第 **18** 章

空を支える航空管制

1　日本の航空交通量の現状と将来

　日本の航空管制が取り扱う航空交通量は，国内線が1日あたり約2,400機，成田空港や羽田空港など日本発着の国際線が同約1,800機，さらに，上空を通過する航空機（上空通過機）が同約1,000機となっています（機数はいずれも2019年度時点，国土交通省航空局）。平成の30年間の交通量の推移では，全体で約2.5倍に増加しています。2020年初頭からの新型コロナ感染拡大の影響に伴い，今後の見通しは不透明ですが，国際民間航空機関（ICAO）の直近の推計では，コロナ禍を考慮したとしても，今後10年間にアジア太平洋地域においては，年平均約4％以上の交通量の増加が予測されています。このように将来の交通量の増加が予測されている空域において，運航の安全性や定時性が確保された航空交通ネットワークを構築，維持することは航空管制業務のもっとも大きな使命です。

2　日本の航空管制官が担当する空域－FIR

　ICAOは1944年に採択された国際民間航空条約（シカゴ条約）にもとづき設立された国際連合の専門機関であり，日本は1953年に加盟しました。世界の空は，ICAOにより「飛行情報区」（Flight Information Region，FIR）という空域に区分され各締約国に割り当てられています。**図表18-1**は日本のFIRを示

しています。締約国はICAOから割り当てられたFIRにおいて航空管制業務を提供することとされており，日本では主に国土交通省職員である1,998名[1]の航空管制官がその役割を果たしています。それぞれのFIRには名称がつけられており，多くの場合，国名などではなく各国の代表的な航空交通管制の機関の所在地が付けられています。日本の場合，それに該当するのが福岡県に所在する航空交通管理センターであるため，「福岡FIR」と名付けています。

　FIRは空域の交通流を考慮した形状となっているため，国の主権がおよぶ領空とは合致せず公海上も含まれます。福岡FIRは北部太平洋を含む広大な空域

●図表18-1　飛行情報区（FIR）および管制部の管轄空域

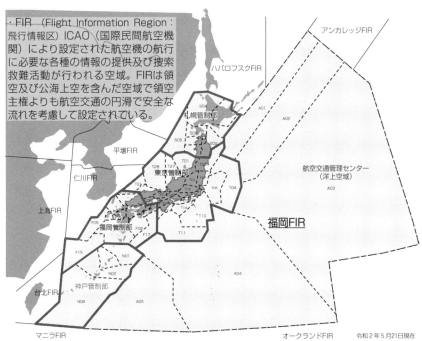

（注）飛行情報区（FIR）および管制部の管轄区域：太線で囲まれた空域が札幌，東京，神戸，福岡の管轄区域。管制部空域内の黒点線で囲まれた空域が各セクターの形状を示している。
（出所）国土交通省航空局。

---

1)　令和2年4月時点。国土交通省には航空管制官以外にも航空管制システムの整備，維持や運航者に航空情報を提供する航空保安業務に約6,000名の職員が従事しています。

を管轄していますが，このように広大な空域である理由は，日本が中国，韓国
をはじめとする東南アジアと北米地域との間に位置しているためです。福岡
FIRがこれらの地域間を結ぶ主要な交通流を一括して取り扱うことで，環太平
洋空域における最適な航空交通ネットワークを形成することが可能となってい
ると言えます。

3　航空交通管制業務

　数年前にテレビドラマに登場したことがあり，ひと昔前に比べると航空管制
官という職業名は一般的にも知られてきたのではないかと思います。けれども，
航空交通管制業務（航空管制）については，まだ十分に浸透していないのでは
ないかと思います。そこで，航空機の運航における航空管制の役割をご紹介し
ます。そもそも航空機を動かすためには，パイロットのみならず，整備，貨物
取扱いや搭乗手続など多種多様なスタッフが関わりますが，これらは主に航空
会社の職員により行われています。航空管制が関わるのは，実際に航空機が出
発空港の搭乗ゲートから離れる時点から目的空港のゲートに到着するまでの間
となります。つまり，出発から到着まで航空機が「動いている」すべての場面
において，航空法第96条[2]などの関連法令にもとづき航空管制官（管制官）が
それぞれの航空機に指示，許可を出しています。これが航空管制業務です。

　一口に航空管制と言っていますが，法令上では航空管制は5つの業務に分
類[3]されており，一般的にイメージしやすいのは，空港にある管制塔の業務で
はないかと思います。管制塔の管制官は，航空機を目視により監視し，離陸，
着陸や地上走行の指示等をパイロットに伝達します。この空港周辺において提

---

2)　航空法第96条において「航空機は，航空交通管制区及び航空交通管制圏においては，国
　　土交通大臣が安全かつ円滑な航空交通の確保を考慮して，離陸若しくは着陸の順序，時機
　　若しくは方法又は飛行の方法について与える指示に従って航行しなければならない。」と
　　「航空交通の指示」に関して定められています。
3)　航空法施行規則第199条において，航空交通管制業務は，航空路管制業務，飛行場管制
　　業務，進入管制業務，ターミナル・レーダー管制業務，着陸誘導管制業務の5種類に分類
　　されています。なお，ターミナル・レーダー管制業務はレーダーを使用した進入管制業務
　　を指します。

供される業務は「飛行場管制業務」であり，担当する範囲は空港中心から半径約9km以内に設定されている管制圏[4]です。それ以遠では「ターミナル・レーダー管制業務」に引き継がれます。ターミナル・レーダー管制業務は，航空機同士の接近衝突防止や悪天候の回避のためパイロットからの要求にもとづき，その名の通り管制システムのレーダー画面上に表示される個々の航空機の位置，便名，高度，速度などの情報をもとに，上昇，降下，針路変更などを指示する業務です。

　担当範囲は空港により異なりますが，空港からおおむね150km以内の空域であり進入管制区として設定されています。進入管制区を越えて巡航高度まで上昇して目的空港周辺まで飛行し，目的空港に向けて降下を開始するフェーズでは「航空路管制業務」が実施されます。航空路管制業務もターミナル・レーダー管制業務と同様にレーダー画面を用いた航空管制が行われています。そして，目的地が近づいてくると，再びターミナル・レーダー管制業務に引き継がれ，最終的には目的空港を管轄する飛行場管制業務に引き継がれることになります。

●図表18－2　羽田空港から福岡空港に運航する場合の各管制業務の流れ

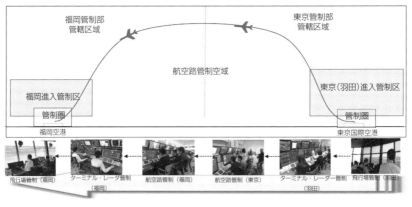

（注）図右から左に「リレー方式」で各機関の管制官が管制を実施する。

4）　空域は管制区域と非管制区域に区分されます。管制区域は，航空交通管制区，航空交通管制圏，航空交通情報圏，進入管制区，特別管制空域として，それぞれ告示で定められています。非管制区域は，管制区域以外の空域を指します。

　一例として，**図表18−2**をもとに，羽田空港から福岡空港までの運航について見てみましょう。まず，東京空港事務所の管制官が飛行場管制業務とターミナル・レーダー管制業務（ゲート出発〜離陸上昇まで）を，東京航空交通管制部と福岡航空交通管制部の管制官が航空路管制業務（巡航〜降下開始まで）を，そして，福岡空港事務所の管制官がターミナル・レーダー管制業務と飛行場管制業務（目的地までの進入着陸〜ゲート到着まで）を担当します。つまり，飛行経路に沿って全国各機関に配属された管制官が，いわばリレー形式で管制を実施しています。

4　航空路管制業務の現状

　それでは，一般に馴染みの薄い航空路管制業務について，組織と業務内容をもう少し詳しくご紹介します。日本において航空路管制業務を担当しているのは「航空交通管制部（管制部）」と呼ばれる国土交通省の組織です。管制部は札幌，東京，神戸，福岡の４ヵ所に設置されており，福岡FIRを４分割した「航空交通管制区（航空路管制空域）」において24時間365日業務を実施しています。業務の具体的な内容ですが，まず，空港と空港の間には，「航空路」という「空の道」が設定されており，これら航空路を巡航する航空機の監視や衝突回避などの指示を行っています。巡航以外でも進入管制区に接続する空域においては上昇や降下も取り扱うので，航空路管制業務では広域に多くの航空機を取り扱うこととなります。各管制部の管轄空域は，さらにセクターと呼ばれるいくつかの細かい空域に分けられており，１人の管制官が１つのセクター内の複数の航空機を管制します。セクターの大きさや形状は周辺の交通流や空港の位置関係などによりさまざまですが，混雑時には一度に十数機を担当することもあります。セクターに航空機が過度に集中すると管制官の処理限界を超えてしまうことから，これを回避するため，交通量の集中が予測される場合には計画的に交通量を管理します。機内で離陸前に「航空管制の指示により待機しています」とアナウンスされた経験があると思いますが，これは，個々の航空機に対して離陸時刻を指定することで特定の空域（または空港）の交通量を管理するために行われるものです。福岡FIR全域でこの航空交通管理業務を行っ

ているのが，前述した福岡県に所在する航空交通管理センターです。

5　管制処理能力の新たな拡大策

　航空機に離陸待機を指示し，交通量を適正量以下に管理することは安全性の確保の面からは有効なのですが，過度に遅延が生じてしまうと定時性に大きく影響します。交通量を増やしても遅延時間が増えてしまったのでは，公共交通としての社会的な使命は果たせなくなります。そこで，交通量が増加したセクターを細かく分割し，1人の管制官が受け持つ機数を抑えることで負荷を減少させて処理能力を拡大してきました（各セクターの混雑状況が低下することで遅延時間も減少することとなります）。一方，本章の冒頭でも述べたとおり，福岡FIRの交通量はこの十数年で増加し続けていますので，今後もこれまでと同様の手法でセクターを細分化してしまうと，隣接するセクターとの間で，航空機の高度や針路の変更時に必要な調整作業が増加したり，航空機相互の間隔設定のためのスペースを確保できなくなるなど，逆に管制の処理能力が低下してしまい，全体の交通容量を増加させることができなくなります。

　そこで，将来の交通量の増加に応じた航空路管制空域の処理能力の拡大策を検討することとしました。航空管制の処理能力を拡大するためには管制官の作業負荷を軽減する必要があります。管制官の作業負荷とは，たとえば，ある航空機の高度，針路などを変更しようとする場合に，1つの指示を出す際にセクター全体の交通状況を確認する作業において発生する負荷などを指します。当然ながら取り扱う機数に比例して作業負荷も上がりますが，個々の航空機の「動態」に応じても作業負荷は変化します。航空路空域では航空機の「上昇」，「巡航」，「降下」とさまざまな動態を取り扱いますが，高高度の空域では，一定の巡航高度で通過する航空機が多いため，管制官が高度，速度，針路変更などを細かく指示する場面は少なく作業負荷は比較的小さくなります。一方，空港周辺を含む低高度では，巡航高度が低い近距離路線や空港周辺の上昇や降下が中心となり，航空機に対する指示が多くなり，作業負荷も高くなります。そこで，このような空域ごとの動態の特性に着目してセクターを高高度と低高度に分割することにしました。上下に分割することにより，高高度は巡航が中心，

低高度は上昇降下といったように，それぞれ同じような動態の航空機の処理に特化することで処理内容も単純化され，より作業負荷の軽減につながります。結果として全体の処理能力の拡大，つまり，取扱い機数を増加させることが可能になります。

　航空局では，将来の航空交通量の拡大に対応するため，**図表18-3**と**図表18-4**に示すように，2025（令和7）年にかけて段階的にすべての管制部の空域を上下に再編し，あわせて，現在の4つの管制部を3つに統合する予定です。

●図表18-3　航空路管制空域の上下分離イメージ

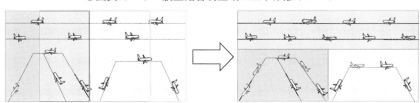

●図表18-4　管制部再編イメージ

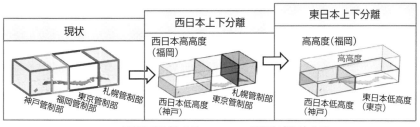

6　日本の次世代航法について

　従来，航空機はVOR/DME という無線により方位および距離情報を提供する施設を目指して飛行する，つまり，VOR/DMEとVOR/DMEをつなぐ航空路で最終目的地に向けて飛行していました。

　しかし，近年は，車のカーナビゲーションなどと同様に，航空機もGPSから

の情報をもとに飛行するRNAV航法と呼ばれる任意の地点を結んだ経路を飛ぶ飛行方法により，経路設定に柔軟性が生まれ経路の短縮などができるようになっています。

　ただし，GPSの活用にあたっては，いくつかの課題があります。特に着陸の際には誤差は非常に安全に関わるものとなりますので，特に十分な精度と信頼性を確保することが必要となります。このため，補強するシステムとして，静止衛星からの補強信号を利用するSBAS，地上からの補強信号を利用するGBASがあり，こうした補強を行うことで衛星航法を行うことが可能となります。

（石崎　憲寛）

コラム4

日本の次世代航法（RNAV，SBAS，GBASの導入）

　従来，航空機はVOR/DMEという無線による方位および距離情報を提供する施設を目指して飛行し，目標としたVOR/DMEを通過したら，また次のVOR/DMEを目指して飛行することを繰り返すことで，最終目的に向けて飛行していました。つまり，VOR/DMEとVOR/DMEをつなぐジグザグした空路が航空路でした。VORとはVHF Omnidirectional Radio Rang（超短波全方向式無線標識施設），DMEとはDistance Measuring Equipment（距離情報提供装置）のことです。

　近年は，車のカーナビゲーションなどと同様に，航空機もGPSからの情報をもとに飛行ルートなどを設定する機上コンピュータ（FMS）を搭載したものが多くなってきています。こうした航空機はVOR/DME等の地上無線施設の配置等に左右されることなく飛行できるため，**図表1**のようにRNAV航法と呼ばれる任意の地点を結んだ経路を飛行する方法を採用し，その結果，経路設定に柔軟性が生まれ経路の短縮化等が可能となってきています。

図表1　RNAVの航法原理

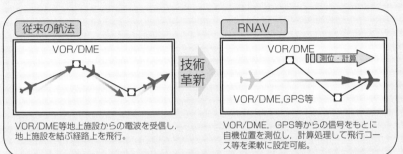

ただし，GPSは上空から信号が発信されるため，山岳地帯などこれま
で地上ベースの送信局からの電波が届かなかったエリアにおいて高い有用
性を持っていますが，一方で大気中には電離層と呼ばれる電波を吸収する
層があり，衛星からの電波が電離層を通過する際に信号速度が遅くなるこ
とがあるため「衛星から受信機（航空機）までの距離が実際よりも遠い」
と計測されるなどいくつかの課題があります。GPSを航空で利用する場
合には，車と違い自分の目で自分の位置を確かめることはできませんし，
特に着陸の際には誤差は非常に安全に関わるものとなりますので，特に十
分な精度と信頼性を確保することが必要となります。このため，こうした
誤差を補正する必要があり，補強するシステムとして，静止衛星からの補
強信号を利用するSBAS[1]，地上からの補強信号を利用するGBASがあ
り，こうした補強を行うことで衛星航法を行うことが可能となります。

　ICAOでは，補強システムの国際基準を規定しており，位置の正確さを
示すAccuracy，情報の確実さを示すIntegrity，サービスの継続性を示
すContinuity，利用可能な稼働率を示すAvailabilityの4要件が主に規定
されています。

---

1)　SBASはSatellite-based Augmentation System，静止衛星を利用して，日本のFIRおよび
　その周辺を飛行する民間航空機に対しGPSを補強することにより，民間航空で使用できる
　ようにするためのシステム。MSASは日本固有の愛称であり，使用する衛星の変更により，
　2020年4月を境に，MTSAT Satellite-based Augmentation Systemから，Michibiki Satellite-
　based Augmentation Serviceへ変更されました。

　このような衛星航法を補強するシステムとして，日本においては，1993年から運輸多目的衛星を利用したSBAS（MSAS[1]）を提供していました。しかし，2020年3月の運輸多目的衛星の運用終了に伴い，これに代わるものとして，**図表2**に示すように，内閣府が整備する準天頂衛星システム「みちびき」を利用したSBAS（MSAS）が2020年4月から開始されました。

図表2　衛星航法サービスの高度化

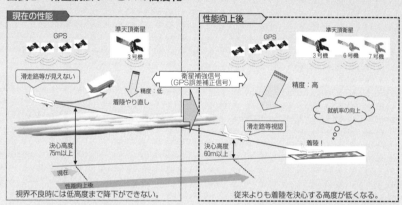

（注）就航率の向上を図るため，衛星システムの性能を向上させ，視界不良時において現在より滑走路近くまで航空機の進入を可能とします。2021年度には衛星航法の制度や安全性を向上させるための施設を整備します。

　現在は，打ち上げられている「みちびき」3号機を経由して航空機に誤差の補正情報や着陸進入可否などの信号を提供しています。今後みちびき6号，7号機が静止衛星として追加されることになっており，その際には，バックアップを考慮した冗長性の高いSBASとしての活用が可能になります。また，衛星補強信号自体が補正能力を高められますので，SBASを用いて着陸に向け，進入（SBAS LPV[2]）できるようになります。その結果，従来は着陸が困難であった気象条件下でも航空機の着陸機

---

2)　SBAS LPV（SBAS Localizer Performance with Vertical Guidance：SBASを用いた水平・垂直方向ガイダンス付き進入）。

会が増加し，就航率の向上が期待できるようになります。さらにこの
SBAS LPVは個別の空港ごとの施設整備は不要で，静止衛星から日本全
土に補正信号を送信するため，就航率向上の効果を離島の空港も含む全国
ほぼすべての空港で発現させることが可能となります。

　SBASが静止衛星からGPS精度，信頼性を向上させる補強情報を航空
機へ送信するのに対してGBAS（Ground-Based Augmentation
System:地上直接送信型衛星航法補強システム）は，地上施設からそう
した補強情報を送信するものです。航空機はこれらの情報によって着陸に
向け，より安全に進入することが可能になります。

　GBASの整備対象空港の選定にあたって，本邦航空会社のGBAS搭載
機が最も多く就航し試行運用が効率的に実施できる羽田空港を対象とし，
2020年7月から試行運用を開始しています。

（石崎　憲寛）

第 **19** 章

航空機の環境対策
―ヨーロッパの持続可能な航空運送に向けて―

1　航空産業に対する環境規制

(1)　環境規制の変遷

　航空産業において環境規制が導入される契機になったのは，空港周辺の騒音問題です。騒音は世界各地で問題となりましたが，ヨーロッパと北米の騒音問題に対する認識が異なるのは，空港の立地の違いも大きいのです。比較的都心に近い空港が多かったヨーロッパ諸国では騒音規制が積極的に導入されました。たとえばミュンヘン空港では長い時間をかけて地元との共生を図ってきました。北米では都心に近い空港は限定的であり，しかも近隣に複数の空港があるため，騒音も分散される傾向があります。

　また，欧州航空航法安全機構（EUROCONTROL），欧州委員会（EC），フランス民間航空局（DGAC）などは，国際民間航空機関（ICAO）の航空環境保存委員会（CAEP）に騒音関連のモデルやデータベースを提供しています。

　騒音規制は空港と空港周辺の騒音基準に基づく個別の規制が一般的でしたが，とりわけヨーロッパでは地球環境を考慮したグローバルレベルの環境対策を考えるようになっています。それは，航空機の排出ガスに対する規制です。1990年から2003年のヨーロッパ諸国の経済成長率が30％であったのに対し，航空旅客運送実績は96％も増加しました。ヨーロッパ連合（EU）は，2008年に航空部門の排出取引スキーム（EU-ETS）への参加を立法化しました。EU圏内で

離着陸する航空便が対象になりましたが，ICAOのCO$_2$オフセット・削減スキーム（Carbon Offsetting and Reduction Scheme for International Aviation, CORSIA）の設立とともにEU-ETSの参加は2023年12月までは改正されない限りEU圏内の加盟国の航空会社だけを対象に維持されました（EC, 2020）。航空輸送による環境負荷は科学的な根拠に基づき関連性を証明することが前提で，なかでもEU主導で航空分野による気候変動への影響を計側する方法が開発され，発展してきました。

(2)　航空市場の拡大によるグローバル環境規制

　従来の環境対策には以下のようなものがあります。たとえば，ICAOは，1986年プロペラ航空機に対する騒音基準の設定と同時に環境技術マニュアル初版を公示し，2001年にはジェットエンジンに対する騒音基準の強化と騒音問題を踏まえた航空機運航マニュアルを更新しました。その間，航空業界は40年前に比べて騒音は75％減少，燃料効率は70％向上という成果をあげてきましたが，国家・地域別に環境規制は異なり，空港別の対策が定められています。なぜなら，スロット不足に悩む国際的なハブ空港と航空路線の維持が課題である空港の経営戦略は異なるからです。

　他方，1980年代には航空の競争は激化し，航空需要は拡大しました。航空会社は当時の低騒音，低公害の条件に合致したワイドボディ航空機を運用して対応しました。しかし，1990年代以降には，LCCが本格的に参入し，航空需要はさらに拡大しました。2000年代は世界情勢が不安定になり，燃料価格は高騰したのですが，グローバルな気候変動への対策が求められるなかで，ICAOは2018年，市場ベースの国際航空部門における長期的な対策として，CORSIAをシカゴ条約（Annex16, Volume IV）に採用しました。

　CORSIAは2020年以降，航空需要が増えてもCO$_2$排出量を増やさず，2050年まで毎年2％の燃費改善を目的にした枠組みです。2021年から2035年までEU諸国が加入すれば，2020年レベルを超える排出量の80％が相殺されると予測されています。ここには，2024〜2026年までの第1期（First Phase）は自主的な参加であること，また2027年〜2035年までの第2期（Second Phase）には航空の活動がそれほど活発ではない国には免除措置があります。CORSIA参加

国の航空会社はCO_2排出を削減するため，CO_2のモニタリング計画を策定し，それを国に報告します。国はそれをICAOに報告するという2段階の仕組みになっています（ICAO（2019），EAER（2019））。

　今後，世界の航空市場はラテン・アメリカや東南アジアを中心にさらに急激な成長を経験することになるでしょう。それとともに，ヨーロッパの航空市場から始まったグローバルレベルの航空の環境規制の強化という動きが波及することになるでしょう。

2　ヨーロッパの航空市場と航空機からの排出ガス

　航空機製造事業の技術革新は騒音と排出ガスの低減だけではなく，代替エネルギーの開発も国際的な枠組のなかで考えることが求められました。航空機からの環境負荷は，**図表19－1**のようにエンジン稼働時に発生する騒音と排出ガス，運航関連の廃棄物などがありますが，特に1991年以降，NOxに注目した監督機関はエンジン製造にかかわる規制を強化しました。航空機エンジンの製

●**図表19－1　航空輸送による環境への影響（事例）**

2つのジェットエンジンをもつ航空機からの排出物量の事例（旅客150人で1時間運航）

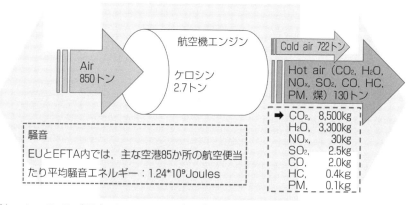

（注）carbon dioxide（CO_2），nitrogen oxides（NOx），sulphur oxides（SOx），unburnt hydrocarbons（HC），carbon monoxide（CO），particulate matter（PM）。

（出所）EAER（2019）を参照に作成（元データ:FOCA（The Federal Office of Civil Aviation, Switzerland）。

170

造技術の進歩により，燃料効率性は向上しましたが，対流圏オゾンの生成を通じて地球温暖化に影響するNOxの増加は懸念されており，CO_2の削減と同時にNOxの排出を低減させることは現在も課題の１つです（ICAO（2019），EAER（2019））。

　EUは気候変動とエネルギー問題への対策をパッケージ化して1990年レベルの温室効果ガスを20%削減，再生エネルギーの使用率20%，燃費の20%改善といった３つの目標を取り上げています。そして，EUは上述のCORSIAにも最初からの参加を示したうえ，その成果によっては2024年からの見直しを予告しています。

　Carlier and Hustache（2006）は，管制マネジメントの重要性を指摘し，空中の上空待機は，地上の待機に比べ約６倍の燃料を消費するため，NOx，HC，COは約３倍を排出すると述べています。この結果は金額に換算すると，より差が大きくなり，上空待機は約５倍の費用負担となります[1]。また，航空機は非常事態に備えて予備分の燃料を加算して給油しますが，燃料価格によっては運航距離に関係なく余分の燃料を搭載することで生じる機体重量の増加による航空機排出ガスの増加が懸念されています。燃料消費量を削減することはCO_2の排出量を削減する対策として多く導入されており，航空機体に炭素繊維複合材料を使用するほか，航空機の軽量化を図っている理由です。

3　期待される代替燃料の役割と課題

　環境負荷を減らす対策に取組み，グローバル市場で競争力を持つ航空輸送事業を実現するためには航空機製造の技術革新や管制マネジメントの改善とともに，持続可能な燃料の実用化は気候変動への影響として軽視できません。また，航空会社にとって持続可能な燃料の実用化は安全を最優先にしなければなりません。

---

1)　費用は燃料消費量と排出物量のみを考慮しています（Carlier &Hustache, 2006）。航空便の延着による待機は上空待機と地上での待機に分けられます。地上の場合は航空エンジン以外にも補助動力装置（Auxiliary Power Unit）や地上動力装置（Ground Power Unit）を使うことで燃料消費量を低減できるからです。

　EU加盟国とEFTA諸国（アイスランド・リヒテンシュタイン・ノルウェー・スイス）を出発・到着する全便を対象にした2017年度の旅客航空輸送量は2005年比で約60％増加しましたが，CO_2とNOxの排出量は各々16％，25％増加し，航空輸送量あたりの燃料消費量は約24％減少しました[2]。

　EUは次の目標として，2020年までに航空輸送部門でバイオ燃料200万トンの消費を目標に，バイオ燃料生産の拡大も目指しています。潜在的には排出物がゼロの代替燃料といわれ注目されるのはエレクトロ・エネルギー（electro fuels）などです。しかし，いずれも高い生産コストを理由に，進められるプロジェクトは少なく，航空会社ごとにバイオエネルギーに対する温度差は異なり，実用化に向けてのハードルは高いようです（EAER, 2019）。

　新型コロナの感染拡大により，世界の航空市場は未曽有の航空需要の激減に直面しました。航空需要の成長を予測して構想されたCORSIAは遅延を余儀なくされそうです。しかし，航空機の技術という点で見れば，重症急性呼吸器症候群（SARS-CoV），中東呼吸器症候群（MERS-CoV），コロナ感染症のケーススタディーでは機内感染のリスクは極めて低いという結果が出ました（Chen, *et al.*（2020），Parry-Ford *et al.*（2015））。これは航空機の機内空気循環システムの特性による旅客の不安解消策ですが，このような機内環境に対する日常的な取組みも必要でしよう。

　今後，航空機のエネルギー消費を効率化させる取組みによって，航空輸送事業のサービス全体を網羅する技術革新が期待されるなか，航空機バイオ燃料の生産拡大を目指すEUの環境戦略は，航空会社の費用負担をどのように解決するかが課題です。しかし，持続可能な航空燃料の製造プロジェクトに関わった航空会社にとっては有効なインセンティブであったと考えられます。

---

[2]　平均騒音指数（noise energy index）は2005年対比で約14％減少しました。EASAはヨーロッパの空港と空港周辺で航空機のオペレーションとは関係なく，離着陸時に地上で観測される騒音エネルギーを代理で計算した平均騒音指数を用います。

〔参考文献〕

加藤一誠・引頭雄一・山内芳樹（2014）『空港経営と地域—航空・空港政策のフロンティア—』成山堂書店。

金　仙淑（2009）「国際航空分野における排出量取引制度の課題—EU-ETSとICAO-ETSの比較を通じて—」『経済学論叢』（同志社大学）60(1)。

Carlier,S. and Hustache, JC.（2006）Environmental Impact of Delay（EEC/SEE/2006/006), EUROCONTROL.

Chen,J. *et al.*(2020)"Potential transmission of SARS-CoV-2 on a flight from Singapore to Hangzhou, China: An epidemiological investigation" *Travel Medicine and Infectious Disease 36.*

EAER（2019）European Aviation Environmental Report 2019, European Union Aviation Safety Agency（EASA), European Environment Agency（EEA), EUROCONTROL（https://www.easa.europa.eu).

EC COM（2020）194 final（ec.europe.eu).

EUROCONTROL Think Paper, Fuel Tankering: economic benefits and environmental impact, Aviation Intelligence Unit, June 2019（https://www.eurocontrol.int).

ICAO Aviation Benefit 2019, Environmental Report 2019（https://www.icao.int).

ICAO SARPs（Standards and Recommended Practices）Annex 16 Environment Protection, Vol.CORSIA 1st edition, 2018（https://www.unitingaviation.com).

Parry-Ford, J. *et al.*（2015）"Public health response to two incidents of confirmed MERS-CoV cases travelling on flights through London Heathrow Airport in 2014–lessons learnt" *Euro Surveill* 20(18)（www.eurosurveillance.org).

（金　仙淑）

第 **20** 章

自然災害と空港の備え

　日本は災害大国であるといっても過言ではありません。豪雨・洪水は毎年のように発生し，大地震，土石流，噴火，竜巻，豪雪など多種多様な災害が襲ってきます。このように多種多様な災害が襲ってくる，世界でもまれな国土であるという認識を持って我々は対策していかなければなりません。さらに，今般の新型コロナウイルス感染症の蔓延も，自然災害の一種といえなくもありません。海外等からの感染症の流入を抑え，クラスター発生などの危機への備えは，自然災害と同様に十二分に行う必要があります。

　これらの事態下においても，交通を完全にとめることはできません。航空も同様であり，航空交通を支える空港においても，どのように対処・対応すべきかは重要な課題です。

1　空港における災害とその対応の経緯

　空港における災害対応の重要性が強く認識されるようになったのは，1995年の阪神・淡路大震災でした。伊丹空港や関西空港に大きな被害はなかったのですが，強い地震動が空港を襲った場合の対策が必要だとして，航空局において「空港・航空保安施設の耐震性について」の検討がなされ，その後，全国の空港の耐震化が順次進められてきました。その約10年後に新潟中越地震が起き，「地震に強い空港のあり方」という検討会が行われ，災害後の空港運用について，「発災後3日以内に緊急物資・人員等の輸送拠点として役割を担う」という復旧目標が立てられました。

　その後も，立て続けに大災害がわが国を襲ってきており，空港被害も目立つ
ようになってきました。2011年の東日本大震災による仙台空港の大津波被害，
2018年の台風21号による関西空港の高波被害，その直後の北海道胆振東部地震
による新千歳空港周辺の大規模停電，2019年の台風15号による成田空港のアク
セス機能障害被害などです。

(1)　東日本大震災による空港被害

　東日本大震災（2011年）では，仙台空港は沿岸から約1km内陸の仙台平野
に立地しているため，空港全域を津波が襲来しました。この津波により流入し
た土砂・瓦礫・車両などが滑走路やエプロンを覆い尽くしました。また，ター
ミナルビルや空港管理施設などの機械・電気設備などは，水没により壊滅的な
被害を受けました（**図表20‐1**）。仙台空港には，地震発生時刻に民航旅客機
の駐機はなかったのですが，海上保安庁や航空大学校，産業航空事業者などが
所有していた小型飛行機やヘリコプターが駐機しており，津波により多数流失
しました。米軍などの支援も受けて，早急な復旧作業が行われ，発災から4日
後には救援機の離着陸が可能となりましたが，民航旅客機の運航再開には1ヵ
月ほどかかりました。

●図表20‐1　津波で水没した仙台空港

（出所）国土交通省航空局「空港の津波対策検討委員会資料」。

　東日本にある岩手花巻空港，山形空港，福島空港，茨城空港などは，管制塔やターミナルビルのガラスや天井などが破損する被害があったものの，滑走路やエプロンなどの基本施設はほとんど被害はありませんでした。

(2)　関西空港の台風被害

　2018年に関西地方を直撃した台風21号は，関西空港に大きな被害をもたらしました。東日本大震災以降，南海トラフ地震を想定した大津波対策を施してきたにもかかわらず，台風による高波により，A滑走路や第1旅客ターミナル，貨物地区などがある1期島がほぼ水没しました（**図表20−2**）。さらにタンカーが連絡橋に衝突し，アクセス機能が失われ，2日間ほど孤島となり，空港利用者の滞留問題が顕在化しました。日本を代表する関西空港が機能を失ってしまい，関西圏にとどまらず日本の社会・経済の活動に大きな影響を及ぼしました。

●図表20−2　2018年台風21号による関西空港の被害

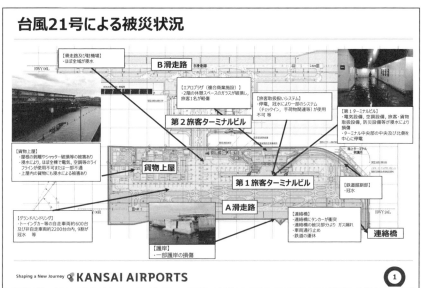

（出所）関西エアポート資料。

(3)　新千歳空港の地震被害

　関西空港の被害の直後，北海道胆振東部地震（2018年）が発生し，震源に近かった新千歳空港は，滑走路などの基本施設には被害がなかったのですが，ターミナルビルで一部の壁や天井が落ちたりなどの軽微な被害がありました。それに加え，送電がストップしたため周辺で広域停電が発生しました。空港は非常用電源が機能したのですが，広域停電により携帯電話の基地局アンテナへの電力供給が落ちてしまうなど通信機能に支障をきたしました。滞留していた大勢の空港利用者，特に外国人に災害情報が伝わりにくくなり，混乱を招きました。

(4)　成田空港の台風被害

　2019年に首都圏を直撃した台風15号は，特に千葉県に大きな被害を与えました。空港機能そのものには大きな支障はなかったのですが，空港アクセス鉄道および高速道路が倒木や家屋損壊によって通行不能となり，成田空港は陸の孤島となりました。航空便が次々と到着しましたが，その旅客が空港から出られ

●図表20 - 3　2019年台風15号時の成田空港ターミナル駅の混雑

（出所）成田国際空港株式会社「Green Port Report, 2019.12」。

ず夜間まで大勢が滞留を余儀なくされる事態となりました（**図表20 - 3**）。

2　災害時の空港機能

(1)　避　　難

　被害を広げないための特別な機能として，まずは災害が起きたときの旅客・従業員などの避難が非常に重要です。さらに避難した後，滞留した旅客等のために，避難所としての機能をどう確保するかも重要です。普段からコミュニティが形成されている地域の避難所とは異なる難しさがあります。日本語が通じず，文化・習慣が異なる外国人，ハンディキャップを持った方，高齢者もいらっしゃるので，航空機の運航や空港アクセスが再開されるまでどのように滞在してもらうかを考える必要があります。

(2)　空港運用の維持

　災害時においても，空港には日常機能を維持していくことが求められます。空港の機能障害は社会経済に大きな影響を及ぼします。現に，2018年，2019年に立て続けに，日本を代表する関西空港や成田空港が台風被害で機能不全に陥ったことは経済社会に大きな影響を及ぼしました。航空機の離発着ができず，旅客流動などに大きな影響を与えただけでなく，航空貨物にも大きな影響を与え，サプライチェーンの寸断による日本全体の経済への影響はかなり大きいものでした。

(3)　救助救援の活動拠点

　発災直後，機動性に優れるヘリコプターなどによる救助救援活動が行われます。消防ヘリや自衛隊機などが多数飛来し，この航空機による救助救援活動の拠点となるのが空港等です。人命を守るための極めて重要な任務を支えるために，空港は災害に強い存在でなくてはなりません。空港だけでなく周辺のアクセス道路なども通行機能が維持され，空港を核とした交通ネットワークが維持されていなければなりません。

3　災害への備え

災害が襲ってきても，空港機能をいかに維持するかは，あらかじめ検討しておくべきです。航空局においては，成田空港や関西空港など主要空港での被害をうけ，大規模自然災害対策の検討が進められてきました。そこでは，空港は多くの人々が集まってさまざまな活動が行われている都市のようなものであり，都市であるからには機能停止は許されず，空港は継続的に運用されるべきだと提言されています。

(1)　空港のBCP

災害のような危機的状況下に置かれた場合でも，企業等において，重要な業務が継続できる方策を事前に検討して，その戦略を記述した計画書がBCP（事業継続計画，Business Continuity Plan）です。空港においては，以前から空港で活動している各組織がそれぞれにBCPを策定していました。しかし，それぞれの組織が連携しなければ，空港全体として機能しません。そこで，組織を超えた空港全体での統括的災害マネジメントを基本としたBCPの策定が行われるようになっています。

組織間連携で重要なのは情報共有です。各組織における情報は空港全体でも共有され，復旧に向けた指示も末端組織まで共有されなければなりません。そして，空港利用者などに対しても，具体的な機能障害の状況，復旧見込などを可能な限り情報提供することが重要です。外国人を含め多くの利用者の不安を取り除く努力は欠かせません。

(2)　災害イマジネーション

阪神淡路大震災以降は地震動，東日本大震災以降では津波への対策が進められてきました。近年の台風被害を受け，空港においてもあらゆる種類の災害を想定しておくべきです。本節の冒頭で述べたとおり，わが国は多種多様な災害が発生する災害大国であることを忘れてはなりません。

災害が起きる度に「想定外」であったという言い訳が取りざたされることが

ありますが，BCPにとって一番重要なことは，的確な被害想定を行うことです。特に，近年において災害の激甚化が顕著になってきています。降雨量や暴風に関する災害対応関連の規定値の見直しも急務です。

　被害想定の中には，外部のリスクも検討しておく必要があります。空港周辺の至るところで同時に被害を受けている場合があります。空港アクセスや送電，通信などが典型的なものです。それらとの関係も配慮しなければなりません。どんな被害が，どのように誰にどんな施設に及ぶかを空港本体に限らず関連するすべてのものを想定しなければ，いくら空港だけ維持しよう早く復旧しようとしても空港は機能しません。

⑶　復旧タイムライン

　災害イマジネーションで想定した被害に対し，発災直後の避難から復旧が進むまでを時間軸で，つまり復旧タイムラインで検討することが肝要です。被害状況や仮復旧状況，さらには復旧させる項目も時間とともに変化していきます。復旧作業のための人員や資材などの資源配分をタイムラインにあわせて行う必要があります。

⑷　広域被災

　大規模災害は，多数の空港が被害を受ける場合もあります。東日本大震災のような場合もそうですし，鹿児島の桜島が大噴火すると関東まで降灰の影響があると言われています。こういう状況ではかなり広域で空港やそれ以外の交通も麻痺することになります。被害は一空港にとどまらず，被災地以外の空港も含めて，日本全体の中での空港の復旧方策についても検討することが必要です。

4　実効性を高めるために

　教訓を活かすことが何よりも大事です。上述のとおり，空港においても大災害に見舞われた際，さまざまな課題に直面し，そのたびに多くの教訓が得られました。これまでも，それらの教訓は災害に強い空港づくりにかなり活かされてきています。新千歳空港は，冬季の大雪による欠航を幾度も経験しているこ

とから，多くの滞留者に対応するノウハウを持っています。そのノウハウがあったから，胆振東部地震で機能障害が起きても滞留者にしっかりと対応ができました。このような知見を他空港に共有していくことが大変重要です。また，失敗に学ぶところも大きいと思われます。失敗事例は表に出てこないのが常ではありますが，その失敗を責めるのではなく，次はいかに防ぐかという議論をするほうが建設的です。

　事前の備えとして，実践的な訓練もきわめて重要です。東日本大震災の前年に福島で緊急消防援助隊の合同訓練をしていました。このときには，福島空港で多数のヘリを受け入れる駐機方法について検討され，実際に駐機訓練が行われていました。これが大震災の空港運用に活かされました。大規模かつ実践的な訓練をしていたからこそ，いざという時に適切かつ柔軟に運用できるのです。

　「災害は忘れた頃にやってくる」「備えあれば憂いなし」を実践することが，災害に強い空港づくりにも欠かせないのです。

〔参考文献〕

国土交通省航空局（2020）「「A2-BCP」ガイドライン―自然災害に強い空港を目指して―」。

轟朝幸・引頭雄一（編著）（2018）『災害と空港―救援救助活動を支える空港運用―』成山堂書店。

（轟　朝幸）

第 **21** 章

人口減少地域における航空の将来
―地域航空

1　人口減少と地域航空

　1999年に航空法が改正され，翌2000年に航空の需給調整規制が撤廃されました。本格的な航空の自由化時代が始まると，LCCの参入をはじめとして航空会社間の競争は激化しました。航空会社の利益幅は縮小し，それまで内部補助で支えられていた離島航空を含む地域航空路線の環境は悪化しました。

　離島あるいは交通不便地域の航空を担う会社を，本章では「地域航空会社」ということにします。国は「主に客席数30～70席程度の小型機（ターボプロップ機）により，離島その他の地方航空路線の運航に従事する会社」としています。また，広義には「コミューター航空」という区分もあります。これは「客席数が100席以下かつ最大離陸重量が50トン以下の航空機を使う定期旅客輸送」のことです。航空機材には小型ジェット機も含まれます。

　国の離島の産業振興，島民の生活の安定や福祉の向上という政策は，そもそも，1953年離島振興法にもとづいています。同法は時限立法であり，延長が繰り返されてきました。加えて，島民の移動手段の確保には，前年の1952年に離島航路整備法が成立し，離島航路事業への助成が始まっていました。助成事業は，今もなお，「地域公共交通確保維持改善事業」の一環として続いています。

　このように，離島地域の交通手段はもともと船でした。しかし，離島にとって船は荒天で海が荒れれば数日は使えず，ひと足早く運航を再開できる航空も必要なのです。もちろん，航空には速達性もあります。つまり，航空は島民に

とって移動の選択肢となり，国にとっても毛細血管のような役割を担っています。しかし，より深刻なのは，離島や交通不便地域の人口減少と高齢化のペースが早く，何もしなければ，収益性がさらに悪化することです。たとえば，長崎県の離島の2010年の人口は50年前と比べて半分以下になっています。

　本章では，地域航空会社のなかでも 2 番目に小さいオリエンタルエアブリッジ（ORC）を通じて地域航空会社の現状や課題を説明します。最後に，地域航空に対する国の政策を中心に概説します。

2　地域航空の現状─オリエンタルエアブリッジを例に

　まず，**図表21 - 1**でわが国の地域航空の概要を説明します。ここからは，九州に会社や路線が偏っていること，すべての航空会社はANAかJALという大手 2 社との関係が強く，何らかの支援を受けていることがわかります。そして，ANAウイングス以外には，地元の自治体の資本がはいっています。

　次に，ORCを事例に地域航空会社の特徴を説明します。ORCは1961年設立の第 3 セクター長崎航空株式会社を起源とする航空会社です（設立や後の路線廃止などの経緯は松本（2007）に詳しく書かれています）。長崎航空は天候を理由とした欠航が多いために信頼が低下し，ジェットフォイルと高速船という

●図表21 - 1　地域航空会社の概要

会社名	日本エアコミューター㈱	㈱北海道エアシステム	天草エアライン㈱	オリエンタルエアブリッジ㈱	ANAウイングス㈱
略称	JAC	HAC	AMX	ORC	AKX
主な運航路線	奄美をはじめ西日本の地方路線	北海道内が中心	天草空港が中心	長崎離島が中心	ANAの地方路線
資本関係	JALの子会社	JALの子会社	JACと協力関係	ANAと協力関係	ANAの100％子会社
	JAL60.0％，奄美群島12市町村40.0％	JAL57.2％，北海道19.5％，札幌市他6市町19.5％	熊本県53.3％，天草市他2市町26.9％	長崎空港ビルディング㈱28.8％，長崎県11.0％，ANAホールディングス4.8％，大村市他7市町0.2％	ANAホールディングス100％
拠点空港	鹿児島空港	丘珠空港	天草空港	長崎空港	新千歳空港，福岡空港

（出所）国土交通省資料より抜粋。

運賃の安い代替交通機関との競争に晒されていました。

　このような状況下で航空の需給調整規制が撤廃され，長崎県と関係者は路線を維持するために検討を重ねました。その結果，一部路線を廃止し，大株主であった長崎県の出資比率を減らし，民間（ANA関係者）に経営が委ねられました。そのかわり，県はORCの現在の大株主である長崎空港ビルディング（NABIC）の大株主になり，ORCをさまざまな形で支援しています。

　図表21－2はORCの運航路線の乗客数と搭乗率を示しています。ORCの路線は長崎空港を拠点に県内離島を結んでいます。2017年から急激に旅客数が増えたのは，ORCが福岡―宮崎と福岡―小松を運航しているからです。

　長崎空港に会社がありながら，長崎路線の搭乗率が低い理由は2つあります。

　1つは，所要時間です。島までの飛行時間はせいぜい30分～40分ですが，長崎市内から長崎空港まではバスで1時間程度かかります。それに対し，乗船場は県庁から至近にあるため，高速船の所要時間は飛行機と変わらなくなります。いま1つは，福江，壱岐および対馬という離島は長崎県にありながら，住民は仕事を含めて福岡県とのつながりが強いことがあげられます。ORCの調査によれば，乗客のおよそ40％がビジネス，20％が帰省や冠婚葬祭といった私用の

●図表21－2　ORCの路線の旅客数（棒グラフ，1,000人）と搭乗率（％）

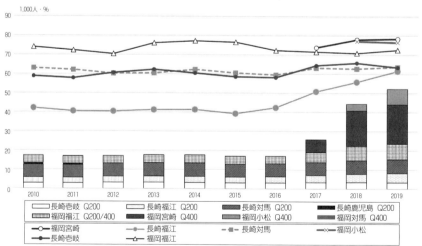

（出所）ORCから提供された資料から作成。Q200とQ400は機材名。

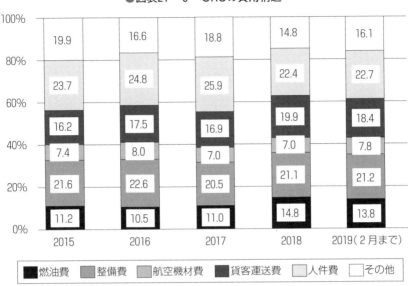

●図表21-3　ORCの費用構造

（出所）図表21-1と同じ。

旅客であり，観光客は少ないのです。そのため，長崎路線の利用者を増やすには観光客を如何にして取り込むかが，課題です。

　こうした実績が業績にも影を落としています。**図表21-3**はORCの費用構造を示していますが，人件費と整備費のシェアが高いことがわかります。路線距離が短いため，１日の離発着回数（サイクルといいます）が増えます。サイクル数が増えると整備費用もかかり，しかも，機材が老朽化してくると故障も増えるため，さらに整備費がかさむという悪循環でした。

　図表21-4は費用を座席キロで除した費用単価（ユニットコスト）です。使用機材の座席数は39席で，路線距離も短い（2017年まで平均202キロ）ため，割り算の分母が小さいのです。ユニットコストをANAと比べると，2017年には５倍以上の差がありました。しかし，2018年以降，差が縮小していることがわかります。ここには，図表21-2で示した路線の増加が影響しています。ORCは2017年10月から座席数74席のプロペラ機材（ボンバルディアDHC 8 -Q400）をANAとの共通機材として福岡─宮崎線に就航させ，福岡─福江線も

●図表21-4　座席キロあたりのコスト

年度	2017	2018	2019
整備費	7.2（1.4）	5.6（1.3）	4.9（1.4）
人件費	9.1（1.7）	6.0（1.7）	5.2（1.6）

（出所）図表21-1と同じ。（　）内はANAの決算説明資料から作成（国際と国内を合計している）。

増便しました。福岡―宮崎線の路線距離は307キロ，しかも，旅客数が38万人（2018年）もある路線です。

　このような工夫によって経営にも変化が生じました。ユニットコストが下がり，収入も増えました。何よりも，DHC8-Q400機はDHC8-Q200機に比べて故障も少なく，運航に対する信頼が増しました。さらに，機材繰りに余裕ができたため，ダイヤの改善にも取組み，長崎空港における五島福江便と羽田便との接続が改善されました。そのため，首都圏からの観光客が増え，増収につながったのです。もともとDHC8-Q200機の座席数が39席ですから，数名の増加でも搭乗率は向上するのです。年間の収入から費用を差し引いた経常利益は2016年度には約4億円の損失であり，2017年度にはDHC8-Q400機の導入コストが計上され，一時的に損失額が膨らみました。しかし，2018年度以降は上述のような施策の効果により需要が増えたため損失額は半減し，2019年度には黒字転換目前というところまで来ていました。

　このような明るい兆しが見えてきたところに，新型コロナ感染問題が発生しました。福岡や長崎のビジネスが止まったわけですから，ORCのビジネス中心という利用者の特性から，利用者も激減しました。しかし，島民は飛行機を使わねば稼げませんし，また，当然，福岡や長崎からのビジネスや公務の必要性は変わりません。そして，五島福江には世界遺産となった教会群や自然があり，観光需要も増やす必要があるでしょう。後藤・幕・中村（2020）は，ウエブ調査にもとづき，潜在需要があることを示しています。そして，需要の増加のためには，ダイヤの工夫とアクセス・イグレス交通を含めた商品の提供を求めています。供給座席数は少ないのですが，継続的に座席を満たすためには，このような地道な努力が求められます。

3　地域航空に対する政策

⑴　離島路線維持のための対策

　国は離島路線維持のための対策を実施してきました。たとえば，運航費補助はもっとも日常拠点性を有する路線の実績損失見込み額あるいは標準損失額のいずれかの２分の１を地域が負担し，２分の１以内を国が補助する制度です。また，９人以上の座席があり，1,500メートル以下の滑走路で離着陸できる航空機には機体購入費と部品費の45％（沖縄路線の場合は75％）が空港整備勘定から航空会社に支出されます。例外的に，長い滑走路長を必要としないATR42という機材のシミュレータに対して空港整備勘定から補助が支出されたことがありましたが，それは，機材に補助すれば，滑走路を整備（延長）せずに済むため，結局はコスト節約になるという考え方を援用したからです。さらに，税や使用料も軽減されています。また，2010年にはORCとAMX（天草エアライン）の間で部品の共同調達や共同利用に関する実証実験も行われました。実験から，コストが1,100万円節約されるだけではなく，整備不良による欠航も回避されることがわかりました。

　しかし，将来にわたって地域航空路線が持続されるためには，部分的な対策ではなく，抜本的方策が必要です。2016年６月に国は「持続可能な地域航空のあり方に関する研究会」（あり方研究会）を立ち上げ，２年間にわたって日本トランスオーシャン航空（JTA）と琉球エアコミューター（RAC）を除く５社に関する議論が続けられました。あり方研究会の「とりまとめ」を次項で紹介します。

　また，研究会で議論がつづく2017年４月，「有人国境離島地域の保全及び特定有人国境離島地域に係る地域社会の維持に関する特別措置法（国境離島新法）」が成立しました。同法には，領海や排他的経済水域などを保全するため，定住を促進する狙いがあります。背景には，外国船舶が侵入する頻度が増え，またそれが政治問題になったことがあります。同法には財政措置もとられ，島民割引が拡充されました。航空運賃はJR運賃（新幹線）並み，ジェットフォ

イルはJR運賃（特急）並み，フェリーはJR（普通）運賃並みという基準ができました。これによってORCの旅客数も増えましたが，ORCはジェットフォイルの利用者が航空に流れたと分析しています。

(2)　持続可能な地域航空のあり方

　あり方研究会は，2018年3月に短期的な是正策から組織にかかわる中長期対策までを含む「最終とりまとめ」を公表しました。対策のいくつかを背景や現状とともに紹介しましょう。

　まず，パイロットを養成する私立大学への奨学金制度が拡充されました。そして，防衛省のパイロットが民間用計器飛行証明を取得するための援助に加え，地域全体でのパイロット養成が盛り込まれました。この背景には，航空機の増加による世界的なパイロット不足があります。パイロットは機種別免許とはいえ，相対的に流動性の高い職種です。賃金負担力に乏しい地域航空会社は，パイロットの定着や雇用に苦労しています。

　「最終とりまとめ」においてもっとも重要なのは，「個社・系列・地域を超えた協業を促進させるための対策」でした。機材の統一化・共通化，乗員や整備士等の融通，運航，整備等業務の共同化を実現すれば，コストは下がります。また，搭乗率の低い路線が多く，需要増には大手航空会社と地域航空会社との系列を超えたコードシェアが不可欠であるとも考えられました。このような施策を実現する手段として，機材保有（整備）組織，持ち株会社による統合，合併による一社化まで選択肢が示されました。

　提言にもとづき，2019年10月，九州の3つの航空会社（JAC，ORC，AMX）はANAとJALとともに共同で有限責任事業組合（LLP）を設立しました。LLPの役割は地域航空へのコードシェアなどを進め，関係を深めていくとされています。しかしながら，経営統合や合併どころか，系列内での発想にとどまっているように見えます。こうした組織は作ることが目的ではなく，実効性のある組織にしなければ意味がなく，今後の展開に注目したいと思います。

4　会社形態の重要性

　AMXは保有機材1機をパイロット3名という陣容で運航しています。熊本県と天草島内2市1町は，80％以上の株を保有するだけでなく，機材整備補助などを通じ，AMXを強力に支援しています。それでも，2019年には，パイロットの病気によって長期間にわたり多くの便を運休せざるをえませんでした。機材だけではなく，人的資源にも一定の余裕が必要なのです。また，JALは運航を支援しましたが，世界的にも例をみない「島のエアライン」の脆弱さを露呈することになりました。

　また，新型コロナ感染問題でわかったことは，航空需要が急減すればローカル線から運航が休止され，再開が遅れるのもローカル線であるということです。島民も都市部との関係が強いほど，会社の休業や在宅勤務などで移動の必要性はなくなります。座席数が少ないだけに，旅客数減少のダメージも大きくなります。そして，生活路線の収支を改善するために観光客を増やす努力をしたのですが，観光客の多くは大手航空会社の路線からの乗継ぎ客でした。大手航空会社の路線が止まれば，観光客は消失します。地域航空路線のような低需要路線は，良くも悪くも大手会社の経営に左右されてしまうのです。

　大手に左右されず，独立的な組織に一定数の機材を保有・運航させ，需給を安定させることが理想ですが，実務面では整備マニュアルの統一やチケットシステムの統合という問題が横たわっています。とはいえ，供給サイドの改革をできるところからはじめていただきたいものです。

〔参考文献〕

国土交通省（2018）「持続可能な地域航空のあり方に関する研究会最終報告書」。
後藤洋政・幕亮二・中村彰宏（2020）「「地域航空」路線振興に向けた実証的アプローチと検証：天草と五島福江を例に」『日本交通学会研究報告会予稿集』。
松本勇（2007）「離島航空路線維持に関する諸問題—長崎県上五島・小値賀空港廃港問題を中心として—」『長崎県立大学論集』41(3)。

（山村　宗・加藤　一誠）

第 **V** 部

今後の航空・空港の論点

第 **22** 章

鉄道も気づき始めたインバウンドの 大きさ

1　インバウンドの現状

　ここ数年のインバウンドの急増は本書のテーマである航空会社や空港だけでなく，国内の鉄道事業者にもさまざまな影響を与えています。

　わが国のインバウンド増加のきっかけですが，2003年の小泉純一郎首相（当時）による観光立国宣言の中で，観光は21世紀におけるわが国の重要な成長分野として位置づけられたことにさかのぼります。以降，海外からの観光需要の取り込みのために，査証（ビザ）発給制限の緩和や出入国手続の迅速化・簡素化など，インバウンド獲得のための各種施策が実施されてきました。こうした観光政策とオープンスカイを中心とした航空政策を両輪として，わが国は観光立国に向けての歩みを着実に進めてきたところです。これらの政策の成果は**図表22－1**に示すインバウンド数の推移からも明らかです。

　2016年に政府が策定した「明日の日本を支える観光ビジョン」では，当面の政府目標として，インバウンド数を2020年に4,000万人，2030年に6,000万人にするという数値目標が掲げられました。また，インバウンドによる国内での旅行消費額の目標も，2020年に8兆円，2030年に15兆円とされています。しかしながら，2019年以降の日韓関係の悪化と2020年の新型コロナ感染拡大の影響で，2020年に4,000万人という政府目標は達成できませんでした。それどころか，今後インバウンドがどこまで落ち込むのか，そして回復までにどのくらいの期間を要するのかをまったく見通せない状況にあります。日本政府観光局

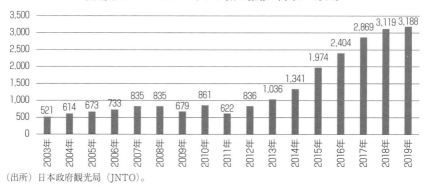

●図表22−1　インバウンド数の推移（単位：万人）

（出所）日本政府観光局（JNTO）。

（JNTO）の発表によれば，2020年のインバウンド数は前年比87.1％減の411.6万人にとどまり，1998年以来の低水準を記録しています。

2　インバウンドが鉄道事業者に与える影響

　インバウンドの増加が鉄道事業者に与える影響として，直接的には本業である鉄道事業の輸送人員の増加があります。**図表22−2**は大手民鉄（16社）の輸送人員と定期・定期外別の増減の推移を示しています[1]。大手民鉄の輸送人員はバブル経済の崩壊とともに漸減していきましたが，これはバブル崩壊後の景気低迷，少子高齢化や生産年齢人口の減少，運賃値上げなどの要因によるものです。特に定期券利用者比率の低下は，景気低迷による非正規雇用の増加の裏返しと考えられ，実際の失業率や有効求人倍率との相関関係が見られます。

　鉄道輸送人員は2000年代にはいると景気回復とともに増加傾向に転じ，定期利用者の割合も増加していきます。特にここ数年は，インバウンド需要と観光客需要で定期外の輸送人員も大幅に増加し，大手私鉄の輸送人員はこれまで最多だったバブル期を超え毎年過去最高を更新しています。

---

1)　大手民鉄とは，東武鉄道，西武鉄道，京成電鉄，京王電鉄，小田急電鉄，東急電鉄，京浜急行電鉄，東京地下鉄，相模鉄道，名古屋鉄道，近畿日本鉄道，南海電気鉄道，京阪電気鉄道，阪急電鉄，阪神電気鉄道，西日本鉄道の16社のこと。

●図表22-2　大手民鉄（16社）の輸送人員と定期・定期外別の増減の推移

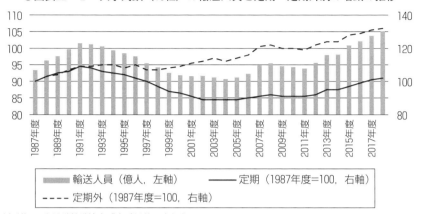

（出所）日本民営鉄道協会「大手民鉄の素顔」。

　とりわけ，有名観光地や国際空港を沿線に有する鉄道事業者でインバウンド利用の増加が顕著です。代表例としては，東武鉄道（東京スカイツリー・日光），小田急電鉄（箱根・江ノ島），京王電鉄（高尾山），近畿日本鉄道（京都・奈良），京浜急行電鉄と東京モノレール（羽田空港），京成電鉄とJR東日本（成田空港），南海電鉄とJR西日本（関西空港）といった鉄道事業者が挙げられます。

　今後は複数回訪日しているリピーターが増加し，地方都市へと足を伸ばすインバウンドが増加すると予想されます[2]。したがって，大都市から地方都市への移動手段として，あるいは地域内の移動手段として鉄道利用が増加することが考えられます。

　一方，鉄道事業者に対するインバウンドの影響は鉄道利用者の増加だけにとどまりません。鉄道事業者の中には，グループ企業として百貨店やホテルを傘下に持つ事業者も数多く存在します。インバウンドの増加は，百貨店での免税品販売やホテルの客室稼働率の上昇といった面でも鉄道事業者に恩恵をもたらしています。特に大手民鉄はグループ全体の収入に占める関連事業収入の割合

2)　観光庁によれば，訪日リピーター（訪日回数2回目以上のリピーター）の割合は毎年6割前後で推移しており，2017年は1,761万人と推計されています。

が高く，インバウンド増加の恩恵をグループ全体で享受するといったことが可能です。

3　鉄道各社の取組み

　鉄道事業者はさまざまなインバウンド向けサービスの拡充に取り組んでいますが，ここでは共通企画乗車券（フリーパスなど）について取り上げます。

　各鉄道事業者ではインバウンドの獲得に向け共通企画乗車券を販売しています。わが国の都市部においてはJR，民鉄，地下鉄など複数の鉄道事業者が存在し，不慣れなインバウンドには乗車券購入や乗り換えなどがわかりにくいとの指摘もされています。複数の鉄道事業者間で利用可能な共通企画乗車券の販売は移動の際のインバウンドの負担を軽減することにつながります。

　共通企画乗車券の代表格として広く知られているのが，JR6社で共同販売している「JAPAN RAIL PASS」です。このパスは一定期間内であれば新幹線（一部制限あり）や特急列車を含む日本全国のJR全線（鉄道，バス，フェリー）が乗り放題で，国内各地を周遊するにはもっとも便利でお得なパスといえます。**図表22 - 3**には2020年11月時点での販売価格を示していますが，普通車7日間用でおとな33,610円と大変安価な価格設定となっています。こうしたJRの乗り放題パスには，このJAPAN RAIL PASSのほか，JR各社が販売する利用範囲を自社エリア内に限定したパスがあります。

　最近ではJR各社や大手民鉄がインバウンド向けICカードの発行を開始し，より多くの鉄道事業者間でキャッシュレスの移動が可能となりました。このような共通企画乗車券の販売やICカードの発行はインバウンドの乗車券購入の

●図表22 - 3　JAPAN RAIL PASSの販売価格

種類	グリーン車用		普通車用	
区分	おとな	こども	おとな	こども
7日間用	44,810円	22,400円	33,610円	16,800円
14日間用	72,310円	36,150円	52,960円	26,480円
21日間用	91,670円	45,380円	66,200円	33,100円

（注）Web・国内窓口で購入の場合，2020年11月現在。

手間を省き，鉄道でのスムーズな移動を可能としています。

　地方の鉄道事業者にとってもインバウンドの増加は重要な意味を持っています。地方鉄道はマイカーの普及や沿線人口の減少で厳しい経営環境に置かれており，鉄道事業者の多くが赤字経営を強いられています。国土交通省のデータによれば，約7割の地方鉄道事業者が経常収支ベースで赤字を計上しています。このような経営状況にある地方の鉄道事業者にとって，地方を訪れるインバウンドの取り込みは経営上の最重要課題の1つです。

　インバウンドに地方まで足を運んでもらうには何らかの仕掛けづくりが必要です。たとえば，観光列車やレストラン列車の運行などはインバウンド誘致の大きなコンテンツとなるでしょう。しかしながら，一鉄道事業者の施策だけでインバウンドを誘致することには限界があります。まずはその地域にインバウンドに足を運んでもらわなければなりません。そのためには，鉄道事業者のみならず行政や住民が一体となって，地域の魅力発信や受け入れ体制の整備に取り組む必要があります。

　地方に足を運ぶインバウンドはリピーターの割合が高いと考えられます。また，リピーターの消費傾向は，お土産などの物品を購入する「モノ消費」から，現地での何かしらの体験を求める「コト消費」へと移行すると指摘されています。地方鉄道が運行しているレストラン列車などはまさにコト消費の典型であり，鉄道事業者の増収効果だけでなく，食材の地産地消や雇用の創出を通して地域経済にも大きく貢献することが期待されます。

4　観光の負の側面─鉄道やバスの混雑問題

　インバウンドを積極的に誘致する一方，近年，その反動としてのオーバーツーリズム（観光公害）の問題が指摘されるようになってきました。観光客が増えすぎたことが地域住民の日常生活にさまざまな悪影響をもたらしています。

　わが国でも，インバウンドの増加に伴い主要な観光地の鉄道やバスの混雑が激しくなり，住民の利用が困難になるといった事例が報告されています。休日になると電車待ちの観光客が改札口の外までの長蛇の列をなす江ノ島電鉄（江ノ電）では，地域住民に証明書を発行し，優先的に改札内に入れるようにする

社会実験を行いました。また京都市バスでも，観光客の分散乗車を促すために
バスの運行経路を変更したり，住民利用の多い路線のバス停を別の場所に移す
といった対策を行っています。観光客が地域にもたらす経済効果には非常に大
きいものがありますが，地域住民が日常生活の中で受けるこうした負の側面に
もしっかり目を向けないと，欧州の観光地のような観光客の排斥運動にもつな
がりかねません。これからの日本は，インバウンドの受け入れに伴うさまざま
な問題との共存を模索することが必要となるでしょう。

5　アフターコロナに向けて
―インバウンド依存からの脱却

　新型コロナの感染拡大とそれに伴う外出自粛や移動制限は，わが国の交通産
業や観光産業にも甚大な影響をもたらしています。鉄道業界でも，通勤通学や
観光利用の輸送人員が大幅に減少しただけでなく，グループ企業の百貨店やホ
テルでも営業自粛を余儀なくされるなどの影響が出ました。
　インバウンドとの関係で見れば，とりわけ空港アクセス列車の利用者の減少
が深刻です。JR東日本の発表によると，同社が運行する成田エクスプレスの
2020年ゴールデンウィーク期間中の利用者は，前年比の1％まで落ち込んだと
のことです。こうした空港利用者の減少を受けて，空港アクセスを担う他の鉄
道事業者も一部列車の運休を行うなどの措置を講じています。
　つい最近まで，インバウンドや日本人観光客の増加は鉄道事業者の収益に大
きく貢献してきました。ところが，今回の新型コロナの影響によりその光景は
一変しました。この状況がいつまで続くのかを現時点で見通すことは困難です
し，早々にコロナ禍が収束するとしても，観光需要の低迷はしばらく続くこと
が予想されます。その場合，鉄道事業者はこれまでインバウンドや日本人観光
客に依存してきた部分の見直しが避けられません。地方の鉄道事業者の中には
観光客収入に依存している事業者も多く，観光客の大幅な減少が経営に深刻な
影響を与える可能性もあります。
　今回のコロナ禍のような重大イベントリスクの発生は，インバウンド（外
需）に大きく依存した観光政策の土台を揺るがし，観光関連ビジネスの脆弱性

をあらわにしたといえます。インバウンド需要がかつての水準にまで回復するまでには数年単位の期間が必要でしょう。インバウンド需要よりも国内需要の回復が先行すると予想されることから，今回のコロナ禍はインバウンド依存型の観光のビジネスモデルを内需型に転換する契機になるかもしれません。新型コロナは，観光立国に向けたこれまでのわが国の観光政策のあり方を根本から覆そうとしています。

〔参考文献〕

国土交通省観光庁（2018）「平成29年訪日外国人消費動向調査【トピックス分析】訪日外国人旅行者の訪日回数と消費動向の関係について」。
国土交通省観光庁（2020）『観光白書 令和2年版』。
国土交通省観光庁（2019）「外国人観光旅客を対象とした地方部における鉄道利用促進に向けたガイドライン」。
塩見英治・堀雅通・島川崇・小島克巳（2017）『観光交通ビジネス』成山堂書店。
日本民営鉄道協会（2019）『大手民鉄鉄道事業データブック2019 大手民鉄の素顔』。

（小島　克巳）

第 **23** 章

飛び恥
―航空から鉄道への転換―

1　「飛び恥」

　2019年夏，環境活動家の高校生グレタ・トゥーンベリ氏の名前とともに，「飛び恥」と和訳される「Flygskam（フリュグスカム）」という言葉が話題になりました。「飛び恥」とは，「気候変動が世界的に著しい昨今，二酸化炭素を多く排出する飛行機の不必要な利用を恥じ，なるべく環境に優しい鉄道を多用しよう，と訴えかける運動」（橋爪（2019））です。背景には，地球温暖化に伴うとされる異常気象災害が世界各地で頻発するようになり，環境問題を考慮した交通機関選択が必要であると考える人が増えていることが挙げられます。

　LCCの大躍進のもとで航空需要が急増していた欧州では，従来，今後も航空需要も便数も増加し，空港容量も空域容量も不足するだろうという予測が出されていました。それ故，如何にして短期間に容量を拡張できるのか，LCCが台頭する中でFSCや高速鉄道はどのような対応を迫られるのかというテーマが多く論じられてきました。しかし，2019年7月にオランダ，アムステルダムで開催された国際航空学会（Air Transport Research Society）第23回世界大会（ATRS 2019）では，すっかり論調が変わってしまいました。論題報告では，環境問題を見据えて，航空会社や空港はどのように航空ネットワークを変化させるのか，空港は容量を拡張せずに如何に利用者のニーズに応えるのかが議論されました。個人報告でも，この新たな文脈での研究が増えてきました。

　本章では，ATRS 2019での議論を紹介するとともに，欧州で航空から他の

交通機関，とりわけ高速鉄道に転換するという議論や行動が生ずる背景を考察します。最後に，「飛び恥」の風潮がわが国でも広がり得るのかを検討します。

2　ATRS 2019での議論

　「環境制約と容量制約」をテーマに掲げたATRS 2019では，航空市場の拡大に伴い，容量上限に近い運用を迫られる空港から排出するより大きな騒音や二酸化炭素という現状を背景に，2030年までに二酸化炭素排出量を35％削減するというオランダの航空部門が2018年10月に打ち出した計画について議論しました。この計画を完遂するために，気候への影響を考慮した空港使用料，持続可能な燃料，新たな航空機，鉄道への代替，排出ゼロの空港，効率的な空港アクセスなどの行動要領が示され，ATRS　2019と前後して新たな政策提言が発表されました。それに対し，パネル・ディスカッションでは，空港当局（スキポール空港）や航空会社（KLMオランダ航空）が具体的にどのように対応するのかを示すとともに，研究者がその実現可能性を論ずる場になりました。そこでは，環境にやさしい機材や燃料への置き換えや空港のグリーン化だけでは不十分で，航空の鉄道への転換や，巨額の投資を必要とする空港建設，ターミナルや滑走路増設の中止が求められ，空港使用料を通じて既存の空港をもっと有効活用しようという議論が交わされました。

　各研究者が発表を行う分科会報告においても，「航空輸送における持続可能性」のテーマは計59セッションのうち５つを占め，航空会社の戦略や成果，顧客分析を扱う３つのテーマと並んで最多のセッション数でした。また，「航空政策」のセッションでも「国際的な気候政策の航空への影響」の報告があり，環境問題はいまや大きな研究分野をなしています。

　ATRS 2019で興味深かった報告の１つにBaumeister氏の「航空から在来線への転換による排出削減可能性」（The Emission Reduction Potentials of Substituting Air with Non-High-Speed Rail）が挙げられます。交通分野の研究において，航空と高速鉄道の競争をテーマとした研究は数多くあり，高速鉄道の発展にしたがって，日本，欧州，韓国，台湾，近年では中国を対象とした実証分析は枚挙に暇がありません。それに対し，この研究は高速鉄道が存在し

ないフィンランドで，在来線への転換をテーマにしている点がユニークです。離島が多く，かつ，新幹線と在来線の軌間が異なるために欧州のように容易に高速鉄道ネットワークを展開できないわが国への示唆も考えられます。

　この報告のもととなった研究では，Baumeister（2019）は，首都ヘルシンキへの定期便のある16都市中心部からヘルシンキ中心部への移動を航空から列車，高速バス，自家用車（いずれも離島の場合には船を含む）に転換した場合に，温室効果ガス排出量をどの程度減らすことができるかを試算しています。リアル・タイムの時刻表を用い，(1)時間的に航空機利用が劣る 2 都市だけ，(2)優位性がない 8 都市だけ，(3)すべての都市で転換した場合，国内運輸部門から排出される温室効果ガス排出量の(1)0.03％～0.05％，(2)0.24％～0.37％，(3)1.34％～2.19％だけ削減されると報告しています。(1)～(3)のいずれの場合も，自家用車への転換の場合が，削減幅がもっとも小さく，列車への転換の場合がもっとも大きくなっています。削減幅が小さく感じる背景には，各交通機関の乗車率・搭乗率が，飛行機62％，列車33％，高速バス19％と全般的に低くなっていることが挙げられます。フィンランドの研究を見る限り，航空機と代替交通機関が所要時間的に拮抗する区間だけを対象に，航空機から鉄道に転換しても温室効果ガス排出量削減にはあまり大きな効果は見られないことがわかります。もっとも，この論文の著者は，同国の「交通市場のわずか0.1％に過ぎない航空利用者を鉄道に移すだけで運輸部門全体からの二酸化炭素換算排出量の2.19％，同国全体の排出量の0.44％も削減できる」（p.267）ことを強調しています。

3　欧州における航空から鉄道への転換に向けた動きと その背景

　ATRS 2019に先立つ2019年 6 月，KLMオランダ航空は「責任を持って飛ぶ計画」（Fly Responsibly Program）を発表し，その中で，利用者ができることとして「欧州内のような特に短距離では鉄道や他の輸送機関が飛行機に比べより持続可能であり得る」ことを意識して「他の移動手段を見つけること」を奨励しています[1]。さらに，アムステルダム－ブリュッセル間では飛行機の方が列車より時間がかかることを例示し，同区間のKLM便を 1 便削減し，高速列

車タリス（Thalys）に転換することを発表しました。KLMオランダ航空は2005年から「DJSI」（ダウ・ジョーンズ・サステナビリティ・インデックス）に加盟し，14年連続で航空業界のリーダー企業に選定されています。同社は，2007年に自社の運航に伴う環境負荷を削減する方針を打ち出し，2020年時点で乗客1人あたりの二酸化炭素排出量をすでに2011年比で約20%削減しているほか，2050年に2005年比で50%削減するというIATAの目標に向け，2030年には2005年比で15%削減を目指した取組みを実践しています。

　また，コロナ禍で経営危機に陥ったエール・フランス＝KLM連合の救済に向けた政府支援にあたり，フランス政府は2020年5月，エール・フランスへの政府融資と引き換えに，2024年までに短距離便からの二酸化炭素排出量を50%削減などの環境対策の確実な実施を要求し，短距離便の高速鉄道への転換を求めています。

4　転換に向けた動きの背景

　このように欧州では環境対策の観点から航空から鉄道への転換を求める動きが強まっていますが，その背景にはいくつかの理由が考えられます。

　KLMオランダ航空の「責任を持って飛ぶ計画」のなかには，人々の不必要な移動は減らそうという考え方も含まれていますが，大方の市民は移動そのものを減らそうという考え方ではありません。個人の移動の自由を最大限確保しながら環境対策に取り組むという姿勢です。そのため，移動そのものをやめるのではなく，鉄道利用や自動車の相乗りなど，移動にかかる1人あたりの二酸化炭素排出量を減らす交通機関を選ぶことが重要になります。

　一方，欧州には一人ひとりのその動きを支える社会インフラが存在することも鍵となっています。ヒッチハイクの伝統に加え，2010年頃からは相乗りサイトを通じて同乗者を募る動きが活発化しています。欧州における高速鉄道の先駆者のフランス国鉄すら，LCCや長距離バスではなく相乗りへの対抗策として，2013年に格安高速列車「Oui Go」を，2012年に格安長距離バス「iDBUS」

---

1)　https://flyresponsibly.klm.com/gb_en#home

（「OUIBUS」を経て現在は「BlaBlaBus」にブランド変更）を開始しました。

　また，欧州全体に高速鉄道，高速列車のネットワークが張りめぐらされていることも大きな要因です。フランス国内の高速鉄道として1981年にパリ～リヨン間のTGVが成功裏に開業した後，フランス国内で高速列車専用線の建設が進められたほか，1988年に欧州委員会から発出された欧州の高速鉄道ネットワークに関する報告書に基づき，1990年代にはいると欧州横断ネットワークの一環として各国で高速鉄道が建設されました（Cinotti & Tréboul（2000））。1992年にはスペインでマドリッド～セビリア間の標準軌で高速鉄道AVEが，1994年にはパリ～ロンドン間の高速列車ユーロスター（Eurostar）が，1996年にはパリ～ブリュッセル～アムステルダム間の，1997年にはパリ～ブリュッセル～ケルン間の高速列車タリスが開業し，高速鉄道，高速列車のネットワークが欧州全体に拡大していきました。

　スペインを除くと，高速鉄道と在来線の軌間が同じであるため，高速列車は専用線がない区間でも在来線に乗入れられる構造になっており，高速列車の空港への乗入れを容易にしています。フランスでは高速鉄道どうしを結ぶ連絡線をパリとリヨンの国際空港を経由させて建設したことも特筆されます。結果として，フランスのパリ・シャルル・ド・ゴール空港，リヨン・サンテクジュ空港，オランダのスキポール空港，ドイツのフランクフルト空港は高速列車が乗入れる空港となっており，飛行機と高速鉄道への乗換えがスムーズにできる構造になっています。欧州の場合，中核都市が地理的に分散していることから，複数の都市を経由して運行できる高速列車は飛行機に比べ多頻度運行しやすく，かつ鉄道駅が都市中心部にあることからアクセス・イグレス時間を短くする効果をもたらしています。

　さらに，鉄道の上下分離が行われている欧州では，高速列車の実質運賃はわが国のような距離比例ではなく，航空同様，イールド・マネジメントに基づき決定されるので，設定運賃の幅が広く，欧州の高速鉄道は航空や長距離バスに対して運賃面で高い競争力を持っています。

　このような環境の下，欧州では2000年代以降，FSCとLCC，高速鉄道が三つ巴の競争を展開してきました。ドイツ，フランス，スペイン，イタリアの国内航空路線に関して実証分析を行ったAlbalate et.al（2015）は，(1)高速鉄道との

競合路線では，航空の供給座席数は減少するものの，スペインを除き便数の減少にはあまりつながっていないこと，(2)ドイツを除き，ハブ空港ではハブ空港以外と比べ概して航空サービスの低下が大きいこと，(3)同じハブ空港でも高速鉄道の駅を持たない空港は航空サービスの低下幅が大きいこと，(4)高速鉄道開業前から航空路線が存在する区間では，高速鉄道開業による新たな誘発需要は追加的な航空需要を生まないこと，(5)高速鉄道で2〜3時間となる航空路線は長距離便の接続目的で使われがちであることを明らかにしています。つまり，欧州内の国内大都市間では航空と高速鉄道が競合関係にあるものの，国際移動や国内中小都市での移動では高速鉄道が乗入れるハブ空港を介して航空と高速鉄道がすでに補完関係にあることが見えてきます。

　したがって，環境に対するKLMオランダ航空の取組みやフランス政府のねらいは，必ずしも航空利用者への無理難題の押し付けではなく，現状の合理的行動の追認となっていると言えるのではないでしょうか。だからこそ，このような動きが生ずる以前に，「飛び恥」の風潮が高まる中で，航空から鉄道をはじめとする他の交通機関へ転換する人たちが顕在化してきたと考えられます。

5　わが国への示唆

　環境省（2020年）[2]によると，2018年度のわが国におけるエネルギー起源の二酸化炭素排出量は10.59億トン（温室効果ガス排出量は二酸化炭素換算で12.40億トン）で，このうち運輸部門は2.10億トン，19.9％を占めています。航空部門のエネルギー起源の二酸化炭素排出量は0.11億トンで，運輸部門の4.8％，わが国全体の1.0％に相当します。コロナ禍以前には，航空旅客輸送量が伸びていく中で，航空部門の排出量は増加傾向にありました。

　このような状況の中で，「飛び恥」運動がわが国でも生ずるのでしょうか。少なくとも現状のインフラ状況や旅客の交通機関選択を見る限り，「飛び恥」運動は表面的なものに終わる可能性が高いと考えられます。

　まず，わが国の場合，新幹線は直接空港には乗入れていません。また，新幹

---

2)　http://www.env.go.jp/earth/ondanka/ghg-mrv/emissions/

線と在来線の軌間が違うために，新幹線はそのネットワークのなかでしか目的地を拡大できません。移動客の多い主要都市間ではすでに新幹線が飛行機や高速バスに比べて何十倍もの輸送力をもっており，多頻度運行を実施しています。

　その結果，国内線に関してFSC 2社（JALやANA）の競争相手はLCCではなく新幹線になっています。たとえば，ATRS 2019でも報告した水谷・酒井（2019）は，先行研究をもとに，航空運賃に関して，新幹線との競合路線の方が非競合路線より需要の価格弾力性が高いこと，消費者が新幹線と航空を近接した代替的サービスと見なしておらず，分断された市場において所要時間と運行頻度に敏感になっていることを示しています。そのうえで，DID分析により，北陸新幹線の金沢延伸が，小松空港，富山空港の東京便に便数，供給座席数の減少のみならず，支払運賃水準の高かったビジネス客の減少と，非ビジネス客や団体・パッケージツアー利用客のウェイト増加をもたらしたことを明らかにしています。この結果は，国内線LCC登場以前の2005年度のデータを用いて航空と鉄道の競争を分析した山口（2018）の航空の需要関数，運賃関数の推計と一致したものとなっています。

　結局，わが国では伝統的な鉄道の運賃・料金制度の下で新幹線が比較的高価格になっていることから，FSCは新幹線との競合路線において割引率の高い運賃を提示して非ビジネス系の利用者を積極的に集め，需要面でビジネス客が重視する運航頻度を確保する構造になっています。人々は新幹線との非競合区間では高運賃でも利便性を考慮して航空を利用しています。2019年の航空利用者約1億人のうち，新幹線で乗換えなしで移動できる2都市間の利用者は32.2%，新幹線どうしの乗換えがある2都市間（たとえば，大阪〜仙台，東京〜鹿児島）の利用者は10.1%で計42.3%となっています。ただし，ここでは，羽田・成田・茨城の各空港は東京駅，伊丹・関西・神戸の各空港は新大阪駅，名古屋・中部の各空港は名古屋駅，佐賀空港は新鳥栖駅として扱っています。

　コロナ禍で航空会社も鉄道会社も経営的に疲弊するなかで，これまで大幅な運賃・料金の割引に慎重だった鉄道会社が，国に運賃・料金制度の見直しを求める一方，既存制度の枠内で破格の条件で大幅割引を打ち出しています。対する航空会社も大幅な割引運賃を打ち出す一方で，減便・運休による運航費用削減に舵を切っています。その結果，支払運賃水準の高いビジネス客が航空から

離れる危険性があります。

　わが国では，欧州のように劇的に「飛び恥」という運動が起こる可能性は低いと思われますが，航空機の最大の競争相手である新幹線や鉄道が実質運賃の低下を図るなかで，新幹線との競合路線を中心に航空から鉄道への転換が緩やかに進んでいくことが予測されます。一方で，新幹線の路線特性上，欧州のように航空と新幹線の補完関係は生まれにくいことから，航空と鉄道のすみ分けがより顕在化していくのではないでしょうか。そのなかで，航空は東京や大阪，札幌，福岡などのハブ空港を介した大都市と地方都市，地方都市間どうしの乗継ぎ需要をしっかり取り込んでいくことが重要になると考えられます。

〔参考文献〕

D. Albalate, G. Bel & X. Fageda（2015）：'Competition and cooperation between high-speed rail and air transportation services in Europe,' *Journal of Transport Geography*, 42.
S. Baumeister（2019）：'Replacing short-haul flights with land-based transportation modes to reduce greenhouse gas emissions: the case of Finland,' *Journal of Cleaner Production*, 225.
E. Cinotti & J.B. Tréboul（2000）：*Les TGV européen*, Presse Universitaire de France, 邦語：湧口清隆訳（2001）『ヨーロッパの超特急』，白水社。
橋爪智之（2019）：「欧州で伸びる鉄道利用，理由は『飛ぶのは恥』」，『東洋経済ONLINE』，2019年9月21日。
水谷淳・酒井裕規（2019）：「北陸新幹線の金沢延伸による航空市場への影響について」，『交通学研究』62。
山口勝弘（2018）「都市間鉄道との競争を考慮した圏内航空市場の分析」『交通学研究』61。

（湧口　清隆）

第 24 章

空港コンセッションはアクセス交通にも波及する

1　運営権者の事業と空港アクセス

　空港運営権者の行う事業は，主に**図表24－1**に示されている5事業です。これらのほとんどは，空港の維持管理および施設運営に関わるものです。そのなかでも，「その他に付帯する事業」には，地域との共生に関する事業と空港の利用促進に関する事業が含まれ，これは運営権者が特色を出せる事業です。ただし，運営権者は，地元の関係機関からなる地域協議会への出席が義務として課せられており，話し合いを経て地域に根差した事業を行うことが求められています。

　各コンセッション空港の運営権者による提案概要によると，代表的なものは，第1が新たな路線誘致で，第2が地域と連携した取組みです。そして第3が空港アクセスの強化です。多くの運営権者は，航空路線の誘致と合わせ，空港と中心市街地や空港と観光地を結ぶバス路線を強化し，利便性の向上を図っています。たとえば，高松空港では，空港から高知駅を結ぶバス路線や観音寺市と高松空港を結ぶバス路線が開設されるなど広域的なバス路線網が構築されています。

　運営権者が航空以外の交通に関与しなければならない大きな要因としては，空港アクセスの利便性の高さが空港の魅力に直結することが考えられます。空港から目的地にスムーズに移動できる手段の設置は空港の大きな魅力となります。逆に利用者のニーズに応じた移動手段がなければ，それは空港の利便性低

●図表24-1　運営権者の事業

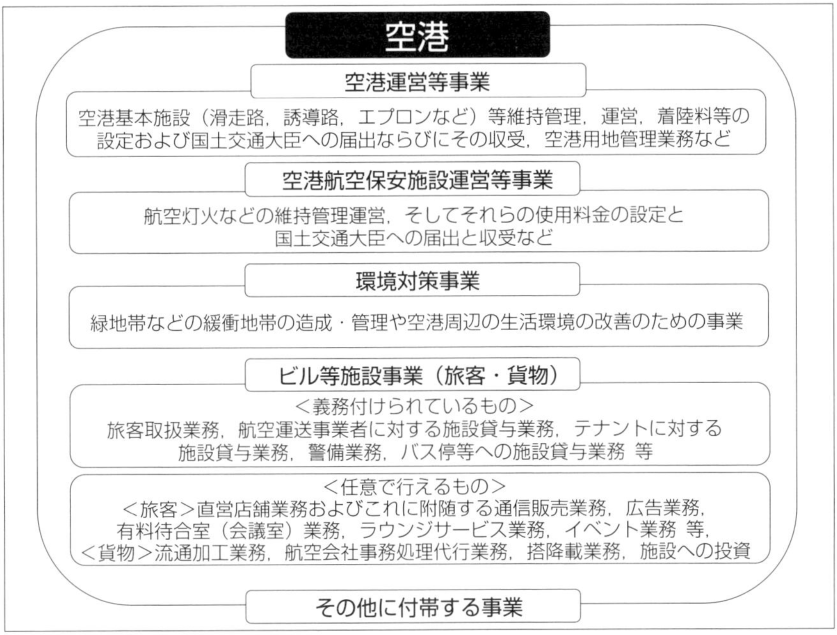

（出所）仙台空港特定運営事業等募集要項をもとに筆者作成。

下を招き，利用者の減少および航空会社誘致に負の影響を与えることが危惧されます。その結果，その地域への訪問者が減少することにつながり，地域経済を停滞させる要因になる可能性があるのです。

　今後，空港アクセスが空港および地域にとって，より重要になる可能性があります。その理由は，インバウンドの個人旅行（FIT）の増加傾向です。**図表24-2**は，個人手配の旅行形態の構成推移を表したものです。台湾，香港，中国からの個人旅行は増加傾向にあります。団体旅行の場合，旅行会社の手配する貸し切りバスで観光地を巡るため，他の交通手段の利用割合が低くなると考えられます。逆に，団体旅行比率の低い空港は，バスやタクシーなどのアクセス交通の利用割合が高くなります。そして，個人旅行の増加により，アクセス交通のさらなる利用増が予想されます。

　運営権者はこうした変化に対応する必要がありますが，円滑に進めることが

●図表24－2　個人手配（レジャー）の旅行割合

	韓国	台湾	香港	中国	タイ	シンガポール	ドイツ	米国
2014	81.7	55.6	75.3	38.9	66.2	79.0	93.2	88.5
2015	81.2	55.3	83.0	43.8	73.1	89.0	87.4	91.3
2016	87.8	64.0	89.1	54.9	75.2	89.2	88.8	89.7
2017	86.0	63.2	90.6	61.8	74.8	89.2	93.6	91.8
2018	87.7	67.5	91.4	63.8	73.9	93.6	93.0	91.6

（出所）観光庁「訪日外国人消費動向調査」より作成。

出来るとは限りません。その理由は，空港アクセスに関わる交通事業者は地元の事業者であることがほとんどだからです。このため，アクセス交通に対する取組みは，地域協議会における調整のもとに，実施されなければなりません。しかし，こうした調整も空港の有する経済学的特性のために困難に直面する可能性があります。

2　空港の持つ経済学的特性

　空港の持つ経済学的な特性の1つが地域独占性です。空港事業には，整備に多額の費用や土地が必要であることなどから，新規参入が困難です。そのため，周辺に競合空港が存在せず，地域唯一の空港となる傾向があります。そして，民間が運営する際に危惧されるのが，運営権者の独占的行動です。たとえば，空港施設料・旅客ターミナルの施設使用料に対し独占価格が設定され，加えてサービスの質が低下する可能性もあります。周辺に競争相手が不在であるため，利用者は料金が高くサービスの質が低い空港であっても利用しなくてはなりません。独占的行動を継続しても，利用者も減ることがなく，そのままの低水準のサービスが維持される可能性があります。

　空港がプラットフォームであることも，空港の独占を強める要因として考えられます。プラットフォームとは，経済学上では複数の主体が相互に関係しあう場として考えられています。空港は，航空会社，利用者以外にも，利用者に対しサービスを行うテナントなどが関係者として存在しています。他にも空港は，航空燃料補給業者やバス・タクシー事業者など多様な主体と関係を有して

いるため，プラットフォームとしての一面を有しているとみることができます。

　プラットフォームは間接ネットワーク効果を生じるとされます。これは，プラットフォームを介し，ある主体の利用者が増加すると別の主体への魅力が高まる効果をいいます。たとえば，**図表24 - 3**のように，多くの航空会社が就航し，多くのテナントがはいり，そして目的地へのアクセスが便利な空港は，利便性が高まり，利用者にとってより価値のあるものとなります。そして，利用者の増加した空港は航空会社，テナント，交通事業者にとって，多くの利益を稼げる魅力的な場となることが考えられます[1]。同時に，各事業者にとって空港は活動上重要な場となり，空港との関係を断つことが困難になります。

　そのため，各事業者は空港事業者の独占的行動を受け入れなければならない状況となることが危惧されます。さまざまな規制やルールは設定されているものの，空港コンセッションは空港事業を民間企業に委託するものであり，空港事業者が独占的行動をとる可能性も考慮しなくてはなりません。

●図表24 - 3　間接ネットワーク効果のイメージ

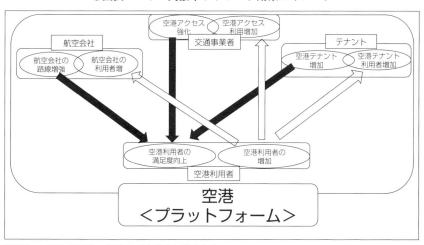

（出所）小田切（2019）p.279図14.2を参考に筆者作成。

---

1)　間接ネットワーク効果とネットワーク効果の違いは，ネットワーク効果は利用者の増加が直接的に利用者の利益につながる一方で，間接ネットワーク効果はプラットフォームを介すことで他の利用者にその効果を及ぼすことにあります。

　実際に，独占性に関する問題も発生しています。たとえば，フランスのオルリー西空港では，パリ空港公団とエールフランスグループが談合し，他の航空会社に同公団が運営する航空機の給油や清掃等の離発着補助役務の利用を強制するケースがありました（後に競争委員会により優越的地位の濫用禁止原則に反すると認定されました）。2003年にトムソンフライ航空により買収されたイギリスのコベントリー空港では，仮設ターミナル建設を巡り，地元自治体との調整が難航し，後に定期便が廃止される事態も発生しています[2]。これらを踏まえると，運営権者は他事業者との関係を十分に考慮していく必要があります。

3　空港事業を取り巻く状況の変化

　空港の運営は，運営権者の独占的行動のみをとれば，地域に悪影響を与える危険性がある一方で，地域経済を活性化するための大きな可能性を有しています。運営権者は，さまざまな主体と協力しながら，空港を運営する必要があります。同時に，空港や地域を取り巻く状況は急速に変化しており，それらから生じるリスクに対応していかなくてはなりません。以下では，運営権者と空港アクセスとの関係に焦点をあて，運営権者および地域が考慮する必要があると考えられる2点について考察します。

　第1に，広域観光圏形成です。この流れに沿い，運営権者は他の空港との競争だけではなく，連携を考慮する必要があると考えられます。地域独占性のために，運営権者は関連の深い地域の利益獲得のみを最優先とし，他の地域の運営権者や管理者・空港と競争関係になることも考えられます。実際に，各運営権者の提案概要では，空港アクセスの整備に関して広域を想定して行うとされており，互いの地域の観光客の奪い合いとなる可能性があります。競争関係は一部地域には利益をもたらしますが，広域連携による利益拡大の機会を減少させることも考えられます。また，一部の観光施設やそこにつながる道路で混雑が発生する恐れがあります。この回避策として他の観光地との周遊を促進する

---

2)　オルリー西空港の事例は木村（2012），コベントリー空港の事例は北海道庁（2012）を参照してください。

ことがあります。広域観光周遊を活性化するのであれば，運営権者や管理者が協調し，利用者がより広域の周遊を意識しながら使いやすい形となる航空会社誘致および空港アクセスの整備も考える必要があると考えられます。

　第2に，地域の公共交通が直面している問題への対処です。たとえば，鉄道や路線バス路線の減便・廃止です。路線収支の悪化等の理由により，これまで多くの公共交通機関の路線が減便されています。また廃業を余儀なくされた交通事業者も存在し，公共交通の利便性が低下しています。そして，同時に，バスやタクシードライバーの高齢化や人手不足も問題となっています。この問題の解決策の1つとして検討されているのが，ライドシェア事業の緩和です。しかし，これが実現すれば，他の空港アクセス事業者やレンタカー事業者の利用者が減少するかもしれません。また，送迎のみでは空港の駐車場を利用しない人もいるため，空港の駐車場収入が減少する可能性が考えられます。そしてICTの導入です。現在，多くの人々が携帯情報端末を活用し，目的地までの経路を検索しています。検索時点で利用者にとって利便性の高いルートに公共交通機関が組み込まれていなければ，利用される可能性も低下し，地域への訪問意欲を損なう恐れがあります。また，キャッシュレス対応の遅れも利用者に不便を感じさせる要因にもなります。そして，こうした変化に対応するためには，投資が必要になることから，運営権者が公共交通を支援していくことが対策の1つとなるかもしれません。これは，地域交通の発展につながることも期待され，地域活性化にも寄与すると考えられます。

　一方で，運営権者と空港周辺自治体・住民の双方が留意しなければならない点があります。運営権者側は，地域交通事業を展開する場合，空港事業が中心になるとしても，地元自治体や住民のニーズを無視しないような配慮が必要です。そうでなければ，地元自治体・住民の理解を得ることが困難になり，他の事業の遂行にも支障をきたす可能性があります。自治体・住民は，運営権者の支援が得られる場合には自ら公共交通を利用する等，地域で運行を支える努力をする必要があります。運営権者と地元の双方の理解と努力があって初めて，空港を通じた地域活性化がなされると考えられます。

4　地域プレイヤーの一員としての運営権者
─2020年の先を見据えて

　インバウンドの増加および地域への波及見込みや空港経営改革の進展により，地域経済の活性化の重要なプレイヤーとして空港の役割が強まってきています。運営権者は期待された民間の資金やノウハウを用いて，空港経営および地域経済に大きな変化をもたらすでしょう。一方で，空港を取り巻く状況は日々変化をしており，運営権者や自治体・住民はそれらから生じるリスクに対応する必要があります。

　そして，2020年の新型コロナウイルス感染拡大はモードを問わず交通事業者に大きな影響をもたらしました。どの事業者も生活に不可欠な存在として運行を続ける一方，外出自粛要請により収益が大きく減少しました。このことは将来的に地域の交通事業者の事業継続に悪影響を与えることが予測されます。こうしたときに，運営権者を含めた地域全体が相互に支えあうことが重要になります。これを怠れば，地域の交通網が衰退して，地域の魅力は低下し，結果的に観光客の減少となって表れる可能性があります。運営権者が自らのノウハウを活かし地域交通を活性化できれば，空港ならびに観光地へのアクセス向上につながる期待もあります。コロナ禍から自社の立ち直りが優先されるなかで，他の事業者を支援することは困難を伴います。しかし，運営権者が軸となり地域の交通を支えることは，地域の自治体・住民が空港という地域財産の特性と価値の理解を容易にして，互いの信頼関係を高めるだけでなく，地域がより活性化するという奏功図式につながる可能性があるのです。

〔主要参考文献〕
MSJA・熊本コンソーシアム（2019）『熊本空港の優先交渉権者による提案概要』国土交通省ホームページ＜http://www.mlit.go.jp/common/001285526.pdf＞2020年5月8日閲覧。

小田切宏之（2019）『産業組織論』。

木村琢麿（2012）「フランスにおける空港管理の動向」『千葉大学法学論集』26(4)。

国土交通省（2014）『仙台空港特定運営事業者等募集要項』
　　＜http://www.mlit.go.jp/common/001045230.pdf＞2020年5月8日閲覧。

田邉勝巳（2015）「空港の二面性と経済的規制」『ていくおふ』139。

東急前田豊通グループ（2015）『仙台空港の優先交渉権者による提案概要』国土交通
　　省ホームページ＜http://www.mlit.go.jp/common/001201754.pdf＞2020年5月8
　　日閲覧。

福岡エアポートHDグループ（2018）『福岡空港の優先交渉権者による提案概要』国
　　土交通省ホームページ＜http://www.mlit.go.jp/common/001245370.pdf＞2020年
　　5月8日閲覧。

北海道庁（2012）「道内空港の運営のあり方検討のための海外事例調査業務　事業報
　　告書」＜http://www.pref.hokkaido.lg.jp/ss/kkk/kaigai-83.pdf＞2020年5月8日
　　閲覧。

三菱地所・大成建設・パシコングループ（2015）『高松空港の優先交渉権者による提
　　案概要』。

国土交通省ホームページ＜http://www.mlit.go.jp/common/001201755.pdf＞2020年5
　　月8日閲覧。

（朝日　亮太）

第 **25** 章

自家用車とバスに依存する地方空港

1　地方空港におけるアクセス交通の役割

　このところ，訪日インバウンド旅行者の伸びとともに，地方空港の利用者も拡大してきました。一方，まだまだ利用者を獲得することに苦戦している地方空港もあります。どのような状況であるにせよ，利用者にとって使い勝手の良い空港を目指すことは重要な課題です。以下ではまず空港アクセスの実態を把握します。そのうえで，公共交通機関が必ずしも充実していない地方ではどう取り組めばよいのか，それを考える際の視点を示したいと思います。

2　国内旅客の空港アクセスの実態

　では，国内旅客の空港アクセスの実態について確認してみましょう。当然ながら，空港ごとに気象条件やインフラの整備状況などの地理的な条件が異なるため，一概に述べられるものではありませんが，さしあたり旅客数の観点から大まかな傾向を把握してみます。

　図表25 - 1は空港へのアクセス時間，乗り換え回数，アクセス・イグレスの交通手段（以下，「二次交通」）に関する実態を空港の旅客数の規模別で示したものです。まず，アクセス時間について確認しましょう。すると，旅客規模の大きい空港ほど1時間未満で空港までアクセスできる人は少ない傾向にあることがわかります。乗り換え回数も，大きな空港ほど乗り換え回数が多くなる傾

●図表25−1　空港アクセスの実態

旅客数(2018年)	アクセス時間(%)			乗換え回数(%)			最終アクセス/最初イグレス手段（%）						
	1時間未満	2時間未満	2時間以上	0回	1回	2回以上	鉄道	公共交通	貸切バス	タクシー	自家用車	レンタカー	その他
1000万人以上	51%	37%	12%	60%	29%	11%	53%	2%	6%	6%	21%	9%	3%
200-500万人	58%	32%	10%	80%	16%	4%	17%	4%	5%	8%	48%	15%	2%
100-200万人	63%	27%	10%	87%	10%	3%	0%	5%	8%	9%	56%	20%	2%
50-100万人	64%	24%	12%	93%	6%	2%	1%	3%	9%	5%	62%	17%	0%
20-50万人	68%	20%	12%	91%	6%	3%	1%	3%	9%	11%	55%	20%	1%
20万人未満	58%	26%	16%	83%	9%	8%	0%	6%	17%	14%	45%	17%	1%

（出所）国土交通省「航空旅客動態調査」2017年調査。

向があります。これは空港の後背圏としての空間の広がりが大きいことを示唆しています。

　逆に，地方の小規模な空港はその逆で，比較的短時間でアクセスできる人の割合が高くなっています。また，旅客数が少ない空港ほど自家用車でアクセスする人が多く，それだけ乗換え回数も少なく済んでいます[1]。地方においては自家用車を利用できる空港周辺の住民が利用しやすい環境がすでに整備されているともいえるでしょう。

　他方，来訪者にとっては大きな課題もあります。そこで，インバウンド旅行者の二次交通利用の動向を確認しましょう。外国人旅行者は自家用車を使う機会は限定的でしょう。**図表25−2**は空港別の旅行形態（右）とアクセス手段（左）をまとめたものです。旅行形態だけに注目しても，地域別の特徴は把握できません。

　ところが，旅行形態をアクセス手段と比較すると，一定の関係があることが把握できます。つまり，旅行形態として団体客割合の高い空港では，アクセス手段として貸切バスを利用する人の割合が高く，逆に個人客割合の高い空港で

---

1)　ただし，極端に旅客数の少ない20万人未満の空港については，独特の傾向がある。

●図表25－2　空港別の旅行形態（右）とアクセス手段（左）

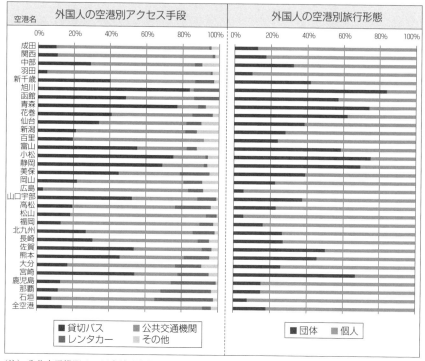

（注）公共交通機関は，国内線飛行機，鉄道（新幹線，優等列車，鉄道・地下鉄，モノレール含む），
　　　高速バス（空港直行バス含む），旅客船・フェリー，路線バス，タクシー・ハイヤーを合計して
　　　いる。
（出所）国土交通省「国際航空旅客動態調査」2018年度調査。

は公共交通機関やレンタカーを活用する人の割合が高くなっています。

　公共交通機関はインバウンド旅行者にもっとも選択されている交通手段で，
全空港の平均では約81％です。なかでも羽田（94％），成田・関西・広島（い
ずれも88％）での利用者の割合が高く，公共交通が充実している大都市圏では
選択されやすい交通手段になっていることを反映しています。逆に，団体客の
多い旭川（2％），青森（12％），小松（19％）では公共交通を利用する人の割
合はきわめて小さくなっています。

　加えてレンタカー利用者の割合を見てみると，これは全空港平均では約5％
に過ぎません。ところが，石垣（33％），那覇（30％）は他空港に比べて突出

して高い利用率となっています。また，南九州地域の空港ではレンタカー利用
者の割合が他地域に比べて高くなっています（鹿児島25％，宮崎18％，大分
16％，熊本15％）。この傾向は，その空港が立地する地域にある公共交通の利
便性を反映したものとなっていますが，どういう人が何の目的で来訪している
かといったことなども少なからず影響していると考えられます。

3　地方空港の二次交通をめぐる課題

　空港アクセスの改善は各空港を活性化させるうえで重要な検討課題です。お
しなべて地方では団体客であれば貸切バスを利用し，個人客であればレンタ
カーを利用する傾向があります。地方ではお世辞にも都市圏のように公共交通
による空港アクセスが便利とは言えません。空港直行バスで市街地の主要ター
ミナルまでは到達できても，その先の移動に困るということはよくあります。
これは地域公共交通でも指摘される「ラスト・ワンマイル」の交通をどうする
かという問題でもあります。

　地方空港では乗合タクシーを整備してできる限りドア・ツー・ドアの移動が
可能となるよう工夫しているケースもありますが，なかなか成果を上げづらい
のも実情です。地方の空港利用者の大半は地元居住者だからです。もともと少
ない数の他所から来る人のために，その空港独自のサービスを用意しても，そ
の存在を認知されにくいため結局利用は低迷してしまう。地方ではこのような
悪いスパイラルに陥りがちです。

　また，二次交通の問題に取り組む組織の課題もあります。折しもわが国の地
方空港の多くは自治体運営であり，その点では空港活性化と地域の公共交通を
考える主体は連携しやすく，二次交通の改善には取り組みやすいはずです。し
かし，この場合も当該行政区域に閉じられた空間でしか二次交通を考えられな
いというケースがしばしばあり，行政区域を越えて移動する利用者のニーズと
はかみ合わなくなってしまうのです。

4　二次交通にどう取り組むか

　どんな空港でも二次交通の確保は重要な課題です。それを考えるとき，空港は地域にとって触媒のような位置づけであり，地域振興のために空港をどう活用するかという基本的な考え方は忘れてはなりません。折しも地域交通の分野では，移動のサービス化ともいうべき「MaaS（Mobility as a Service）」が脚光を浴び，移動手段を持たない人にとってもモビリティの確保につながる有効な手立てとして期待されています。

　ただし，このMaaSはあくまで情報のプラットフォームです。つまり，既存の交通機関や施設を1つのプラットフォームでつなぎ合わせることこそがMaaSの付加価値であって，それ自体として新たな交通を提供するわけではありません。情報化が進めば個々の利用者がモビリティを利用しやすくなるというのは確かでしょうが，それができるのは地域内にインフラや交通が体系として存在するからです。

　空港というインフラが地域に恩恵をもたらすのも，高速道路や鉄道，公共交通と接続性を持つからです。つまり，「二次交通を考える」というのは空港を含めた地域内の空間の設計と密接にかかわる計画プロセスそのものであり，空港を地域でどう活用するかということを考えることに他なりません。

〔主要参考文献〕

加藤一誠・引頭雄一・山内芳樹（編著）（2014）『空港経営と地域―航空・空港政策のフロンティア―』，成山堂書店。

加藤博和（2020）「『もっと』『あなたらしく』『安心して』『生活できる』移動環境確保のために―"腑に落ちる"MaaSを実現しよう―」『運輸と経済』No.874。

日高洋祐・牧村和彦・井上岳一・井上圭三（2018）『MaaS―モビリティ革命の先にある全産業のゲームチェンジ―』日経BP社。

（西藤　真一）

第 **26** 章

空港財源と今後の負担問題

1　航空会社と空港の関係

　ここでは，航空会社や旅客の負担という観点から，空港の資金調達の方法とともに，その必要性を説明することにします。航空会社は着陸料や駐機料を滑走路やエプロンなどの基本施設の使用対価として空港の管理者に支払います。そして，航空会社は空港のターミナルビル会社にもカウンター，荷物取り扱い，ラウンジなどの施設使用料を支払います。

　このような料金の水準はどのように決まるのでしょうか。まず，基本施設の使用料は管理者が決定します。航空会社がビル会社に支払う料金は主に施設使用料が多く，金額は航空会社とビルとの交渉で決まります。料金水準は空港の容量や立地に左右され，航空会社は「相応の」料金を支払っています。

　たとえば，一定規模の航空会社は国内・国際を問わず，多くのビジネス客が搭乗する羽田との定期路線をもちたいのが本音です。羽田空港は航空法で混雑空港と指定されているためにスロット（発着枠）が設定されており，航空会社の支払い意思額も高いはずです。しかし，実際には，国が5年ごとに実績を評価し，航空会社にスロットを配分しています[1]。スロットには価格が設定されておらず，航空会社の直接的な支払額はゼロです。

---

1)　独立した団体である国際線発着調整事務局が成田空港，羽田空港，関西空港，新千歳空港および福岡空港に乗り入れている航空会社のスケジュールを調整しています。

　多くの国管理空港や地方管理空港などでは，着陸料や使用料の割引制度が導入されています。これは国際線の誘致や維持のための運航支援策の１つであり，航空会社やツアーを組成する旅行会社に提示され，就航の促進につながっています。また，コロナ禍において地方管理空港の空港ビルのなかには株主である県の協力を得て，使用料を免除するものが出始めました。航空会社の負担を減らし，空港の国内線を維持するための動きです。世界的に見れば，航空会社がある空港をハブと指定し，重点的な使用を約束すれば，空港管理者は賃料を割り引いたり，航空会社に魅力的な提案をします（Graham ch.5）。

　わが国の民営空港会社は第15章でも述べられているように，滑走路やエプロンなどの基本施設，空港ターミナルビル，駐車場を一体的に経営しています。そのため，彼らは着陸料と使用料などに関し，費用を最小化したい航空会社の需要変動リスクを減らすしくみを導入しています。たとえば，2017年から始まった仙台空港の着陸料の割引制度は，着陸料に占める旅客連動比率を高め，航空機の搭乗率が低い時には着陸料を下げて航空会社の負担を減らすことになっています。国際線には就航割引もあります。これは，着陸料を就航１年目から３年目に限って割り引く制度ですが，割引率は徐々に小さくなります。

　このような割引は価格差別と言われ，実績別に異なる価格を提示する企業戦略です。空港が価格支配力をもつ場合，価格差別は，LCCなどの価格に敏感な航空会社に効果があります。また，近年，非航空系収入を増やすことが空港経営の基本戦略となっており，空港内の商業施設が拡充される場面を多く目にします。空港ビルにある店舗やレストランは，面積当たりの賃料に加え，売上げに応じた賃料を支払っています。そのため，航空会社が運ぶ旅客が増えれば，店舗やレストランの収入も増え，空港ビルや空港会社の収入も増えるというしくみです。

　2020年10月現在，新型コロナの感染拡大によりわが国の航空会社の国際線は前年同月比で97％減少，国内線もおよそ75％減少しました。地方空港の国際線はほとんどを外国航空会社が担っていたため，４月以降，国際線エリアには人がいなくなり，空港の経営状態も急激に悪化しました。

　このような事態を受け，国は2020年10月，国内線の着陸料等の引き下げなどを含む「コロナ時代の航空・空港の経営基盤強化に向けた支援施策パッケー

ジ」を発表しました。

2　空港整備勘定

　空港は航空会社が使うインフラですが，滑走路や誘導路といった基本施設を
整備するのは国や地方公共団体です。しかしながら，航空会社は使用料などの
名目で空港整備や維持管理に必要な費用を負担しています。大枠は，空港整備
勘定（空整勘定）から伺い知ることができます[2)]。

　図表26-1に示す空整勘定の歳入に注目すると，2019年度では航空機燃料税，
着陸料，航行援助施設利用料が収入のおよそ68％を占めます。航空機燃料税は
国内線の航空機のみに課せられ，航空会社が1万8,000円／klを支払っています。

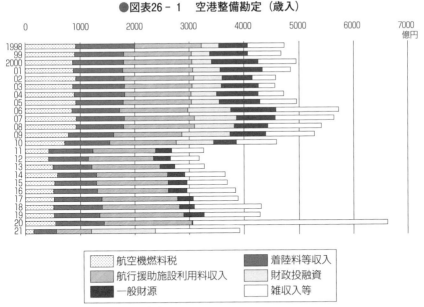

●図表26-1　空港整備勘定（歳入）

（出所）国土交通省航空局資料より作成。

---

2)　空港整備事業の経理は，2014年に社会資本整備事業特別会計が廃止され，借入金を償還
　するまでの経過措置として自動車安全特別会計に移管されました。そのため，空整勘定は
　航空と無関係に見える特別会計に置かれています。

　航空機燃料税はもともと 2 万6,000円／klでしたが，JALの破綻を受け，航空会社の競争力強化をめざし，2011年度から現在の水準になりました。これは時限立法措置であったのですが，14年，17年，20年と 3 回延長され，計11年間この水準になっています。さらに，コロナ感染対策として2021年度は9,000円に引き下げられることになりました。

　2020年度に急激に歳入が増えたのは，「雑収入」のなかに民営化された北海道の国管理空港の運営権対価である2,420億円（2,200億円＋消費税）があったからです。その他にも，成田空港会社からの配当金が含まれています。

　国管理空港の着陸料は，ジェット機の場合，航空機の重量，騒音値および旅客数によって決まります。着陸料は元来，重量機ほど滑走路を傷めるという損傷者負担の考え方にもとづいて決まっていました。現在では，騒音という外部不経済を内部化するためのコストや旅客 1 人当たりの負担が加算されるようになりました。航空会社はこのほかにも，国管理空港に保安料や航行援助施設利用料を支払います。前者は空港の金属探知機などの保安対策経費を分担するもので，離陸する空港に支払われます。後者は空港を離着陸し，飛行情報区（FIR）を通過する航空機が使用する無線・通信・管制施設の使用料です。

　こうした税や料金は公租公課と言われます。しかし，航空会社は実質的に旅客から徴収した運賃や料金から支払っていますから，日本の空港は利用者（旅客）負担によって成立しているといってよいでしょう。2009年以前には，道路整備特別会計があり，自動車ユーザーが道路の「使用料」として揮発油税をはじめとする諸税を負担していました。航空会社をはさみますが，旅客＝ユーザーという関係から見れば，ほぼ同じ調達構造です。輸送会社が軌道の整備と保線（維持管理）を担う鉄道とは対照的です。

　わが国の商業空港は**コラム 2**（51頁）のように区分されます。このうち，国管理空港と地方管理空港の整備費用や国管理空港の維持管理費用は，空港整備勘定から支出されています。このほかにも，共用空港の誘導路，エプロンの整備や維持管理の一部も空整勘定からの支出で賄われています。

　図表26－2は予算ベースの空整勘定の歳出を示していますが，特殊事情のある2021年度を除きますと，2,000億円程度が「空港等維持運営費等」に充てられていることがわかります。空港や航空路はインフラであり，安全に利用する

ため，日常の点検が不可欠です。ここには，そのような費用とともに現場で働く人や管制官などの人件費も含まれています。

　空港は配置上整備済みであり，運営の時代にあると言われます。2020年には那覇空港の第二滑走路が供用され，2024年の福岡空港の第二滑走路の供用を除き，整備（大規模）事業は予定されていません。

　しかし，中東（2020）によれば，わが国の空港は老朽化の傾向が見て取れます。毎年，全国の空港には維持管理費用は投下されているのですが，羽田空港の資産価値があまりにも大きいため，その減耗が日本全体の空港のストックの年齢を決めてしまっているというのです。裏返せば，今後も安全に空港を使うために，羽田空港を中心にインフラの機能を維持するための投資が必要なのです。中長期的にこうした投資は空整勘定から支出する以外にはなく，会計上の大きな構造変化はないものと見られます。

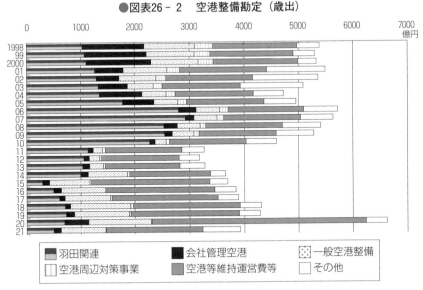

●図表26－2　空港整備勘定（歳出）

（出所）図表26-1と同じ。

3　旅客の直接的な負担

　空港整備勘定を通じた航空会社による負担とは別に，旅客が直接負担するものもあります。それは，旅客取扱施設利用料（PSFC：Passenger Service Facility Charge）という料金です。航空会社が航空運賃とともに徴収し，手数料をとった後，空港ビル会社や空港運営会社に支払われます（オンチケット方式）。PSFCは旅客が使用する空港ビルの共用施設や旅客サービス施設の整備と維持管理の原資とするため，空港ビル会社あるいは空港運営会社が旅客から徴収する使用料です。具体的には，バゲージクレーム，到着手荷物捌き場，ランプバス乗降場，出発ロビー（一部），保安検査場，搭乗待合室，バスラウンジ，固定橋，ボーディングブリッジ，コンコース，ランプバス運行の費用などが対象となります。インバウンド旅客の増大によってこのような施設の拡充が必要となり，注目されています。

　図表26 - 3はPSFCを課す空港と料金水準を示しており，近年，会社管理空港や民営空港で徴収する例が目立ちます。PSFCで回収される対象は，新設または大規模改修に関わる投資費用とビル事業の維持運営費（既存施設の減価償却費を含む）です。実務的には，上述の対象施設の工事面積に占めるシェアを各費用に乗じ，その合計を過去3年の旅客数平均で除して算出されます。

　PSFCは総括原価方式で決められ，国土交通大臣による上限認可となっています。わが国でPSFCの国内線への導入当時，航空会社が注目したのは，アメ

●図表26 - 3　わが国におけるPSFC（2019年10月現在）

	0-499円	500-999円	1000-1999円	2000円以上
国内	新千歳，仙台，羽田，百里，北九州，那覇，成田，中部，関西，伊丹			
国際	北九州	仙台，百里，福岡	那覇，成田(第3TB)，関西(第2TB)	新千歳，羽田，成田(第1，2TB)，中部，関西(第1TB)

（出所）国土交通省資料より作成。TB：ターミナルビル。

リカの旅客施設利用料（passenger facility charge, PFC）でした。これは，旅客1人当たり3ドル（現在4.5ドル）を上限としてオンチケット方式で徴収する料金で，1992年に創設されました。すでに成田空港ではPSFCが国際線の空港ビルの初期投資と維持運営費の回収に充てられていました。

　PFCとPSFCとの違いを説明します。第1は，PFCの対象です。対象となるのは初期投資（＝固定費）のみであり，日常の維持管理費は対象外でした。つまり，当該施設の費用を回収して課金は終わります。しかし，PSFCのように維持管理費用を含めれば，課金はなかば永続的なものになります。

　第2は徴収目的です。アメリカのPFCは連邦航空局（FAA）が承認するプロジェクトのみが対象となりますが，安全性の改善や保安の向上，航空会社間の競争の促進，現在または将来の混雑の緩和，騒音対策など範囲が少し広いのです。わが国のPSFCは，物販や飲食施設を対象外としている点は同じですが，PFC以上に使途が限定されているため，資金調達には限界があります。

　第3に，PFCは旅客1人につき4.5ドルを上限として賦課できます。また，1回の移動につき片道（one-way trip）では合計2回，往復（round trip）では合計4回（最高18ドル）までという制約があります。旅客数の多い空港は積極的に施設を拡充し，その原資として利用しています。FAAの認可が必要ではありますが，PFC収入は旅客数の増加関数なのです。

　アメリカでは北米ACIという空港運営の団体が，PFCの引き上げを求めてきました。PFCは2000年1月に上限が3ドルから4.5ドルに引き上げられ，それ以来据え置かれているからです。しかし，連邦議会では航空会社のロビー活動もあり，引き上げが見送られています。航空会社が値上げに反対する理由は，PFCの引き上げは運賃の引き上げと同義ですから，旅客数が減少すると予想されるからです。アメリカのPFCの引き上げ問題は，利害の相反という航空会社と空港の関係を示唆する典型例となっています。

　もっとも，アメリカでは運賃の内訳が明示され，旅客は何をどれだけ負担しているのかを知ることができます。この点はわが国の旅客運賃と異なる点です。航空会社と空港の関係を考えるとき，今後は旅客の理解を深めるうえでも運賃の透明性を高める工夫が必要ではないでしょうか。

　また，アメリカの空港はレベニュー債という地方債を発行して資金を調達し，

PFCはその利払いにも充当できます。わが国では成田空港や関西空港が社債を発行していますが，大部分の空港は直接，債券を発行していません。債券は空港関係者以外も購入しており，その意味では，受益と負担は一致しません。しかし，債券が市場で取引きされることにより，経営がモニターされ，透明度が増すというメリットがあります。

4　将来の空港インフラのコスト負担

　国管理空港の基本施設に関わる維持管理や更新に関するコストは空整勘定から支出されます。加えて，空港ビルの改修や建て替えにも費用がかかるでしょう。しかし，PSFCの対象は限定されており，内部留保や銀行借り入れなどを組み合わせる必要があります。また，第3セクターの空港ビルには，地方公共団体の公費が投入されることもあります。もっとも，2020年7月の通達により，民営空港会社は特例として「直接に航空旅客取扱施設に係る費用」でない場合も，PSFCの原価に含めることができるようになりました。今後は，民営空港会社が独自に課金する可能性があるでしょう。

　他方，2019年の国際線の総便数のおよそ80％は外国航空会社です。しかし，地方空港を中心に国際線の着陸料は引き下げられ，彼らには航空機燃料税も課されません。インバウンド客の地域経済に対する効果は大きいとしても，国際旅客にも空港の維持や整備に対する応分の負担をしてもらう必要があります。コロナ感染問題の終息後は，こうした負担の内際格差を是正し，空港の維持管理や施設の更新の負担をどうするのか，を考える必要があるでしょう。

〔参考文献〕

中東雅樹（2020）「ストックデータからみた日本におけるインフラの老朽化」『IATSS Review』44(3)。

山口勝弘（2018）「都市間鉄道との競争を考慮した国内航空市場の分析」『交通学研究』61。

Graham, Ann（2008），Managing Airports, third edition, Elsevier.

（加藤　一誠）

終 章

"そら" と "うみ" の将来
(対談)

黒田勝彦・加藤一誠

1　ふたつの「みなと」（港湾と空港）

整備計画と財政的裏付け

加藤：島国であるわが国では人や物の移動の海陸，空陸の結節拠点として，港湾と空港という2つの「みなと」が整備されてきました。船の「みなと」は約5000年の歴史を持っており，空港はまだ100年程度の歴史しかありませんが，「みなと」としての役割は両者で差異はあまりありません。

　しかし，現在，この両者に対する政策の大きな違いとして，空港整備において長期計画がなくなって久しいことがあげられるでしょう。そこで，整備を支える財政的裏付けからみていきます。港湾の整備制度はどのようになっていますか？

黒田：政府がつくる港湾や空港の諸計画が財政的裏付けと連動していたのは，「21世紀の国土のグランドデザイン（5全総）」の時代まででした。2001年に国土交通省が発足し，それまでの治水，港湾，道路，空港および都市開発の5つの特別会計（特会）が社会資本整備特会に統合されました。その後，2013年に社会資本整備特会が廃止される際，空港特会は経過措置として自動車安全特会に組み入れられました。

　港湾では，高度経済成長にともなって国際貨物輸送が増加し，それに対応して施設が整備されたため，港湾管理者に資金が不足し，コンテナ埠頭の整備が難しくなりました。そこで，市場資金を調達し，コンテナ埠頭を整備す

加藤一誠氏

るため，外貿埠頭公団を創設しました。そこでは，いわゆる4・4・1・1という資金調達フレームができました。国と港湾管理者がそれぞれ40％の無利子貸し付け，公団の市中借り入れ10％，ターミナル借り受け者負担10％という方式です。その後，公団は港湾管理者の財団法人である埠頭公団に引継がれます。資金調達のフレームもそのまま継承されました。

　その後，わが国がバブル崩壊，阪神大震災などの始末をしている間に，後発国では釜山，高雄，シンガポール，上海などで巨大なターミナルの整備が進み，わが国の貨物の多くが奪われてしまいました。

　これに危機感をもち，国は「選択と集中」の名の下に，スーパー中枢港湾として3大湾（東京湾，伊勢湾，大阪湾）を指定し，港湾のランクを「国際中枢港湾」，「国際中核港湾」，「地方港湾」に組み替える法律改正を行いました。その後，さらにスーパー中枢港湾制度の発展形として，京浜，阪神の2港湾は国際戦略コンテナ港湾に指定され，その際，コンテナターミナルとフェリーターミナルの経営には民営化も取り入れて現在に至っています。新設された運営会社には，ガントリーなどの整備には4・4・1・1のフレームが適用されています。国と自治体がそれぞれ40％の無利子貸し付け，10％が転貸債，残り10％は会社が市中から資金を調達します。

加藤：港湾の整備制度はよくわかりました。「選択と集中」と「国際競争」が基本姿勢としてあるのですね。空港の場合，経済の失速によって需要の伸びが鈍化しました。そして，「面的整備」は終わり，いわゆる「概成」の方針のもと民営化に向かいました。そういう歴史を経て，21世紀後半に向けてわが国の空港をどのように強化するかということを計画的に考えられないのが

現在の姿です。

施設の老朽化

加藤：空港は「概成」したという
ことで，新規整備は一応終
わり，あとは管理・運営に
なったのですが，社会的
ニュースになった道路・橋梁
と同じように，空港も老朽化
が進んでいます。特に地方管
理空港の維持管理は，地方自
治体には難しい仕事です。自
治体には道路関係に比べ，空
港を熟知した技術者が多くな

黒田勝彦氏

いのです。また，財政面でも，地方管理空港の整備には，50％まで国からの
補助がありますが，航空会社とも渡りあえるプロを育成するなど，長期的視
点をもたないと，また黒字や赤字という本質的ではない議論に立向かえませ
ん。

　今までは，長期構想がないなかで，人を呼込めばいいという方針でインバ
ウンド旅客を集めてきました。しかし，コロナ禍でインバウンドが止まった
ことにより，問題点が改めてわかった状況だといえます。

　将来の空港の使い方と維持管理の両方を考えた計画が必要であり，そこに
は国のコミットが重要なのです。

小規模事業の民営化は頑張りが必要

加藤：空港民営化が進んでいますが，数年間は出向した国の担当者が運営の中
心にいます。しかし，引継ぎを経て，人材が育つ土壌ができているでしょう
か。民間人材は人事異動で親会社に帰ってしまう場合もあり，十分に「経営
のプロ」が育っているとはいえません。また，短期のキャッシュフローを重
視した民営化にならず，会社が滑走路などのエアサイドのインフラを維持管

231

理できる体力を持てるよう先を見据えて経営してほしいものです。プロによる監理と人を育てる人事，これが民営化後の運営に必要です。

　インフラは高くつくものですが，民営化後は，どうしても採算性が優先されると思われます。国管理空港であれば，空港整備勘定からお金もはいるため，整備の順番待ちという現実はあるもののなんとか対応はできますが，地方管理空港，特に規模の小さい地方管理空港には不安があります。

黒田：コンテナ埠頭の施設整備には，前述の４・４・１・１方式が引き継がれています。この４・４・１・１の対象施設であるガントリークレーンを除いたいわゆる上物といわれている，ターミナル内の舗装や電気，上下水道，建屋などはすべて運営会社の自前で維持管理が行われています。空港の民営化を考える際に，このようなインフラの整備・維持のための制度を考えておくべきだったのはないでしょうか。民営化の際のコンセッション契約の中身ですよね。

　民営化により，国や自治体の関与は減ります。しかしリスク管理の観点からいえば，コンセッション契約のなかで，特に災害時を想定したリスク管理という点が重要です。会社の免責部分を超える部分には国の関与が残っていますが，近年，災害の頻度が上がるとともに激甚化もしており，空港機能の復旧にはさらに手間やコストがかかるでしょう。これに対応するノウハウを承継できるのは国ではないでしょうか。

加藤：今回のコロナ感染を含めたリスク管理についても，とりわけ，小規模空港で問題が早く現れる可能性があります。すべての事案に共通した対応策として横串を通すような制度の検討と，運営手法も含め，実効ある官民連携の構築が今後の課題でしょう。一昔前に言われていた国から地方へと言う国内だけの話と違い，国際的視野から国の関与のあり方を考えないと，グローバル社会に対応できないのではないでしょうか。

2　首都圏の「みなと」

羽田空港の新たな拡張には港湾区域の変更が必要

加藤：長期構想の件ですが，首都圏空港の１つである羽田空港のさらなる沖合

展開を考える場合，港湾との関係はどうなるのでしょうか？

黒田：現在，東京港・川崎港・横浜港は関税法上では入港の際の税を一本化するため京浜港として１つの扱いとなっていますが，港湾法では管理者別に東京港，川崎港，横浜港に分かれています。羽田空港は東京港の港湾区域にあり，その港湾区域も公有水面であって国に帰属しています。港湾区域内の空間利用の変更や埋立事業は，港湾計画に位置づけて港湾管理者が行います。このため，羽田空港の沖合展開では，まず東京港の港湾法上の手続きが必要となります。

　羽田空港は国管理空港ですから国土交通大臣から東京都知事に埋め立て免許申請が必要です。埋立による護岸の建設などの公有水面利用の変更を伴う港湾計画の改定が求められ，申請者（大臣）が隣接する港湾管理者や河川管理者などとの合意形成の協議を行うことになります。もちろん，沖合展開により，東京港の将来沖合展開は制限されるでしょうが，国際戦略コンテナ港湾である京浜港の機能強化策として横浜港との機能分担は考えられる対策です。

　また，隣接する多摩川の排水機能を阻害しないように第４滑走路の整備の際に用いられた一部の区域を杭基礎とするといった技術的解決策の検討も必要になるでしょう。しかし，都が東京港の将来機能制限より羽田空港の機能強化のほうが首都圏の未来像として重要と判断して，関係機関との調整を行えば合意形成ができるのではないでしょうか。

　合意となれば，港湾管理者がアセスメントのうえ，港湾計画の変更が承認されると，国交大臣が自らに埋立申請を行い，大臣の承認を経て東京都知事が埋め立て免許を交付することとなります。

3　そらとうみの将来

(1)　人口減少の影響

外から人が来てくれないと

加藤：2050年にわが国の人口は１億人を割り込み，その代わりインバウンド旅

客が8,000万人程度にまで増加するとされています。そのようななか，海外に頼らないとわが国の将来はないという話もよく耳にします。外国との交流人口を増やすためには，空港機能が大事ですし，物流としての港湾機能も重要です。「そら」と「うみ」が一緒に考えないとわが国の将来はないと思えてしかたがないのです。この点についてご意見をお伺いします。

黒田：これまで国は，2030年に6,000万人が目標とインバウンド旅客の誘致に旗を振ってきていましたが，コロナ禍の影響で実現は遅れます。また，インバウンド旅客がわが国で消費する直接効果は，現在で約5兆円，6,000万人になっても10兆円程度，すなわちGDPへのプラス効果は2％ぐらいと推計されます。しかも，その効果は一部の地域に限定されており，隅々までおよばないし，わが国全体の将来は賄えないということも考慮しておく必要があります。

　一方で，わが国にインバウンド旅客が多く訪れる契機となったLCCのアジアでのネットワークの拡大には，アジアでの労働者の移動という点で大きな意味がありました。鉄道での陸地移動が可能な欧米と違い，LCCがなかったら労働者がわが国に移動できなかったのです。この現象は，わが国の労働者の職を奪うのではとの批判もありますが，大きな方向性としては国益にかなうことではないかと考えています。

(2)　港湾と空港の役割分担

船は大型化，航空機は中型化

黒田：物流の話に戻りますが，港湾物流ではコンテナをはじめとして岸壁などもアライアンス・メンバー同士の共同利用が進んでいます。コンテナはもともと20フィート（ft）サイズでしたが，コストダウンを図るため40ftサイズと2倍の大きさになりました。さらに，今の欧米では45ftがスタンダードとなっています。しかしわが国では，ようやく40ftだけは特定道路で走れるように整備を進めている状況です。

　コンテナサイズの大型化と併せて船も大型化が進んでいます。オーバーパナマックスという6千個積みのコンテナ船は以前にはわが国の港に入れませんでした。そんなに大きな船が来るという意識が薄かったのです。このため，

世界の趨勢に遅れないように横浜港に水深16mの岸壁を１ヵ所整備しましたが，その後３年のうちに，コンテナ船の船型は，８千個積み，１万個積み，１万２千個積みへとさらに大型化し，現在では２万個積みまでになっています。これに対応するには水深18m以上の岸壁が必要であり，横浜港に2020年に新たに水深18m超の岸壁を整備したところです。

　コンテナ船は大型化が進む一方で，飛行機はジャンボから中型化に向かっています。また，航空会社はこれまで旅客を運んで儲けることに注力してきたといえます。しかし，コロナ騒ぎで航空貨物の運賃が上がり，航空会社もようやくカーゴに着目し始めました。しかし，インテグレーター数社で全世界にネットが張れるわけがありません。荷主側から見ると，便数が豊富にあり，飛行機が絶えず飛んでいることは利用の可否を決める重要な要素です。そこに，航空会社はコンテナなどをできる限りサイズの標準化や共有化してコストを削減すれば，参入の余地があるようにも思えます。航空機のレイアウトを変更してコンテナをより多く運ぶ機材をもつことも考えられるのではないでしょうか。

(3)　ロボット化が進む？

ＡＩ導入は世界の趨勢

黒田：先ほど人口減少の話がでましたが，実は港湾では労働者の減少が深刻化しつつあります。そのため，国は港湾のＩＣＴ化に力を入れています。例えば，神戸港と横浜港が特別指定実験港としてＩＣＴ化を進めています。これは情報の流れを電子化しようとするものですが，いずれ，港湾荷役労働者を代替するＡＩ搭載のロボット化が必要になります。この点では，日本は世界の港湾に比べて20年は遅れています。

　ＡＩ導入は世界の趨勢でもあります。わが国で最先端の港湾ですら半自動化です。船は波などで微妙に動くことから，船からコンテナを下ろすところは人力で行った後，トレーラーで引っ張ってコンテナヤードに移動させるところだけが自動化されています。一方，中国ではクレーンが船の中のコンテナを探してつまみ上げ，収納するところまですべて自動化されています。このような明確な差がありながら，グローバル競争に本当に勝てるのでしょう

か。

　同じように，空港の荷物の取扱いにも自動化の波が来ています。飛行機への貨物の積み込みはほとんどが手作業で行われていますが，グランドハンドリングなどは自動化を考えていく必要がある分野です。

　そのほか，空港のインフラの維持管理に劣化を感知するセンサーを導入して夜中にロボットを動かすようにすれば，滑走路の整備に人間が要らなくなる可能性があります。その反面，ロボット導入で職を失う人口が増えることは事実ですので，労働者への対応も必要ですが，ＡＩ化・ロボット化は生産性向上において検討が避けられないものです。

　加えて，今回のコロナ禍は技術を売るチャンスともいえます。例えば，空港で，これを導入すれば安全だという技術を示すことができれば，それがスタンダードとなって世界を牽引することができるはずです。

　ＡＩ化・ロボット化は今後ますますスピードアップしていくことは確実ですが，現時点では，ロボット社会は多くの人がまだ身近に接することはありません。そこで，2025年に夢洲で開催される大阪・関西万博で，50年後の世界にはこんなことが現実化しているというロボット社会を示すのが良いでしょう。体験することによってロボット，ＡＩ導入に伴う労働者の意識の変化や企業の投資意欲が大きく加速すると思います。

索　引

英　数

24時間空港 …………………………… 65
３点セット …………………………… 83
45－47体制 …………………………… 2
ACI（国際空港評議会）…………… 66
BCP（事業継続計画）………… 25, 179
CARATS ……………………………… 25
CIQ ……………………………… 38, 46
CORSIA ……………………………… 169
DID（Difference in Difference）分析
………………………… 39, 72, 76
DMC ………………………………… 153
EBITDAマージン ………………… 139
EBPM ………………………………… 41
FIR …………………………………… 158
FIT（個人旅行）…………………… 149
GA …………………………………… 100
GPS ………………………………… 26
IATA（国際航空運送協会）
……………… 30, 97, 125, 143
ICAO（国際民間航空機関）… 66, 157, 168
Multiple Airport Region：MAR …… 96
noise sharing ……………………… 24
PI ……………………………………… 23
PSFC ………………………………… 226
RNAV方式 …………………………… 22
ROT …………………………………… 20
WAM ………………………………… 22
Webチェックイン ………………… 47

あ 行

アジアゲートウェイ構想 …………… 3
イールド ……………………………… 53
以遠権 ………………………………… 4
インバウンド ……………………… 193
インラインスクリーニングシステム ‥ 47
運賃単価（イールド）……………… 53
運輸権（空の自由）………………… 12
エアポートセールス ………………… 44
エビデンスに基づく政策形成 ……… 41
円卓会議 ……………………………… 28
大型貨物専用機 …………………… 102
オーバーツーリズム（観光公害）… 197
オープンスカイ ………………… 2, 13
オープンハウス型の説明会 ………… 23

か 行

会社管理空港 ………………………… 52
海上空港 …………………………… 104
滑走路占有時間 ……………………… 20
カーフュー（curfew）……………… 64
カボタージュ ………………………… 13
環境正義 ……………………………… 24
観光立国推進基本法 ………………… 35
関西３空港懇談会 …………………… 89
関西国際空港株式会社 ……………… 89
管制処理能力 ……………………… 162
管制マネジメント ………………… 171
キャッシュフロー指標 …………… 141

共通企画乗車券 …………………… 196
共用空港 ……………………………… 52
拠点空港 ……………………………… 52
空気流量 ……………………………… 81
空港経営改革 ………………………… 43
空港整備勘定（空整勘定）……… 6, 223
空港整備五箇年計画 ………………… 43
空港整備法 …………………………… 52
空港法 ………………………………… 52
国管理空港 ………………………… 52, 104
計画段階評価 ………………………… 70
ゲートウェイ空港 ………………… 119
郊外型 ………………………………… 100
公害等調整委員会 …………………… 85
公共事業評価 ………………………… 70
航空規制撤廃法 ……………………… 2
航空機燃料税 ………………………… 6
航空機の環境対策 ………………… 168
航空交通管制業務（航空管制）…… 159
航空交通システムの長期ビジョン … 25
航続距離 ……………………………… 81
高速離脱誘導路 ……………………… 31
国際線地区 …………………………… 18
国際戦略コンテナ港湾 …………… 230
コト消費 …………………………… 197
混合型コンセッション …………… 7, 135
混雑空港 …………………………… 7, 19
コンセッション ……… 6, 91, 110, 125
コンテスタブル（競争可能）……… 2

さ　行

サービス購入型PFI ………………… 7
災害対応 …………………………… 174
財務健全性 ………………………… 139

シカゴ条約 …………………………… 11
シカゴ体制 …………………………… 11
事業運営の多様化 ………………… 142
事業ポートフォリオ ……………… 145
次世代航法 ………………………… 164
自走式の駐機方式 …………………… 45
指定管理者制度 …………………… 132
収益性 ……………………………… 139
自由化パッケージ …………………… 13
囚人のジレンマ …………………… 110
常駐協業（ハンズオン）型成長支援 … 91
小立地条件 …………………………… 67
新規事業採択時評価 ………………… 70
推力 …………………………………… 81
スライディングスケール …………… 20
スロット（発着枠）……………… 221
セカンダリー空港（第2空港）…… 55, 97
ゼネラル・アビエーション ……… 100
相互主義 ……………………………… 16
組織特殊的人的資本 ……………… 107
その他の空港 ………………………… 52
存続協定 ……………………………… 85

た　行

第1種空港 ………………………… 51, 89
第2種空港 …………………………… 51
第3種空港 …………………………… 51
大立地条件 …………………………… 66
短期入国ビザ ………………………… 36
地域独占性 ………………………… 210
チェックインカウンター …………… 47
地方管理空港 ……………………… 52, 104
駐機スポット ………………………… 45
手荷物ハンドリングシステム（BHS）… 65

転用規制（1便ルール・3便ルール）…8
東京国際空港沖合展開事業（沖展）…18
東京国際空港再拡張事業（再拡張）…18
特定時間帯枠……………………………20
特定地方管理空港………………52, 132
独立採算型………………………………135
独立採算型PFI……………………………6
都市型……………………………………100
飛び恥……………………………………200

な　行

内部補助…………………………………5
なにわ筋線………………………………68
成田空港問題シンポジウム……………28
成田国際空港株式会社（NAA）………31
二国間交渉………………………………2
二次交通…………………………………216

は　行

排気速度…………………………………81
発着枠（スロット）……………………7
ハブ・アンド・スポーク型……………54
パブリック・インボルブメント………23
バミューダⅠ……………………………12
バミューダⅡ……………………………12
パリ条約…………………………………2

飛行速度…………………………………81
ビジット・ジャパン・キャンペーン…35
美の伝説……………………………92, 93
費用単価（ユニットコスト）……53, 185
費用便益分析……………………………70
複数空港地域……………………………96
プッシュバック方式……………………45
プライマリー空港（第1空港）……55, 97
プラットフォーム………………………210
保安検査場………………………………48
ポイント・トゥ・ポイント型…………54
訪日誘客支援空港………………35, 112
補完空港…………………………………100

ま　行

マイエアポート宣言……………………117
マルチスポット…………………………45

や　行

ユニットコスト…………………53, 185
幼稚産業…………………………………1

ら　行

領空………………………………………2
旅客取扱施設利用料……………………226

〈執筆者紹介〉 （執筆順）━━━━━━━━━━━━━━━━━━━━

引頭　雄一（いんどう　ゆういち）　　　　　　　序章，第 5 章，第14章

関西外国語大学国際文化研究所研究員

1950年生まれ。1972年成城大学経済学部卒業，1978年成城大学大学院経済学研究科修士課程修了。株式会社日本空港コンサルタンツにおいて，国内および海外における空港計画に係るコンサルティング業務に従事。2012年より関西外国語大学外国語学部教授。2022年より現職。著書に『空港経営と地域』成山堂書店（2014年，共編著），『災害と空港』成山堂書店（2018年，共編著）』等がある。

大沼　俊之（おおぬま　としゆき）　　　　　　　　　　　　第 1 章

国土交通省航空局次長

1969年北海道生まれ。1992年東京大学法学部卒業，運輸省（現国土交通省）入省。1999年米国ペンシルバニア大学ロー・スクール修了（LL.M./LL.C.M.），米国弁護士資格取得（NY州）。国際民間航空機関（ICAO）法律局出向，国土交通省航空局総務課，国際航空課，保安企画課課長補佐などを経て，2016年航空局航空事業課長，2018年同国際航空課長，2022年大臣官房審議官（航空局担当）。2023年 6 月から現職。

平田　輝満（ひらた てるみつ）　　　　　　　　　　第 2 章，コラム 1

茨城大学大学院理工学研究科教授

1977年新潟県生まれ。2000年東京工業大学工学部卒業，2005年東京工業大学大学院理工学研究科博士後期課程修了（博士（工学））。財団法人運輸政策研究機構運輸政策研究所研究員，独立行政法人宇宙航空研究開発機構客員研究員，茨城大学大学院理工学研究科准教授を経て，2022年より現職。

長田　太（おさだ　ふとし）　　　　　　　　　　　　　　第 3 章

日本気象協会最高執行責任者

1954年生まれ。1978年，京都大学法学部卒業後，運輸省（現国土交通省）入省。航空局管制保安部長，監理部長，大臣官房総務課長，総括審議官，総合政策局次長などを歴任。2011年 航空局長。国土交通省退職後，成田国際空港（株）専務取締役，代表取締役副社長，日本気象協会理事長を経て2023年より現職。

後藤　孝夫（ごとう　たかお）　　　　　　　　　　　　　第 4 章

中央大学経済学部教授

241

2000年慶應義塾大学商学部卒業，2006年慶應義塾大学大学院商学研究科後期博士課程単位取得満期退学，2009年 博士（商学）（慶應義塾大学）。九州産業大学商学部，近畿大学経営学部等を経て現職。近著に『経済学で読み解く交通・公共政策』中央経済社，共編著（2018年）がある。

阪口　雄哉（さかぐち　ゆうや）　　　　　　　　　　　　　　**第4章**
株式会社日本空港コンサルタンツ国内業務本部計画部専門員
1996年奈良県生まれ。2020年慶應義塾大学商学部卒業後，一般企業で工場経理を担当。2023年より現職。需要予測，航空貨物の分析，空港アクセスの検討等に従事。

錦織　剛（にしきおり　たけし）　　　　　　　　　**第5章，第14章**
株式会社日本空港コンサルタンツ国内業務本部計画部グループリーダー
1978年千葉県生まれ。2001年法政大学工学部卒業，2001年株式会社日本空港コンサルタンツ入社，2017年より現職。国内および海外における航空市場の動向分析，航空需要予測，将来ビジョンの作成，空港整備計画，事業評価，事例分析等に従事。

水谷　淳（みずたに　じゅん）　　　　　　　　　　　　　　**第6章**
神戸大学大学院海事科学研究科准教授
1970年名古屋市生まれ。1993年立教大学経済学部卒業，2004年大阪市立大学大学院経済学研究科修了 博士（経済学）。大阪商業大学経済学部専任講師，准教授を経て現職。近著に "Which is a stronger competitor, High Speed Rail, or Low Cost Carrier, to Full Service Carrier?: Effects of HSR network extension and LCC entry on FSC's airfare in Japan", *Journal of Air Transport Management*, Vol. 90（2020年，共著），「北陸新幹線の金沢延伸による航空市場への影響について」『交通学研究』第62号（2019年，共著）がある。

西村　剛（にしむら　ごう）　　　　　　　　　　　　　　**第7章**
立教大学大学院教授
1955年鹿児島市生まれ。1978年慶応義塾大学経済学部卒業後，ANA入社。2006年に神戸大学経営学部・経営学研究科，ANA総研，立教大観光学部，立命館大国際関係学部などを経て，現職。著作に『観光経営学』朝倉書店（2013年，共著），『交通インフラの多様性』日本評論社（2017年，共著）がある。

堂前　光司（どうまえ　こうじ）　　　　　　　第8章，コラム3

関西外国語大学外国語学部准教授

1989年大阪府八尾市生まれ。2012年神戸大学海事科学部卒業，2018年神戸大学海事
科学研究科博士後期課程修了，博士（学術）（神戸大学）。関西外国語大学英語国際
学部助教，同准教授を経て現職。

蒲生　猛（がもう　たけし）　　　　　　　　　　　第9章

北海道エアポート株式会社代表取締役社長

1981年北海道大学法学部卒業，同年旧運輸省（現国土交通省）入省。東京航空局東
京国際空港空港長，航空局管制保安部長，航空局大阪航空局長等を歴任し2015年退官。
2016年北海道空港株式会社専務取締役。2019年9月より現職。

野村　宗訓（のむら　むねのり）　　　　　　　　第10章

福山大学経済学部教授，関西学院大学名誉教授

1958年神戸市生まれ。1981年関西学院大学経済学部卒業，1986年関西学院大学大学
院経済学研究科博士課程修了　1995年博士（経済学）（関西学院大学）。名古屋学院
大学，大阪産業大学，関西学院大学を経て現職。著作に『航空グローバル化と空港
ビジネス』同文舘出版（2010年，共著），『官民連携による交通インフラ改革』同文
舘出版（2014年，共著）などがある。

松本　秀暢（まつもと　ひでのぶ）　　　　　　　第11章

関西学院大学総合政策学部教授

1969年兵庫県姫路市生まれ。1992年京都大学経済学部卒業，2000年京都大学大学院
経済学研究科博士後期課程単位取得退学，2003年博士（経済学）（京都大学）。神戸
商船大学商船学部助手，同講師，神戸大学大学院海事科学研究科准教授，同教授な
どを経て現職。著作に『空港経営と地域−航空・空港政策のフロンティア−』成山
堂書店（2014年，第2章第2節 担当），『Air Transport in the Asia Pacific』Ashgate
Publishing（2014年，Chapter 11 担当）などがある。

野田　信二（のだ　しんじ）　　　　　　　　　　第13章

佐賀県地域交流部理事

1965年佐賀県生まれ。1989年早稲田大学法学部卒業，同年佐賀県庁入庁　2011年空

港・交通課長，2017年地域交流部副部長，2019年から文化・スポーツ交流局副局長を兼務，2021年4月から現職。

横見　宗樹（よこみ　むねき）　　　　　　　　　　　　第15章
近畿大学経営学部教授
1973年奈良県生まれ。1997年高知大学人文学部卒業，2003年関西大学大学院商学研究科博士課程後期課程修了（博士（商学））。大阪商業大学を経て現職。著作に『コールドチェーン』晃洋書房（2013年，共著），『エアライン／エアポート・ビジネス入門〔第2版〕』法律文化社（2016年，共著）がある。

柴田　宏樹（しばた　ひろき）　　　　　　　　　　　　第16章
S&P グローバルレーティング・ジャパン株式会社事業法人格付部長
1969年兵庫県生まれ。1993年慶応義塾大学商学部卒業，2006年一橋大学国際企業戦略研究科（金融MBA）修了。三井信託銀行（現三井住友信託銀行）を経て現職。電力・ガス，空港・インフラストラクチャー，総合商社，機械・重工業業界などを担当し，現在日本の事業会社格付部門を統括。

川端　祥司（かわばた　しょうじ）　　　　　　　　　　第17章
レインボウパブリシング株式会社代表取締役
1959年北海道紋別市生まれ。1982年小樽商科大学商学部卒業，（株）リクルート入社。1988年ぴあ（株）等を経て，2006年レインボウパブリシング（株）設立し，現在に至る。地球の歩き方総合研究所主任研究員，観光ビジネス総研研究員，中小企業基盤整備機構関東本部チーフアドバイザー，ひょうごツーリズム戦略推進会議委員，観光庁「インバウンドの地方誘客促進の為の専門人材派遣事業」専門家等を歴任。

石崎　憲寛（いしざき　のりひろ）　　　　　　　　第18章，コラム4
国土交通省航空局交通管制部交通管制企画課長
1970年東京都生まれ。1994年東京大学法学部卒業，運輸省入省。国土交通省総合政策局，北海道企画振興部新幹線・交通企画局参事，国土交通省大臣官房総務課長補佐，文化庁文化財部伝統文化課文化財保護調整室長，国土交通省政策評価企画官，海上保安庁警備救難部環境防災課長を経て，2020年7月から現職。

金　仙淑（きむ　さんすく）　　　　　　　　　　　　　**第19章**
同志社大学経済学部嘱託講師
2008年同志社大学大学院経済学研究科博士課程前期修了，2014年同志社大学大学院
経済学研究科博士課程後期修了，2014年　博士（経済学）（同志社大学）。同志社大学
経済学部助教（有期）を経て現職。学位論文『アジア・太平洋地域における航空政
策と航空会社の行動変化　―フルサービスネットワーク航空会社の費用構造を中心
に―　』同志社大学（2014年）がある。

轟　朝幸（とどろき　ともゆき）　　　　　　　　　　　　**第20章**
日本大学理工学部教授
1964年長野県生まれ。1988年日本大学理工学部卒業，1993年日本大学大学院理工学
研究科博士後期課程修了，同年　博士（工学）を取得。東京大学工学部，高知工科大
学等を経て現職。近著に『災害と空港―救援救助活動を支える空港運用』（共編著，
成山堂書店，2018），『3・11復興プロジェクトの挑戦とその射程』彰国社（2018年，
共著）等がある。

山村　宗（やまむら　そう）　　　　　　　　　　　　　**第21章**
トキエア株式会社事業戦略室室長
1986年早稲田大学法学部卒業，1986年全日本空輸（株）入社，2009年ANAテレマー
ト（株）総務部長，2013年全日本空輸（株）松山支店長，2019年オリエンタルエア
ブリッジ（株）代表取締役専務を経て2022年10月より現職。

小島　克巳（こじま　かつみ）　　　　　　　　　　　　**第22章**
文教大学国際学部教授
1965年東京都生まれ。1987年慶應義塾大学商学部卒業，航空会社勤務を経て2006年
慶應義塾大学大学院商学研究科単位取得満期退学。国土交通政策研究所，神戸夙川
学院大学などを経て現職。著作に『観光交通ビジネス』成山堂書店（2017年，共著），
『1からの観光』碩学舎（2010年，共著）などがある。

湧口　清隆（ゆぐち　きよたか）　　　　　　　　　　　**第23章**
相模女子大学人間社会学部教授
1995年一橋大学商学部卒業，2001年一橋大学大学院商学研究科博士後期課程単位取

得後退学，2001年 博士（商学）（一橋大学）。（財）国際通信経済研究所研究員，九州大学大学院客員助教授を経て，2004年に相模女子大学着任。2011年から現職。『食べればわかる交通経済学』交通新聞社（2014年），『路面電車からトラムへ』晃洋書房（共著，2020年）がある。

黒田　勝彦（くろだ　かつひこ）　　　　　　　　　　　　　　　　　　　　**終章**
工学博士。神戸大学名誉教授
1966年京都大学工学部卒業，1968年同大学大学院工学研究科修士課程修了，同大学工学部助手，同大学工学部講師，同大学工学助教授を経て，1991年熊本大学工学部教授，1994年神戸大学工学部教授，2006年神戸大学定年退職，同大学名誉教授，2006年神戸市立工業高等専門学校長，2011年（一般）関西空港調査会理事長などを経て阪神国際港湾株式会社監査役（現職）。「日本の港湾政策」成山堂書店，共編著（2014年）など。

航空・空港政策の展望

──アフターコロナを見据えて

2021年5月30日　第1版第1刷発行
2023年10月25日　第1版第4刷発行

監修者　一般財団法人関西空港調査会

編著者　加藤一誠
　　　　西藤真亮
　　　　幕　亮二
　　　　朝日亮太

発行者　山本　継
発行所　㈱中央経済社
発売元　㈱中央経済グループ
　　　　パブリッシング

〒101-0051　東京都千代田区神田神保町1-35
電話　03 (3293) 3371 (編集代表)
　　　03 (3293) 3381 (営業代表)
https://www.chuokeizai.co.jp
印刷／三英グラフィック・アーツ㈱
製本／㈲井上製本所

ⓒ 2021
Printed in Japan